KB207266

문화로 창업하다

Startup with culture

문화로 혁신 방법론을 제시하는 문화창업마케팅!

창업생태학자/기술경영전문가
박남규 지음

문화로 창업하다 Startup with culture

발행 2020년 09월 01일
저자 박남규
펴낸이 한건희
펴낸곳 주식회사 부크크
출판사등록 2014.07.15.(제2014-16호)
주소 서울 금천구 가산디지털1로 119 SK트윈테크타워 A동 305호
전화 1670 - 8316
E-mail info@bookk.co.kr
ISBN 979-11-372-1677-8

www.bookk.co.kr
ⓒ 문화로 창업하다, 2020
본 책은 저작자의 지적 재산으로서 무단 전재와 복제를 금합니다.

문화로 창업하다
문화창업마케팅

창업생태학자/기술경영전문가 박남규 지음

CONTENT

머리말

문화는 창업마케팅의 목적이자 수단

문화창업마케팅은 '**문화 + 창업 + 마케팅**'의 결합이다.

문화는 고객발굴 시작단계부터 고객가치제안, 회사문화와 회사의 핵심역량에 영향을 미치며, 창업마케팅은 새로운 문화를 가진 혁신 제품·서비스를 시장에 제안한다.

2000년 **인터넷의 출현**, 2010년 **애플**사의 **아이폰(iPhone)**, 2020년 **테슬라의 전기차 모델3(Model 3)**와 같은 혁신적인 제품·서비스는 일상생활에서 **새로운 사고방식과 생활 양식의 문화를 창조**해왔다.

2000년 태생의 **밀레니얼 세대**는 TV대신 유튜브를 보며 자란 세대이다. 기존의 공중파 대중미디어에 익숙한 **베이비부머 세대**나 **에코부머 세대**와는 전혀 다른 사고방식과 생활방식을 가진 **포노사피엔스**라는 스마트폰 신인류가 탄생하였다.

문화는 창업마케팅의 목적이자 목표이며, 혁신의 수단이다.

이 책은 **문화를 이해하고, 새로운 문화를 제시하고, 경쟁력 있는 기업문화를 만들기 위한 로드맵을 제시**한다.

문화창업마케팅 소개

문화창업마케팅은 **문화를 중심으로 문화가 창업 및 마케팅에 미치는 원리를 이해**하고, 창업의 원리와 마케팅 이론 학습을 통하여 **문화를 선도하는 혁신적인 비즈니스를 창출하는 기업가정신 배양**을 목표로 한다.

문화창업마케팅은

문화를 새롭게 정의며,

창업 로드맵을 제시하고,

마케팅의 새로운 관점을 제시한다.

문화를 새롭게 정의

문화는 **생각의 습관이며 습관의 결과물**이다.

문화는 **시장을 만들고, 아이템을 제시하며, 솔루션을 제시**한다.

창업 로드맵을 제시

문화콘텐츠 개발 방법론을 학습하고, 불확실한 미래를 준비하도록 **인생로드맵**을 제시한다.

마케팅의 새로운 관점을 제시한다.

문화 관점에서 마케팅을 쉽게 이해하고, 매출로 연결되도록 통찰력을 제공한다.

장별 인트로

1장 ~ 3장

문화에 대하여 알아보고, 문화에 영향을 미치는 메가트렌드에 대해 설명한다. **메가트렌드는 트렌드를 지배하는 거대한 흐름**이다. 메가트렌드를 아는 것만으로도 여러분의 인생로드맵과 창업로드맵 준비를 위한 관점을 제공할 것이다.

1장 문화를 정의하고, 문화와 욕구의 관계를 알아보며, 문화의 적용 범위에 대하여 설명한다.

2장 문화에 영향을 미치는 3대 메가트렌드 중 4차산업혁명과 블록체인에 대해 이해하는 시간을 가진다.

3장 100세 시대로 인해 파생되는 다양한 문화트렌드에 대하여 알아본다.

메가트렌드는 다양한 사회문화 현상을 일으키는 원천이다. 원인을 정확히 파악하면 **파생되는 다양한 현상을 이해하고 해석할 수 있는 관점을 갖게 된다.**

4차산업혁명의 본질을 이해하고, 블록체인 기술의 원리 알면, **어떤 분야의 사업 아이템에서 수익을 올릴지 판단**하게 되며, 100세 시대 인구통계학적 접근은 **인구분포 변화에 따른 시장의 변화를 예측할 수 있는 안목**을 가진다.

4장 ~ 6장

기존의 마케팅 원리와 SNS에 맞는 스토리텔링과 브랜드에 관해 알아본다. **문화에 대한 안목을 가지고 창업과 마케팅의 원리에 대하여 본질적인 접근을 시도**한다. 창업과 마케팅에 대한 관점을 형성하도록 한다.

4장 마케팅의 기초를 다지고 마케팅 원리에 대하여 **핵심 이론을 알기 쉽게 도식**화하여 **마케팅에 대한 통찰력**을 가지도록 한다.

5장 마케팅의 대상이 되는 **문화콘텐츠 개발 원리에 대하여 설명**한다.

6장 신문화를 제시하는 콘텐츠의 원리와 콘텐츠를 만드는 **에디톨로지의 원리와 창의력의 원리에 대하여 설명**한다.

7장 ~ 11장

문화로 창업하는 **문화창업로드맵을 제시**한다.

7장 창업에 따른 **실패위험을 최소화하고, 무리하지 않는 창업 준비 방법을 제시**한다.

9장 문화로 창업하는 아이템 발굴 및 경쟁력 있는 비즈니스 모델의 도출을 위하여 **이론과 사례를 중심으로 사업타당성 분석에 대한 방법론을 자세히 설명**한다.

10장 도출된 비즈니스모델을 구체화 시키는 **사업계획서 작성법에 대하여 설명**한다.

11장 문화창업마케팅의 **성공 요인으로 창의소통의 필요성과 이론을 설명**하며, **유튜브와 MCN의 특징 및 사업특징**에 대하여 알아본다. 창업에 대한 구체적인 접근법, 사업화를 위한 비즈니스모델 발굴에 대한 안목, 사업계획서 작성법, 유튜브를 활용한 마케팅에 대하여 살펴본다.

12장 ~ 14장

문화창업마케팅의 **성공적인 수행을 위한 역량 강화 방법론에 대하여 설명**한다.

생각 정리 프레임, 아이디어 발상법, 아이디어를 압축적으로 표현하는 방법, 소통·공감 기반의 비즈니스 커뮤니케이션, 성공적인 디지털미디어 활용 방안, 기술사업화 과정 및 창업자를 위한 최적화된 창업대학원에 대하여 실제 경험한 사례를 중심으로 설명한다.

1장
문화창업마케팅 개요

문화의 정의

문화의 사전적 의미는 **한 사회의 개인이나 인간 집단이 자연을 변화시켜온 물질적·정신적 과정의 산물**[1]로 정의하고 있다.

서양에서는 문화(culture)는 경작을 뜻하는 라틴어(cultus)에서 유래한다. 즉 **자연 상태의 사물에 인간이 개입하여 새롭게 창조해 낸 모든 것**이다.

그럼 동물도 문화가 있을까? **동물은 문화가 없다.** 동물도 자연에 개입하여 새롭게 창조해 낸 결과물들이 있다. 그러나 계승 발전시킬 수 있는 **언어기록이나 구전 지능**이 없다. 반면 사람은 언어를 매개로 문화를 계승 발전시켜 왔다. 문화는 **계승에 의한 학습이 중요한 요소**임을 알 수 있다.

---

1) 이성재·홍지나·윤재은(2016), 금융기업 복합문화공간 유형에 따른 공간 특성 연구. 한국공간디자인학회.

그러므로 문화는 **인간이 자연에 개입하여 만들어내는 모든 것으로, 언어를 매개로 학습을 통하여 계승되는 생각의 습관과 습관의 유형적 결과물**로 정의할 수 있다.

문화 정의	판단 가치 규범 (무형)	생활 양식 (유형)
문화예시	종교, 신화	–
	–	미술, 음악, 연극, 예술행위
	철학, 과학	
	예의범절	
		결혼풍습, 친족관계
	도덕	
	관습	유산

문화에 해당하는 규범과 양식

© 2020 박남규 copyright

문화는 계속 진화

신문화는 인간이 태어나면서 그가 속한 **문화를 학습하고 만들어낸 새로운 습관이나 새로운 행동 양식**이며, 언어나 문자, 유산을 통해 축적되고 후손에 전달하면서 진화한다.

문화는 집단의 생각 방식과 생활 양식을 지배

코로나 사태에도 불구하고 미국에서는 한동안 마스크를 착용하지 않았다. 미국 대통령은 선거 유세에서도 마스크를 착용하지 않았다. 이는 마스크 착용을 꺼려온 전통적인 서양인 심리가 반영된 것이기도 하다. 이에 대해 동·서양인의 서로 다른 문화가 마스크에 대한 인식 차이로 나타났다는 것이다.

일본 아사히신문은 **다나카 아키히로** 도쿄여자대학교 현대교양학부 교수와의 문답을 통해, 동양인은 상대의 입이 가려져도 크게 부담스러워하지 않지만, 서양인은 기분 나빠할 수 있다고 하였다.[2] 심리적으로 동양인은 상대방의 눈에서, 서양인은 입에서 감정을 읽어내는 문화로 설명한다. 다나카 교수는 얼굴에서 **감정이 잘 드러나는 곳은 입이지만 감정을 속이기 어려운 부분은 눈가**라고 덧붙였다.

비슷한 분석은 과거 연구사례에도 나타난다. 2009년 영국 글래스고 대학교의 **레이철 잭** 등 심리학자들은 동아시아인과 서양인 각 13명이 타인의 표정을 읽을 때 어디를 보는지 비교 실험을 진행하였다. 연구진은 아시아인은 두려움을 놀람으로, 혐오를 화남으로 읽는 경우가 많았다, 서양인은 입을 포함한 전체 표정을 읽는데 반해 동양인은 눈에 집중한다고 결론지었다.

이런 특징은 이모티콘에도 반영돼 동양에서는 웃는 얼굴을 나타낼 때 ^ ^를 쓰는 반면 서양인들은 :-) 로 표현해 입을 강조한다. 슬픈 표정 역시 ㅜ.ㅜ과 :-(로 동서양 차이가 있다.

유키 마사키 일본 홋카이도대 행동과학과 교수도 2007년 미국인과 일본인을 비교한 연구에서 비슷한 결론을 내렸다. 그는 **미국인이 웃는 사진을 보고 낯설었다**면서 **입을 너무 크게 벌리고 입꼬리도 과장되게 올린다고 생각했다**고 하기도 했다.

---

2) 머니투데이. 입 안 보이면.." 서양인이 마스크 꺼린 이유. news.v.daum.net

상대방의 입에서 상태를 읽으려는 서양인의 오래된 문화가 마스크에 대한 거부감으로 이어졌다는 설명이다. 아사히신문에서 **다나카** 교수는 동양에서 눈을 가리는 선글라스가 무서움 등 불편한 느낌을 줬던 것은 상대방 눈에서 감정을 읽어온 습관이 반영된 것으로 분석했다.

그러므로 **문화는 동양과 서양의 습관을 반영하며, 생각 방식과 행동 양식에 영향을 준다.**

시장의 다른 관점, 문화

마케팅에서 **타겟 고객**이라는 용어가 있다. **같은 수요를 가진 고객집단을 말한다. 같은 수요의 고객집단은 비슷한 인구통계학적 특징을 가지고 있으며, 같은 생각 집단**이다. 즉 **동시대에 같은 문화를 가진 집단**이다. 그러므로 **동질의 문화 집단은 마케팅에서 타겟 시장의 또 다른 표현**이다.

문화는 시장을 창조

문화는 **사회의 구성원이 가지는 공통된 생각의 습관이며 행동 양식**이다. **새로운 습관과 행동 양식을 만들어내는 문화를 인위적으로 도출하는 것은 새로운 수요를 창출**한다. 평소에 습관적으로 하던 행동에서 **새로운 편익을 제공하는 문화를 제안하고 그 사회 구성원이 이를 채택하여 사용한다면 새로운 문화가 형성**되는 것이다.

예를 들면 피처폰을 사용하던 사회에서 **내 손안의** PC 스마트폰은 새로운 편리함을 제공하였다. 결과적으로 현재는 모바일 환경에서 스마트폰이 없으면 생활 자체가 불가능한 문화가 되었다.

결재부터 택시 호출까지 이제는 스마트폰이 없으면 할 수 있는 게 없을 정도가 되었다. 스마트폰으로 인하여 새로운 시장이 생겼다. 앞으로 이러한 부분에 대하여 알아볼 것이다.

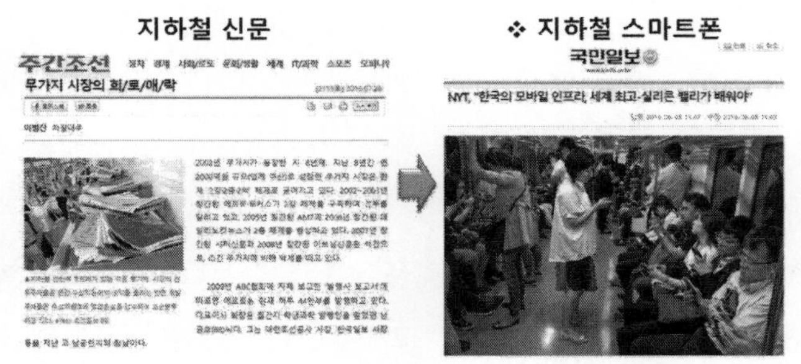

10년 이전 아날로그 문화와 이후의 디지털 문화

© 2020 박남규 copyright

문화는 창업마케팅의 처음과 끝

미래의 사업 기회는 문화에서 일어날 것이다. 문화의 본질을 알고 새로운 문화를 제시할 때, 창업마케팅은 성공할 가능성이 높아진다. 문화는 생활의 모든 곳에 스며있다.

대한민국은 한류 문화를 통해 세계에 영향력을 미치고 있다. 강남스타일, BTS, 영화 기생충이 세계인의 마음을 사로잡았다.

가장 개인적인 것이 창의적이다라는 봉준호 감독의 관점이 문화에도 적용된다. 한국인의 정신을 지배하는 한류 문화에서 의식주 문화까지 SNS를 통해 국경의 경계를 넘어, 세계인과 실시간으로 공감을 하게 되었다. 이제는 한국의 문화가 세계에서 소비되고 있다.

'문화창업마케팅'의 기대효과

① 인생 로드맵 제시

4차산업혁명 시대를 맞아 AI와 인간이 공존해야 하는 시대를 맞아, 살아온 시간보다 앞으로 살아갈 시간이 많은 100시대에, 앞으로 준비해야 할 것이 무엇인지에 대한 로드맵을 제시한다.

② 지식제조업에 대한 안목

문화에 대한 새로운 관점을 장착하게 되며, 문화콘텐츠 제작의 안목을 가지게 된다.

③ 창업에 대한 리스크 최소화

창업에 따른 위험을 최소화할 수 있는 최적화된 창업로드맵을 제시한다. 창업에 따른 실패위험을 사전에 제거하고 지속 가능한 성공 창업이 되도록 **기업가정신**을 강화시킨다.

④ 사업기획역량 강화

경쟁력 있는 사업계획서 작성법을 설명한다. 팁 위주가 아닌 원리를 파악함으로써 다양한 사업계획서, 기획서, 보고서를 작성할 수 있는 역량을 개발한다.

⑤ 아이디어 발상에서 생각 정리까지 방법론 제시

아이디어 발상에서 생각 정리 방법론을 학습한다. 강의, 출판, 컨설팅, 멘토링, 코칭 관점을 가지게 되며, 응용을 할 수 있는 역량을 강화시킨다.

⑥ 미래사회를 대비한 안목 제시

스마트폰 인류가 출현한 **포노사피엔스** 시대에, 스마폰으로 촉발된 빅데이터 기반의 인공지능(AI) 시대를 대비한다.

전문가도 3년 이후를 예측하기 어려운 **싱귤레러티**[3] 시대, 즉 특이점 시대에 진입하였다. 불확실성의 시대에 대비하여 문화창업마케팅은 누구를 대상으로, 무엇이 중요하고, 어떻게 준비해야 할지에 대한 안목을 가지도록 돕는다.

⑦ 인공지능(AI) 시대 가장 강력한 인간의 경쟁력을 제시

문화창업마케팅은 인공지능(AI) 시대를 맞아 인간의 장점을 극대화할 수 있는 분야이다. **인간의 장점은 창의성과 소통·공감 능력**이다. 여러분이 미래의 인생 설계를 위해서는 필수과목이라고 강조하고 싶습니다.

---

3) **싱귤래리티**(singularity)는 특이성, 특이점 등을 의미하는 영어단어다. 수학에서 변곡점을 의미하며, 큰 흐름에서 급격한 변화지점이다. 1차 산업혁명, 2차 산업혁명, 3차 산업혁명, 4차 산업혁명 시점을 의미한다.

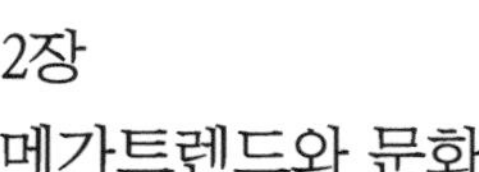

2장
메가트렌드와 문화

장기 문화 흐름의 다른 표현, 메가트렌드

장기적이며 거대한 문화변화의 흐름을 **메가트렌드(Megatrends)**라 한다. 사전적 의미로는 사회공동체에서 일어나고 있는 **거대한 시대적 조류**를 뜻하는 말로, 미국의 미래학자 **존 나이스비트(John Naisbitt)**가 저서 **메가트렌드(Megatrends)**에서 처음 언급했다.

트렌드(trend)는 다수의 소비자가 따르는 흐름으로, 일정 범위의 소비자들이 **일정 기간 동조하는 문화**이다. 단순히 한 영역에 그치지 않고 **공동체 전역에 걸쳐 10년 이상의 장기간 문화의 변화**를 불러일으킬 때 이를 메가트렌드라 한다.

메가트렌드를 알면 미래의 방향성이 보인다.

메가트렌드는 **10년 이상 지속이 되는 문화변화의 방향성**이다. 그러므로 메가트렌드를 아는 것은 미래에 마주할 문화의 방향을 아는 것이다. **문화는 시장**이라고 말하였다. 그러므로 **메가트렌드를 읽는 것은 미래의 시장을 파악하는 것**이다.

패션에서 메가트렌드까지

패션(fashion)은 페이드(fade)의 명사형이다. **일시적으로 나타났다 사라지다**라는 뜻으로 패션은 **일시적으로 나타나는 문화**로 정의할 수 있다. 일시적으로 **나타났다 사라지는 문화의 흐름이 모이면 트렌드**가 된다. 메가트렌드는 **10년 이상 장기적으로 형성된 문화**이다. 스마트폰이 소개된 지 10년 이상이 되었다. 스마트폰으로 인하여 새로운 메가트렌드가 형성되었다. **포노사피엔스**도 메가트렌트를 대표하는 장기문화가 되었다.

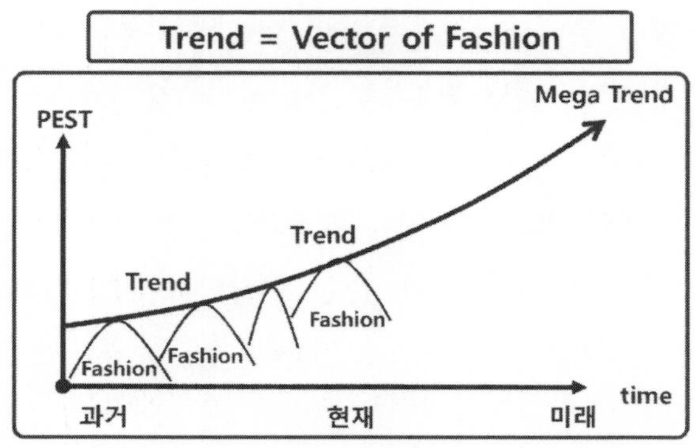

패션, 트렌드 메가트렌드의 관계

© 2020 박남규 copyright

메가트렌드의 특징

메가트렌드는 **세상에 나타나는 사회현상의 원천**이다. 정치, 경제, 사회, 문화, 기술 등 다양한 분야에서 나타나는 결과에 대한 원인을 설명할 수 있다.

메가트렌드의 종류

메가트렌드는 무엇이 있을까? 필자의 관점에서 크게 3가지로 분류한다. **100세 시대, 4차 산업혁명, 블록체인 기술,** 이다.

100세 시대란?

100세 시대는 **인간의 평균 수명 기준으로 100세가 되는 시대**로 정의한다. 통계청 자료에 의하면 1970년 출생 여성 기준으로 재해 사고나 질병이 없는 경우 기대수명이 평균 94세이다.

100세 시대의 새로운 문화

100세 시대를 맞아 인류가 이전에 경험해 보지 못한 다양한 현상을 마주하게 될 것이다. 70세 시대에서 100세 시대로 전이되면서 **인구통계학적 변화는 새로운 문화를 만들어내고 있다.**

1950년대 전후 세대인 **베이비부머 세대**와 1980년대 **에코부머 세대**, 2000년 **밀레니얼 세대**의 인구변화 추이는 **경제·사회·문화적 관점에서 다양한 문화트렌드를 만든다.**

70세 수명 시대에 태어난 베이비부머 세대와는 달리, 100세 수명 시대의 에코부머 세대와 120세 이상의 수명을 예측하는 밀레니

얼 세대의 생각 방식은 다르다.

베이비부머 세대 특징

베이비부머 세대는 27세에 대학을 졸업하고, 결혼을 통한 가정을 이루고, 60세까지 한 직장에서 은퇴하고, 70세까지의 노후 관점에서 인생 계획을 가진다.

100세 시대를 맞아 노후가 준비되지 않은 세대이다. **70세 시대의 은퇴문화에 편승하여 직장에서 퇴직**하였으나, **현실은 40년의 준비되지 않은 추가 시간이 주어졌다**. 계획되지 않은 노후를 맞이할 가능성이 높아졌다, 그러므로 성공적인 노후를 보낼 수 있는 인생 로드맵을 준비할 필요가 있다. 새로운 제2의 인생을 위한 전직 및 창업을 위한 **창직·창업 로드맵**이 필요한 이유이다. 100세까지 전문성을 기반으로 건강이 허락하는 한 일을 하는 **자아실현형 창업**이라는 **새로운 창업 장르가 탄생**하고 있다.

에코부머 세대 특징

결혼 적령기가 36.5세이며, 그 이전까지는 자신을 위하여 아낌없이 투자하고 학습을 한다. 늦은 결혼으로 인하여 출산율은 낮아지고 있으며, 부부 사이에 평균 출산율은 0.9명으로 인구 감소의 원인이 되고 있다.

1980년대 출생한 세대로, 3040 세대로 신규 부동산 수요층이다. 가정을 이루며 내 집 마련의 꿈을 가진 세대로 무리를 해서라도 집을 가지려는 수요가 부동산 거품을 일으킬 가능성을 높인다.

IMF를 겪어서 부모님의 어려움을 아는 세대며, 취업의 높은 벽을 겪었다. 출생률이 1가구당 2.4명으로 경쟁을 겪으며 성장한 세대이다.

밀레니얼 세대 특징

2002년 월드컵 세대로 자신감이 넘치는 세대이다. **스마트폰을 장난감으로 여기며 성장한 세대**이다. 유튜브 동영상을 보며 성장한 세이다, SNS **메신저는 축약어와 이모티콘을 사용**하여 함축적인 의사소통이 가능한 세대이다.

밀레니얼 세대는 유튜브 세대이다. TV보다는 스마트폰을 보고 유아기를 보낸 세대이다. 온라인 구매가 오프라인 구매보다 편하며, 전화보다는 카톡의 이모티콘으로 감정을 표하는 것이 편한 세대이다. 대중미디어가 아닌 각자의 관심에 따라 유튜브의 콘텐츠를 소비한다. 대중미디어를 통한 정보전달 효율성이 낮다. 오히려 유튜브를 통해 활동하는 **인플루언서**[4]를 통한 정보전달이 효과적인 세대이다.

---

4) 일반인이 온라인 스트리밍, SNS를 통해 인지도를 높이고, 명성을 이용한 다양한 수익 구조 생기면서 신종 직업으로 각광받게 되었다. SNS에서 **영향력이 있는 사람**으로 정의한다. 어원은 **영향력**이라는 뜻의 단어인 influence에 사람을 뜻하는 접미사인 -er를 결합하여 influencer라 한다.

100세 시대 수명연장의 의미

100세 시대는 자본을 축적한 베이비부머 세대를 중심으로 경제가 움직임인다. 전후 비약적인 경제성장률에 편승하여 부동산 권력을 소유한 베이비부머 세대가 본격적으로 은퇴하는 **2025년 이후에는 새로운 문화트렌드가 형성될 것으로 예측**된다. 은퇴 이전에는 직장 중심의 생활이었다면, 은퇴 후에는 제2의 인생을 살게 되면서 **주거문화부터 실버산업까지 다양한 변화**가 있을 것이다.

4차산업혁명 이란?

4차산업혁명은 로봇기술, 드론에 인공지능(AI), 사물인터넷(IoT)이 결합하여 자율주행차, 가상현실(VR), 증가현실(AR) 등 **킬러 어플리케이션**(killer Application)이 주도하는 차세대 산업혁명이다. 2016년 6월 스위스에서 열린 **다보스 포럼**(Davos Forum)[5]에서 포럼에서 **클라우스 슈밥**(Klaus Schwab)이 사용하면서 일반명사화 되었다.

---

5) 세계경제포럼(World Economic Forum, WEF)은 저명한 기업인·경제학자·저널리스트·정치인 등이 모여 세계 경제에 대해 토론하고 연구하는 국제민간회의이다. 독립적 비영리재단 형태로 운영되며, 본부는 스위스 제네바주의 도시인 콜로니(Cologny)에 위치한다. **세계경제올림픽**으로 불릴 만큼 권위와 영향력이 있는 유엔 비정부자문기구로 성장하면서 세계무역기구(WTO)나 서방 선진 7개국(G7) 회담 등에 막강한 영향력을 행사하고 있다. 1971년 1월 경제학자 클라우스 슈바프가 창설한 **유럽경영포럼**(European Management Forum)으로 출발했다. 스위스 다보스에서 열린 첫 회의에 400명의 유럽 경영인들이 참가하였다.

4차 산업혁명의 의미

4차 산업혁명은 1차, 2차, 3차 산업혁명의 결과물과 결합하여 새로운 가치를 창출한다. 2003년부터 2010년까지 **로봇 국가플랫폼 실용화 사업** 과제에 참여했던 저자는 로봇의 실용화를 위한 수요처 발굴이 어려웠다. **킬러 어플리케이션**(killer application)으로 로봇청소기 외는 성공사례를 찾기 어렵다. 그러나 2010년 이후 스마트폰으로 촉발된 빅데이터는 로봇에 지능을 부여함으로 새로운 수요를 창출하고 있다.

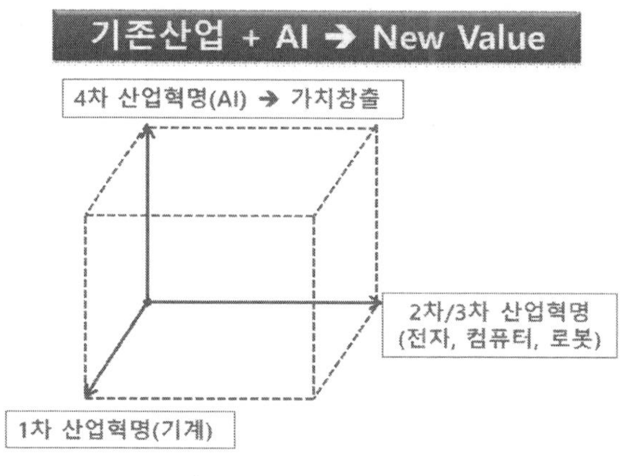

© 2020 박남규 copyright

단순 장난감 수준의 **캣(Cat) 로봇**은 인공지능과 결합하며 외부의 정보를 스스로 인지하고, 인간과 상호작용을 하며, 균형감각을 가지고 스스로 자세제어를 할 수 있게 된다. 빅데이터 정보를 학습한 **인공지능(AI) 로봇**은 **새로운 펫(Pet) 로봇의 장르를 개척**하고 있다.

예전에는 로봇의 하드웨어적으로 성능 완성도를 높여왔으나, 지금은 **인공지능(AI)와 결합하여 구형 로봇도 감성 로봇으로 탈바꿈** 시킨다. 인공지능(AI)가 있기에 가능하다.

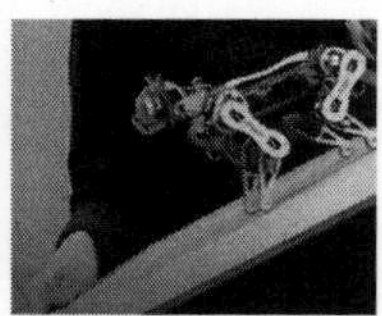

Cat Robot, Nybble

☞ 1~4차 산업혁명의 의미

- **1차 산업혁명**, 1784년 영국에서 시작된 증기기관에 의한 기계 동력 개발 ⇒ **기계 동력 확보에 의한 근력 대체**
- **2차 산업혁명**, 1870년 석유와 전기를 이용한 내연기관과 강철 발명 ⇒ **대량생산 수단 확보 및 공산품 생산**
- **3차 산업혁명**, 1969년 반도체를 이용한 컴퓨터 정보화 및 자동화 생산시스템 보급 ⇒ **자동화 수단의 확보**
- **4차 산업혁명**, 2010년 스마트폰으로 촉발된 빅데이터 기반으로 로봇이나 인공지능(AI)을 통해 실제와 가상이 통합돼 사물을 자동적·지능적으로 제어할 수 있는 가상 물리 시스템의 구축 ⇒ **반복되는 정신노동에서 자유**

4차 산업혁명의 시작, 스마트폰

2010년 애플사의 아이폰은 **내 손안의** PC로서 우리의 생활문화에 변혁을 가져왔다. **카메라, 캠코더, 게임기, MP3 재생기, 네비게이션, 만보기, 시간 알람기, 계산기, 사무용 스캐너, 프린터기, 팩스 등을 스마트폰이 대체**하였다.

오프라인 유선 인터넷 환경에서 온라인 무선 인터넷 환경으로 문화가 급변하도록 촉진하였다. **스마트폰이 새로운 문화를 제시하고 혁신가치를 제시하고 있다.** 스마트폰 **문화는 창업에도 영향을 미치며 새로운 시장을 창출**하고 있으며 다음과 같은 **새로운 창업환경을 제공**하고 있다.

① 모든 면에서 창업비용을 절감

이전에는 하드웨어적으로 제품을 개발해야 했다면, 이제는 **소프트웨어적으로 앱(App) 개발만으로 기존의 하드웨어적인 기능을 대체 가능한 수준**이 되었다. 스마트폰 하드웨어 플랫폼과 OS 플랫폼이 개발환경을 제공하기에, 기능을 소프트웨어만으로도 구현할 수 있게 되었다.

② 창업을 위한 고정비를 절감

예전에는 오프라인 환경하에서 사무환경을 갖추기 위하여 사무실이 필수적이었다. 그러나, 스마트폰의 등장은 무선 사무환경을 제공하였으며, 창업비용을 획기적으로 줄일 수 있게 되었다. 언제 어디서나 **노트북과 스마트폰만 있으면 업무를 볼 수 있는 노마드**[6]

환경이 가능하게 되었다.

이에 편승하여 스타벅스는 체류 시간에 제한이 없는 매장문화를 내세워 고객이 최대한 매장에 오래 머물도록 하는 **타임마케팅**의 표준을 제시하였다. 이를 벤치마킹한 교보서적은 서점에 누구나 종일 책을 읽을 수 있도록 도서관 컨셉을 서점에 처음 도입하였다.

이렇듯, **스마트폰을 통한 파괴적 혁신**(disrutive innovation)은 **새로운 문화를 창조**하고 있다.

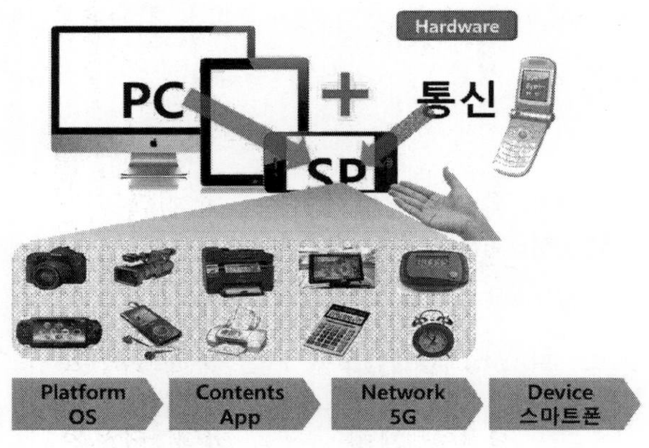

스마트폰의 기능 및 구성기술

© 2020 박남규 copyright

사업은 경쟁력을 확보하는 것으로 시작한다. 남들보다 빠른 의사결정과 피드백 시스템을 구축하는 것이 핵심이다. 시간과 장소의 제한을 받지 않고 업무를 처리할 수 있다면 초기 창업기업은 보통

6) 디지털 기기를 들고 다니며 시공간의 제약을 받지 않고 자유롭게 사는 사람들로, 제한된 가치와 삶의 방식에 매달리지 않고 끊임없이 자신을 바꾸어 가는 유목민이다.(네이버)

1인 창업기업으로 사무실이 크게 필요하지 않다.

집, 학교, 사무실, 휴가지에서 언제 어디서나 사무환경이 구축되므로 사무실 유지비용을 절감하고, 시간과 비용 절감뿐만 아니라 현장을 찾아갈 수 있으므로 네트워크 구축에도 도움이 된다.

창업 초기 혼자 처리해야 할 일이 많다면, 시간 장소 구분 없이 업무 처리가 가능하도록 인터넷 환경을 구축하는 것이 중요하다, 5만 5천 원의 스마트폰 약정으로 인터넷 무제한 이용이 가능하다.

☞ **사무실이 필요 없는 환경 구축 팁**

✓ **인터넷 팩스 활용**

예전에는 사무실에서만 이용이 가능한 팩스 서비스도 이제는 엔팩스(enfax)를 활용하면 년 24,000원으로 서비스를 이용할 수 있다. 언제 어디서나 팩스 수신이 가능하며, 인터넷에 접속하여 수신한 내용을 확인할 수 있다, 또한 스팸이나 광고성 팩스는 미리 확인하고 삭제하고 출력할 수 있어 종이 낭비를 줄일 수 있으며, 수신한 팩스의 분실 위험이 없다.

✓ **전화 착신 기능 사용**

외부에서 사무실로 걸려오는 전화는 착신 기능을 활용하여 스마트폰에 연결해 놓으면 따로 응대 직원을 둘 필요가 없다.

✓ **전자메일을 활용한 결재시스템 구축**

메일은 개인 메일과 사무용 메일의 주소를 분리하고, 여러 곳의 메일을 한 곳으로 포워딩을 시켜서, 빠짐없이 메일 확인 가능한 시스템구축을 한다.

전자결재는 메일 전달 기능을 이용하여 결재 프로세스를 구축한다. 업무 흐름을 구축하여 메일을 읽고 회신에 답글을 달도록 함으로써 결재 근거를 남기고 업무 히스토리 관리를 한다. 주의할 점은 첨부파일의 양이 많은 경우 메일 용량이 부족하므로 업무용 메일은 큰 용량을 제공하는 메일 주소를 처음부터 회원 가입하여 이용하는 것이 중요하다.

③ 클라우드 스마트워크(Smart Work in Cloud) 환경 제공

이제는 블로그나 유튜브로 출근한다. 자신이 구축한 **웹로그**나 **브이로그**에서 메일을 확인하고, 고객과 소통하는 시대가 되었다. 특히 코로나 사태로 비대면 재택근무가 활성화되면서 물리적인 이동보다는 인터넷 클라우드 사무실에서 일을 처리하는 문화가 일상화되고 있다.

클라우드 스마트워크는 **언제 어디서나 사물인터넷과 유비쿼터스 모바일 환경에서 사용자 중심의 사용환경**으로 정의한다. 미래의 환경은 하드웨어 종속적이 아닌 소프트웨어 종속적인 환경이 됨을 의미한다. 사물 간의 정보통신이 활성화되고 사람 중심으로 모든 정보가 통합된다.7)

---

7) 유인철(2015). 정보통신기술 트렌드를 통한 비즈니스 기회발견에 관한 탐색적 연구 : 양면시장 및 스마트워크를 중심으로. 서울벤처대학원대학교, 정보경영학과.

④ **창의적 콘텐츠**(CCS, Creative Content in SNS)**가 상품**

창의적 콘텐츠(CCS)는 **무형의 지식이 상품이 되어 저작권을 가지고 SNS상에서 유통되는 지식상품**으로 정의한다. 소셜 네트워크 상에서 활발한 커뮤니케이션은 집단지성을 이용한 문제 인식과 해결의 환경을 제공하며 개인의 창의성이 자신의 가치를 높이는 세상이 될 것이다.

⑤ **프로슈머**[8](Prosumer in 3D Print) **제조환경의 도래**

프로슈머 제조환경은 **생산자이자 소비자로서 제조환경이 2차원의 종이 환경에서 3차원의 제품제조 가능 환경으로 정의**한다. 미래 환경은 실물 이동 대신 정보가 이동하여 현장에서 직접 3D프린터로 제품이 출력된다.

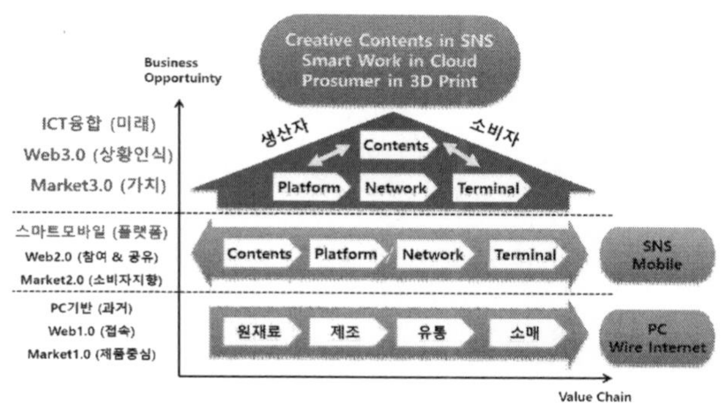

미래의 기술트렌드

© 2020 박남규 copyright

---

8) 앨빈 토플러 등 미래 학자들이 예견한 기업의 생산자(producer)와 소비자(consumer)를 합성한 말이다. 소비자가 소비는 물론 제품개발, 유통과정에까지 직접 참여하는 '생산적 소비자'로 거듭나는 의미다.

⑥ 스마트홈 시장의 생성

스마트폰과 연동된 홈네트워크는 스마트홈 마켓시장을 창조하고 있다. 특히 1인 가구의 증가는 스마트홈 수요를 증가시킨다. 종일 집을 비워놓아야 하므로 반려견을 관리하기 위한 원격제어 시스템이 큰 역할을 하게 된다.

펫(Pet) 로봇

노인가구의 증가는 **스마트홈 원격 헬스 관리 시스템**의 수요를 창출한다. 독거노인은 도움이 필요하며 간호를 받아야 한다, 스마트홈 시스템은 고독사를 방지하도록 하며, 원격관리 시스템의 수요가 있다.

스마트홈은 인공지능(AI)의 도움으로 최적의 관리가 가능하다. 에너지 절감이 가능한 패시브하우스(Passive House)의 기술발달과 자체 에너지 생산이 가능한 태양광 스마트그리드 기술은 집이 주거 개념에서 에너지발전 및 저장소 개념으로 발전하였다. 낮에 발전한 전기는 축전지나 전기자동차에 저장이 되며, 남는 전기는 한전에 재판매되어 가계재정에 도움을 준다.

⑦ 스마트워크 환경 제공

일터는 내가 정한다. 오늘은 카페, 내일은 바다! 스마트워크는 시간과 장소에 얽매이지 않고 업무를 수행하는 형태이다. 스마트폰의 무선네트워크 인프라를 활용하여, 시간과 장소에 영향을 받지 않고 업무를 볼 수 있게 되었다. **창업자는 동시에 여러 가지 일을 수행할 수 있다.** 비즈니스 업무, 학습, 휴가를 동시에 만족시키는 환경 구축이 창업 성패에 중요해졌다.

> 노마드 업무환경 사례
>
> 2010년 6월 1일 회사를 그만두고 처음 창업을 시작하면서, 정부와 지자체에서 개설한 창업스쿨에서 창업역량 강화 프로그램에 참여하였다. 창업과 교육수강을 동시에 할 수 있었던 경험은 이때부터 스마트워크의 중요성을 체험적으로 알게 되었다.
>
> 학습과 업무의 병행은 실시간으로 진행된다. 이를 위한 사무환경 구축이 중요하다. 스마트폰과 노트북은 기본 장비이다. 스마트폰의 테더링 기능을 이용하여 언제 어디서나 인터넷을 이용할 수 있도록 한다. 2010년은 스마트폰이 처음 KT를 통해 한국에 소개되었던 시기로, 스마트폰으로 모바일 환경에서 사무를 처리할 수 있었기에 효율적으로 창업을 진행할 수 있었다.

노마드 장비

⑧ SNS 사무환경, 블로그로 출근한다.

블로그는 가상의 사무실이 된다. 네이버 블로그를 랜딩 페이지로 사용하면 장점이 많다. 일반적으로 회사 홈페이지는 데이터센터의 서버에 구축된다. 이런 경우 회사 홈페이지는 광고 등 별도의 노력과 자금이 지출되어야만 검색에 노출이 된다. 반면 포털사이트에서 제공하는 블로그는 별도의 노력 없이도 기본적으로 검색에 노출이 된다. 블로그로 접속하여 나에게 온 메일을 확인하고, 연결된 사이트에 접속하여 업무도 보고 SNS 네트워크상에서 정보를 교환한다.

⑨ 농업과 결합한 6차 산업 시장 창출

스마트팜은 농작물과 가축의 생육 정보와 환경정보 등에 대한 정확한 데이터를 기반으로 언제 어디서나 농작물과 가축의 생육환경을 점검하고, 즉시 처방을 함으로써 노동력·에너지·양분 등을 종전보다 덜 투입하고도 농산물의 생산성과 품질 제고가 가능한 농업

이다.[9)]

스마트팜은 IoT, 빅데이터, AI, 자동화 시스템 및 로봇기술을 시설원예(비닐·유리 온실), 축사, 과수원 등에 접목하여 농작물과 가축의 생육환경 유지·관리를 원격 또는 자동으로 수행할 수 있는 지능화된 농장형태이다.

인공지능(AI)와 궁합이 잘 맞는 농림축산업

농림축산분야는 빅데이터 기반 AI 수요가 가장 많은 분야이다. 농림축산분야의 창업에서 **경험 부족이 성공 창업을 가로막는 가장 큰 장애 요인**이다. 식물 생육 조건, 병충해 방제에 대한 노하우는 개인의 경험 법칙에 의존해 왔다. 귀농·귀촌 교육프로그램은 개인의 경험 부족을 보완하기 위한 경험 축적에 목적이 있었다.

인공지능(AI)는 현장에서 일어나는 모든 데이터를 취합하여, 딥러닝을 통한 로봇이 데이터 기반 알고리즘을 생성하며, 24시간 모니터링을 통하여 **다양한 현상에 대하여 진단하고 실시간으로 해결책과 조치사항을 실시간으로 제공**한다.

이제는 농림축산업 분야 귀농·귀촌 시 개인의 경험 법칙에 의지할 필요가 없어졌다. 스마트폰 비전 센서를 활용한 실시간 인공지능(AI) 진단기술에 의한 피드백은 초보자도 시행착오가 없는 농업이 가능하게 한 기술환경을 제공한다.

---

9) 김연중(2016). 스마트 팜 운영실태 분석 및 발전방향 연구.

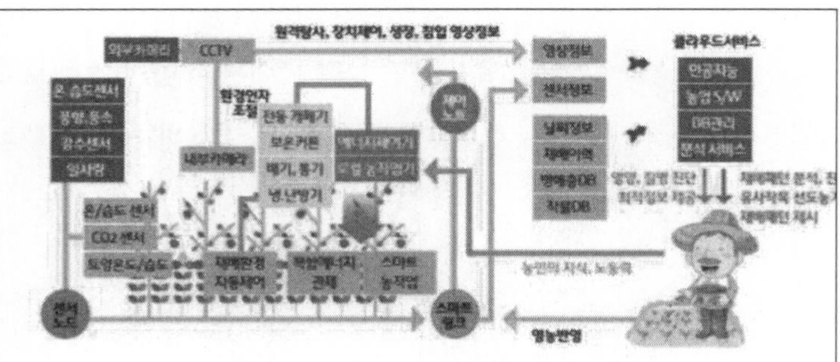

인공지능이 농사짓는 시대

농촌진흥청(2019)

도시농업의 탄생

도시에서 농업이 가능하게 되었다. 수경재배 방식의 밀폐재배 방식은 식물공장으로서 농업이 도심 외곽이나 지방에 있을 필요가 없게 된다. **단위면적당 농산물 수확량이 최소 10배에서 20배가 가능**하게 되며, 농업이 제조산업으로 발전하고 있다. 여기에 **첨단 인공지능(AI) 기술이 접목되면서 일반 가정의 경험 없는 도시인도 농사를 지을 수 있게 될 전망**이다.

블록체인 기술이란?

기존 전자화폐로 거래할 때, 중앙서버에 모든 거래 기록이 보관되는 것과 달리 블록체인은 소규모 데이터들이 체인 형태로 처음부터 분산되어 저장된다. 이러한 거래정보의 분산저장 기술은 공개되면서도 해킹으로부터 역설적이게도 안전하게 정보를 보호하게 된다. 중앙서버에 저장되어 있을 때는, 한 곳만 공략해서 데이터를 위·변조를 하면 되지만, 거래정보가 모든 곳에 분산됨으로 해킹이 거의 불가능하게 된다. 해킹되어도 블록체인의 특성상 개인에게 흩어져 있는 각각의 서버를 모두 위·변조하는 것은 불가능에 가깝다.

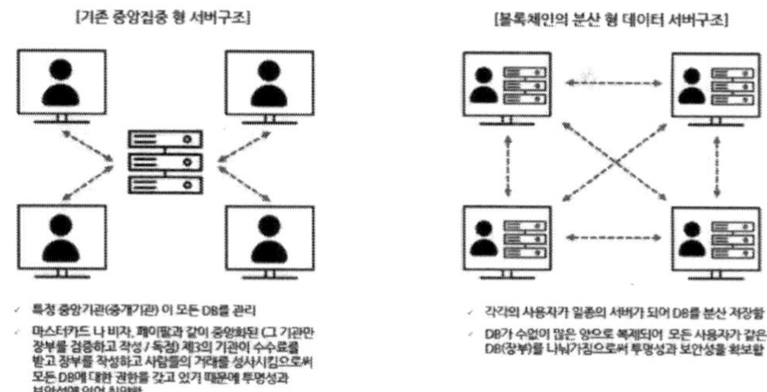

서버 운영자에게는 가상화폐(GAS)를 지급

블록체인 서버는 네트워크상에서 발생하는 모든 기록을 각 서버에 분산 저장된다. 기록을 보관하는 대가로 서버는 가상화폐(GAS)를 받는다.

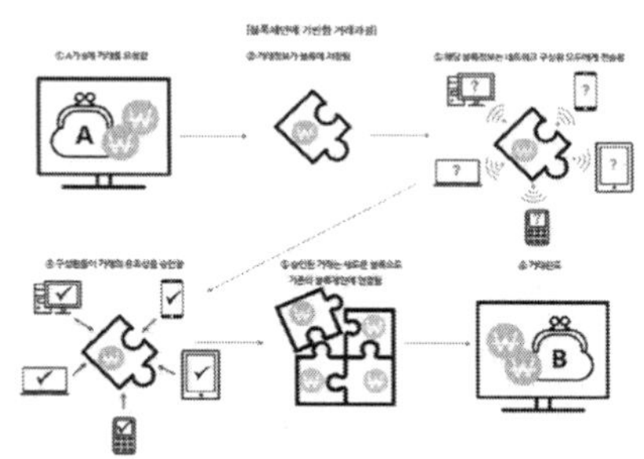

블록체인 거래과정

(출처: Thomson Reuters)

블록체인 기술은 새로운 창업생태계를 창조한다.

음악, 특허, 그림, 글, 만화 이외의 다양한 지식재산권이 블록체인 기술과 결합하여 새로운 창업생태계를 창조할 것이다.

① 콘텐츠 이력제를 통한 정보생태계 탄생

콘텐츠와 블록체인 기술의 만남은 지식제조업 탄생의 기초기술이다. 100세 시대와 4차 산업혁명은 현재 진행형이라면 블록체인 기술은 미래형이다. 개인이 창작한 모든 형태의 콘텐츠가 보호를 받고, 보상을 받을 수 있는 **정보 이력제**를 기반으로 하는 지식제조·유통 생태계 구축이 가능하다.

② 결재 비용 감소에 유통 혁신

결재 비용은 금융결재와 제품전달의 양방향 동시성으로 인하여 한쪽이라도 이행이 되지 않을 위험에 대한 헷지를 위하여 지급하는 비용이다. 결재와 유통에 대한 위험에 대하여 중간유통 에이전트(Agent)가 개입하면서 비용이 상승한다.

예로써, 부동산 거래에서 거래위험을 줄이기 위하여 공인중개사에게 수수료를 지급한다. 온라인 결재에서 카드사를 이용하는 것은 신용결재수수료가 발생하더라도 거래위험을 카드사가 부담하는 구조이다. 그러나 블록체인 기술은 제품·서비스에 대한 **이력확인의 신뢰성과 편리성 및 결재의 편의성으로 거래위험을 원천적으로 제거**한다.

블록체인 기술이 보급되면 블록체인 기반의 디지털화폐(가상화폐)를 중개하는 플랫폼 채널이 활성화되며, 은행 기능을 대체할 것이다. 거래 수수료가 없으며, 다양한 디지털화폐(가상화폐)의 환전에 따른 수수료 수입으로 운영되는 비즈니스 플랫폼이 탄생할 것이다.

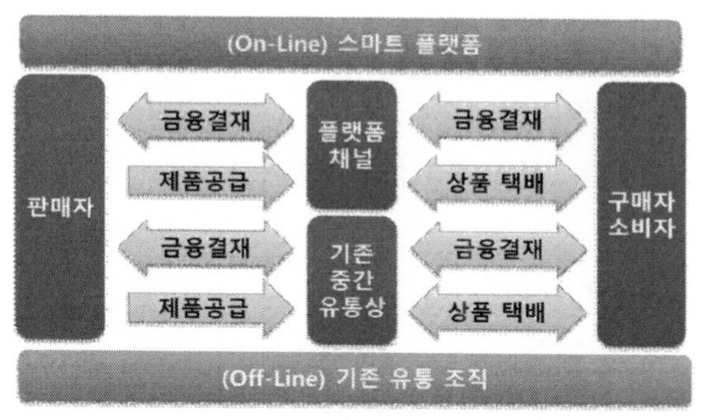

디지털화폐 유통생태계

© 2020 박남규 copyright

③ 디지털화폐의 출현과 지식산업의 활성화

디지털화폐의 출현은 정보의 폐쇄성으로 인해 보호받지 못하고 사각지대에 놓여있는 지식콘텐츠의 권리를 보호할 수 있게 된다. 지식콘텐츠에 블록체인 기술이 접목되어 이력추적이 가능하게 된다. 이력추적과 함께 디지털화폐(가상화폐)로 즉시 과금이 가능하게 된다. 블록체인 기술과 디지털화폐(가상화폐)는 새로운 비즈니스 생태계를 탄생시킬 것이다.

④ 모든 지식콘텐츠가 보호받는 환경제공

개인이 창작한 콘텐츠가 노출되었을 때 그 데이터에 대한 사용 여부를 추적하기가 어려웠다. 데이터를 다른 사람한테 전달하였을 때, 무형의 데이터 유통에 대한 정보추적이 어려우며 보호를 받을 수 없는 상황이었다.

현재 가장 강력하게 보호를 받는 부분이 음원과 출판 분야이다. 보호를 받을 수 있는 이유는 음원과 출판의 특성이 불특정 다수에게 전파되는 불특정다수를 대상으로 노출되는 특성이 있기 때문이다. 누구나 정보 접근이 가능하고 이용한 흔적을 확인할 수 있는 기록 수단이 있기에 가능하다.

반면 개인이 창작한 설계정보나 콘텐츠 정보는 정보 사용의 은밀성으로 유통 및 사용에 대한 과금이 불가능하다. 그러나 블록체인과 연결된 정보는 사용한 흔적들이 각각의 노드라고 불리는 개인 서버들에 모두 기록 저장되므로, 사용 이력에 대한 추적이 가능하며, 과금이 가능하게 된다. 그러므로 블록체인 기술과 결합된 지식 콘텐츠는 이력추적이 가능하게 되어 과금이 가능한 환경하에 있게 된다.

3D프린팅 기술

3D프린팅이란 디지털 디자인 데이터를 이용, 소재를 적층(積層)하여 3차원상에 물체를 생성한다[10]. 원하는 형태의 제품이나 부품을 수직 방향으로 한 층씩 쌓아 완성하는 제작 방법으로, 적층제조

10) 중소기업기술정보진흥원. 개인맞춤형 3D프린팅 의료기기.

(AM, Additive Manufacturing) 또는 쾌속조형(RP, Rapid Prototyping) 이라고도 한다.

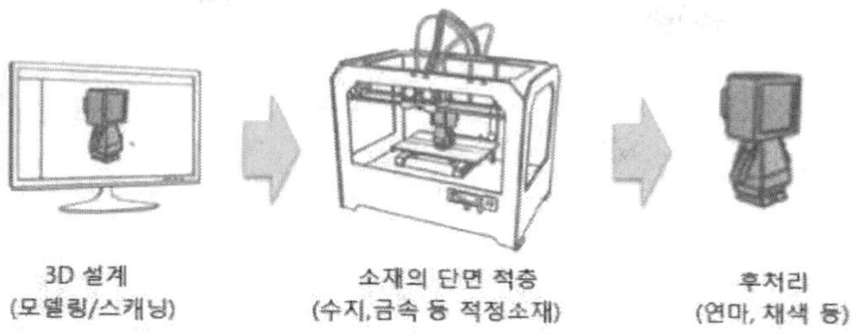

3D프린팅의 개념 및 프로세스
(중소기업기술로드맵, 2019)

3D프린터는 미국 MIT에서 최초로 개발한 PBP(Powder-Bed and inkjet head 3D Printing) 기술을 Z-Corporation 社가 이전받아 1995년에 3D PTM이라는 상표로 출시한 것에서 유래하였다.

사용 재료와 재료 적층 방식에 따라 구분되며, 활용 범위가 수년 전만 해도 시제품 제작 등에 국한되었지만, 현재는 금형과 같이 양산 제조공정에 적용되거나 부품의 직접 제조에 활용하고 있다.

3D프린팅 기술은 첨가 가공 공정기술과 기계제어 기술 및 3차원 설계기술의 발전을 기반으로 제품을 직접 혹은 시제품을 빠르게 생산해 냄으로써 제조업의 혁명을 예고하고 있다.

전자, 항공·자동차, 의료, 교육·패션, 건축 등 다양한 산업 분야에 걸쳐 맞춤형 제작에 적용되고 있다. 3D프린팅은 복잡한 형상의 제품 내부뿐 아니라 속이 빈 형상 등을 구현할 수 있고, 경량화가 가능하며, **제조비용을 절감할 수 있어 제조업의 혁신을 가져올 핵심기술**이다.

기존 산업과 융·복합이 이루어지면서 시제품 제작을 넘어 수요자 맞춤형 형상을 신속하게 생산하거나, 다양한 복합 소재를 활용하여 제품을 생산할 수 있는 새로운 제조기술로 진화 중이다.

3D프린팅 방식

3D프린팅 방식은 필라멘트 형태의 소재를 녹여서 노즐을 통해 분사하며, **재료를 층층이 쌓는 방법인** FDM(Fused Deposition Modeling), **액체나 분말에 자외선(UV)을 조사하여 광경화성 성질을 이용하여 적층하는** DLP(Digital Light Processing), **나일론, 석고, 금속 분말에 레이저를 조사하여 경화시키는** SLS(Selective Laser Sintering), 총 3가지 방식이 있다.

구분	재료	정교도	표면마감	재료강도
FDM	고체	C	C	A
DLP	액체	A	A	B
SLS	분말	B	A	A+

3D프린팅 3가지 방식

© 2020 박남규 copyright

3D프린팅 기술의 효과

3D프린팅기술은 새로운 관점과 방법의 제조문화를 제시할 것이다.

① 3D프린팅의 장점은 공정 단축

기존은 제품의 공급사슬(Supply Chain)은 8단계였다면, 3D프린팅은 2단계로 단축된다. 공급사슬이 생략됨에 따라 제조원가가 절감되며, 유통단계가 단축 된다.

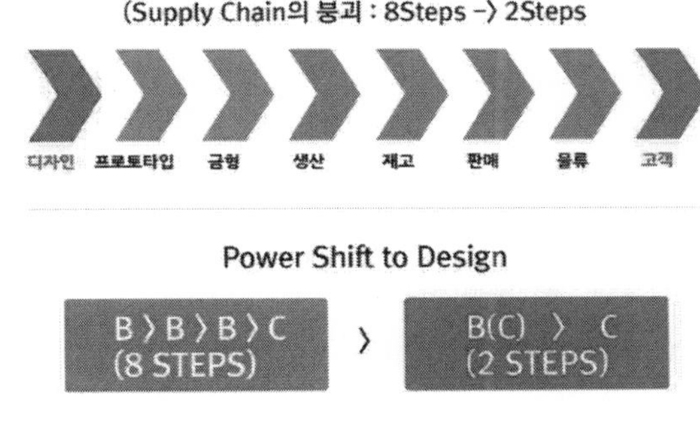

3D프린팅 장점

© 2020 박남규 copyright

현재 3D프린터는 단일 재질로 프린팅이 가능한 수준이며, 보급형은 초창기 흑백 TV 기술 수준에 비유된다. 다양한 재질과 색깔을 혼용해서 프린팅하는 기술이 각 가정에 보급되는 시점에 3D프린팅 시장은 확대될 것이다.

② 소량다품종의 복잡한 형상에 강점

가장 성공적으로 적용되는 분야는 복잡한 형상의 파이프 배관 제조공정이나, 내구성이 필요한 일체형 형상 제조공정이다.

유럽의 에어버스 제조사는 1대의 항공기 제작에 필요한 300여 개의 복잡한 배관부품 제작에 3D프린팅 공정기술을 적용하여 품질 확보와 원감 절감을 달성하였다. 항공기 날개를 한 번에 프린팅하여 생산 공정을 단순화시키고 항공기를 경량화시켜 항공기의 연료 효율과 구조 안정성 및 가격 경쟁력을 확보하였다.

항공기 엔진을 제작하는 GE는 복잡한 구조의 엔진 연료 노즐을 금속 3D프린팅으로 생산하여 항공기 엔진 경량화를 달성하였다.

③ 3D프린팅 기술의 물류 분야에서 가능성

페덱스(Fedex)는 글로벌 물류 택배 회사로서, 3D프린팅 기술개발에 가장 많이 투자하는 기업이다. 페덱스(Fedex)의 자체연구결과에 따르면 **국제간 물류의 50%는 데이터 전송만**으로 현지 국가 페덱스 물류창고에서 프린팅하여 **제품 공급이 가능**한 것으로 보고하였다.

④ 프로슈머의 신자급자족 문화의 도래

3D프린터 프린트가 가정에 보급되면서 설계데이터를 스스로 생산하거나 기존 데이터를 전송받아 출력해서 사용하는 문화가 도래할 것이다.

필요한 부분을 직접 디자인하거나, 타인이 만든 설계데이터를 구매하여 3D프린팅 장비를 통해 직접 제작한다. 물건이 오가는 것이 아닌, 데이터가 유통되는 시대가 도래할 것이다.

가정에서 데이터를 3D프린터로 출력하여 직접 만들어 사용하는

신자급자족(新自給自足) 문화가 대세가 될 것이다.

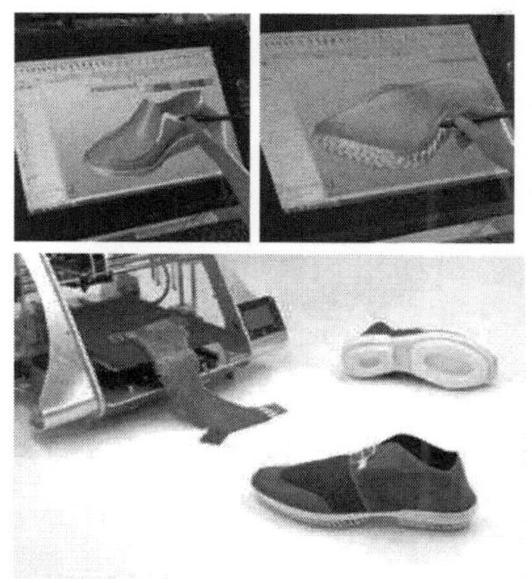

(출처=그로노버츠 & 모틸링카)

4차 사업혁명과 블록체인, 3D프린팅 기술은 새로운 문화를 창조

2010년 스마트폰으로 촉발된 비정형화된 영상정보와 스마트폰 앱에서 양산되는 개인 정보는 빅데이터 기반의 인공지능(AI)와 결합하여 4차 산업혁명을 촉발시켰다. 또한 2008년 금융위기는 블로체인 기술 기반의 비트코인 기술과 함께 이를 구현하는 블록체인 기술을 촉발시켰다. 또한 3D프린터는 신자급자족 문화를 제시하고 있다. 2020년 코로나로 촉발된 언택트 문화는 메가트렌드와 결합하여 새로운 문화콘텐츠를 만들어 낼 것이다. 대표적으로 다음과 같다.

① 온라인 언택트 문화의 도래

코로나 사태로 미래의 언택트(Untact) 환경이 앞당겨졌다. 예측하지 못한 먼 미래가 앞당겨 현실이 되고 있다. 모든 것이 오프라인에서 온라인으로 바뀌고 있다.

스마트워크와 3D프린팅이 결합한 사무환경 및 생산환경의 변화는 일상과 직장 문화를 바꾸고 있다.

오프라인 대면 문화는 사무실 출퇴근 문화이다. 일을 진행하기 위해서는 사무실에 출근해야만 하는 고정관념이 적용된다. 사무실에서 대면 회의를 해야 일의 처리가 효율적이라는 생각을 가져왔다.

그러나 **코로나 사태로 재택근무를 해야만 하는 환경에서 대면접촉 없이도 효율적으로 일을 할 수 있음을 체험으로 알게 되었다.**

② 지식제조업은 새로운 문화생태계를 조성

비대면 재택근무 환경에서 노마드 환경과 3D프린팅의 보급은 새로운 문화생태계를 만든다. 오프라인 생태계에서는 사무실 출근을 위하여 출퇴근이 가까운 도시 주거를 선호한다.

그러나 온라인 사무환경을 가능하게 하는 ICT 기술의 발달과 3D프린팅 제조기술의 보급으로 언제 어디서나 시간과 장소에 상관없이 일할 수 있게 되었다.

재택근무나 노마드(디지털 유목민) 사무환경에서는 출퇴근이 필요 없게 된다. 도시 외곽의 쾌적한 자연환경에서 일할 수 있는 집을 선호하게 될 것이다. 따라서 교통비 지출의 감소와 출퇴근으로 인한 시간 절약은 새로운 거주 문화를 만들 것이다.

아파트과 같은 **수직 형태의 주거**가 아닌 평면으로 넓은 마당이 있는 단독주택을 선호할 것이다. 가족이 집에서 재택근무를 해야만 하는 상황에서 가족이 다른 공간으로 분리된 주거공간을 선호할 것이다.

집 근처에 오피스 공간을 제공하는 **카페오피스**가 성업할 것이다. 가정에서 모든 것을 해결하는 자급자족의 문화가 형성된다. 자신이 원하는 신발은 3D 데이터 제공업체에 접속하여 자신의 발 사이즈를 스마트폰으로 다각도로 촬영하여 제공하면, 인공지능(AI)가 인체 칫수를 판단하여 최적의 3D 신발 디자인을 메일로 송부한다. 이에 대한 결재는 가상화폐로 지급된다. 가정에서는 3D프린터로 신발을 출력한다. 24시간 후에 근사한 샌들이 출력된다.

도심 거주에 대한 주거비와 자동차의 불필요, 공유경제, 전기자동차 및 에너지 제로 주택 기술의 발전과 자급 자족형 도시농업 환경은 고정비용이 없는 윤택한 전원생활을 가능케 한다.

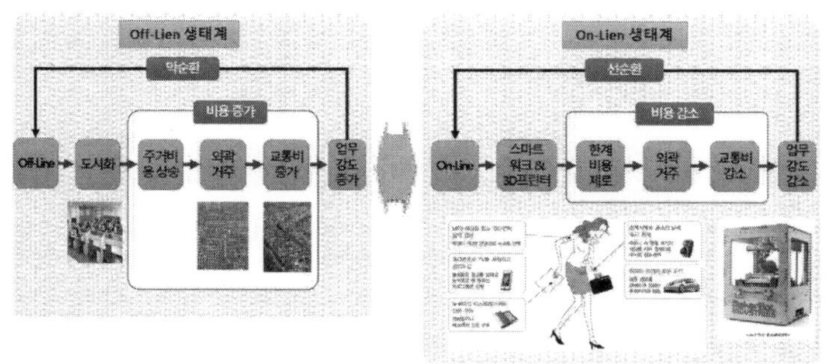

4차산업혁명의 미래, 라이프스타일 변화

© 2020 박남규 copyright

3장
100세 문화

100세 문화란?

70세에서 100세로 예상수명이 늘어남에 따라 우리의 생각과 행동을 지배하는 모든 패러다임이 변화하였다. 100세 문화는 **100세에 맞는 생각 방식과 행동 양식**으로 정의할 수 있다.

우리는 아직 100세 시대를 겪어보지 못했다. 100세 시대에 어떤 문화가 펼쳐질지 궁금해진다. 50~60대는 은퇴 후에 어떤 **라이프스타일(Life Sytle)**를 추구할지를 알 수 있다면 시장 발굴에 도움이 될 것이다.

새로운 문화를 제시하는 것이 혁신이다. 100세 시대, 베이비부머 세대에서 에코부머 세대를 거쳐 밀레니얼 세대까지 한 번도 가보지 않은 **미래를 누가 먼저 예측하고 길목을 지키는가에 따라서 시장을 선점하고 사업 기회가 커질 수 있다.**

피라미드에서 다이아몬드로

1960년에는 **베이비부머 세대**가 **피라미드구조**의 하부를 형성하고 있었다. 6.25 전쟁 후에 **인구출산 장려정책**으로 신생아가 증가하고 상대적으로 고령 인구가 적었으며, 평균 기대수명이 70세 미만이었다.

50년이 지난 **2010년** 통계청의 인구통계분석 자료에 의하면 연령에 따른 **인구분포는 다이아몬드형**이 되었다. **베이비부머 세대가 가장 많은 중심**을 이루고 있으며, **에코부머 세대 및 밀레니얼 세대는 감소**하는 인구분포 구조이다.

50년 후 **2060년 인구분포는 역피라미드**가 될 것으로 통계청은 예상하고 있다. 이로 인해 파생하는 다양한 변화는 우리의 생각과 양식에 영향을 미칠 것이다. 변화된 문화는 수요를 창출하고, 새로운 문화를 제시하는 가치가 제안되고 수용됨으로써 혁신은 지속될 것이다.

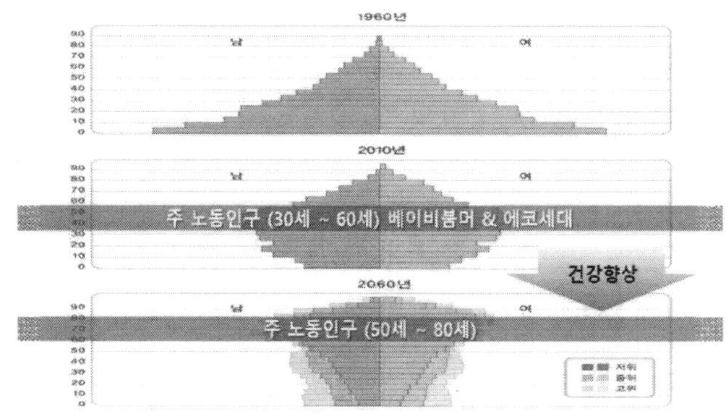

대한민국 인구통계적 변화

(통계청, 2010)

준비되지 않은 100세 시대

한국전쟁 종전 후 1955년부터 1963년 사이에 태어난 베이비부머(baby boomer) 세대의 은퇴가 2020년을 기점으로 본격적으로 진행되고 있다.

인구의 약 14.6%인 712만 명이 베이비부머 세대이다. 한국 산업화를 이끈 중추적인 세대이지만 현 상황은 이들에게 호의적이지 않다. **일자리 감소, 핵가족시대 독거노인 증가, 은퇴 후 노후준비 부족 등에 노출**되고 있다.

삼성생명 은퇴연구소(2017)에 의하면 실질 은퇴 평균 연령이 OECD 국가의 경우 64.9세이며, **한국은 72.9세로 OECD 국가 중에서 가장 은퇴 평균 연령이 높다.**

통계청(2018)에 의하면 **한국인의 일자리 퇴직 연령은 과거 60세에서 49.1세로 오히려 낮아지면서**, 가계 수익을 만들 수 있는 새로운 일자리가 필요한 상황이다. 69년생 이후로는 만 65세부터 연금 수령이 가능하다. 그러나 연금만으로는 실질적인 생활 유지가 어려울 것으로 예상한다. 이제는 **은퇴 이후에도 전문성을 가지고 건강이 허락하는 한 현업에서 직업을 가져야만 하는 상황**이 도래하였다.

노후보장의 한 축이었던 가족의 경제적 지원은 부모부양 가치관 변화로 약화 되었다. 자녀 양육과 부모님 봉양으로 인하여, 본인의 노후준비는 뒷전이 되고 있다.

경제적 이유로 직업을 갖는 은퇴세대

박창환(2019)의 연구에 의하면 **베이비부머 세대는 평균 수명의 증가로 인해 이전의 노인 세대와 다른 특성을 보인다**고 한다. 교육 수준이 과거 고령자에 비해 높고 새로운 라이프스타일을 추구하거나 활동적인 특징을 보인다.

삼성생명은퇴연구소(2017)에 의하면 **베이비부머 세대는 노동시장에 남아있으려는 의지가 높으며**, 재정적 이유를 포함해서 다양한 이유로 재취업하는 양상을 보일 것으로 예측하였다.

미래에셋은퇴연구소(2019)에 의하면 재취업자 중 36.2%가 재취업을 결정하게 된 이유는, **더 일할 수 있기 때문**이라고 응답했다. 자녀 및 부모부양으로 인한 경제적 이유도 28.7%를 차지하였다.

강경란(2018)은 **베이비부머들의 창업 및 재취업 의도 영향 요인에 관한 연구**에서 **경제적 준비도는 재취업의도에 부(-)의 영향을 미치는 것**으로 나타났다. 즉 **경제적으로 준비가 충분한 경우 재취업의도가 낮으며, 경제적 준비가 부족한 경우 재취업의도가 높다.** 그러므로 **은퇴세대가 일하는 경우는 자아실현보다는 생계 문제가 더 큰 이유**임을 알 수 있다.

평생직장으로서 창직을 해야만 하는 이유

강순희(2016)는 재취업 결정요인에 관한 연구에서 건강할수록, 퇴직 전 근속기간이 길수록 재취업을 할 확률이 높게 나타난다고 하였다. 특히, **노후 소득이 부족한 사람들의 재취업 비율이 높다**는 연구결과를 제시하였다. 재취업의 경우 단순 노무직 비율이 높으며 임금피크제의 영향으로 수입은 줄어드는 것으로 연구되었다.

박상우(2019)의 경우 비자발적으로 퇴직하는 베이비부머 세대를 대상으로 **회복 탄력성이 진로전환에 미치는 영향에 대한 연구**를 진행하였다. **회복 탄력성은 진로전환에 매우 유의한 영향을 미치는 것으로 검증되었다**. 회복 탄력성이란 크고 작은 다양한 역경과 시련과 실패에 대한 인식을 도약의 발판으로 삼아 더 높이 뛰어오르는 마음의 근력을 의미한다.

물체마다 탄성이 다르듯이 사람에 따라 탄성이 다르다. 역경으로 인해 밑바닥까지 떨어졌다가도 강한 회복탄력성으로 튀어 오르는 사람들은 원래 있었던 위치보다 더 높은 곳까지 올라갈 수 있다. 지속적인 발전을 이루거나 커다란 성취를 이뤄낸 개인이나 조직은 대부분 실패나 역경을 딛고 일어섰다는 점이 공통점을 보였다.

이제는 **은퇴 후에도 회복 탄력성을 유지해야** 하며, **전직이나 창업을 위한 역량 강화가 중요**하게 되었다. **베이비부머 세대의 지속적인 경제 활동을 위해서 창업이 쉽지 않은 상황에서 재취업을 해야 하는 상황**이 되었다. 재취업은 베이비부머 세대에게 있어서 매우 중요한 로드맵이 되었다.

50세 이후에는 자신의 직무역량으로는 경쟁력을 상실하게 되는 시점이다. 특히 **4차 산업시대 기술기반의 직무역량이 부족한 베이비부머 세대는 재취업이 쉽지 않은 상황**이다. 그러므로 **새로운 관점에서 취업에 접근할 필요성**이 있다. 세상이 만들어 놓은 직무에 자신을 맞추기보다는, 그동안의 **경험을 기반으로 새로운 분야를 만들고 창직을 하는 것이 새로운 대안**이 될 수 있다.

창직을 통한 창업 로드맵의 필요성

남이 만들어 놓은 직업에 자신을 대입하는 것이 아닌, 자신이 주도적으로 만들어가는 창직은 100세 시대에 새로운 형태의 창업으로서 유망할 것이다. 이제는 **10년 전부터 자신의 퍼스널브랜드 창업을 통해 창직하고 전문성을 인정받아 활발히 활동하는 분들이 생겨났다.**

100세 시대 창직은 모든 인생 경험을 자원화하는 과정

평생직장인 창직은 재취업과는 성격과 접근방식이 전혀 다르다. 70세 프레임으로 만들어진 기존 직업에서는 자신의 전문성을 발휘할 공간이 없다. 그러나 창직은 자신이 경험한 모든 인생 경험을 자원화하는 과정이다. **각자의 인생은 다양하며, 열심히 현업에서 살아왔다면 분야별 전문성을 가진다.**

여기서 **전문성이란 경험적 안목과 지혜**이다. 그 분야에서 **1만 시간 이상의 축적된 경험을 통해 자신만의 관점에서 말할 수 있는 지혜**이다.

창직은 정신적 노동의 산물

창직은 육체적 노동보다는 정신적 결과물이다. 이러한 경험적 안목을 수단으로 해당 분야에서 멘토로서 활동하는 것이다.

다양한 분야를 접목하여 남들이 갖지 못한 새로운 관점을 제시한다면 차별화된 콘텐츠가 된다. 나이가 들수록 기억력은 감퇴되지만 이해력은 높아진다.

노화되 뇌는 젊은 뇌보다는 10% 정도 수축한다. 그러나 오히려 **이해력과 통찰력이 생긴다. 학습 능률은 저하되지만 지혜가 활성화된다.**

지혜는 사전적 의미로는 **사물의 이치를 깨닫고 정확하게 처리하는 정신적 능력**으로 정의한다. 이러한 지혜는 다른 관점에서 바라볼 수 있는 새로운 관점이라고 말할 수 있다.

건강이 허락하는 한 일할 수 있는 지식산업

지식산업은 **정보를 생산하고 유통하는 산업**을 통틀어 이르는 말이다. 교육, 출판, 언론, 방송, 정보, 통신 관련 대중의 지적요구에 호응하기 위한 산업이다.

지식산업에서 **콘텐츠를 만드는 직업으로는 강사, 컨설턴트, 멘토, 퍼실리테이터** 등이다. 자신의 지적자산을 활용하여 인간의 가장 상위 욕구이자 가장 인간답게 만드는 **지적 호기심을 만족시키는 직업**이다. **나이가 들수록 경험이 쌓이고 네트워크가 확장**되면서, **후발주자가 따라가기 힘든 분야**가 지식산업 분야이다. **건강이 허락하는 한 대우받으면서 일할 수 있다.**

2000년 이후 태어난 **밀레니얼 세대**는 스마트폰을 보고 자란 세대이다. 지금의 초등학생, 중학생, 고등학생을 대상으로 미래 선호 직업을 조사하였다.

교육부(2019) 자료에 의하면, 학생 희망직업 조사에서 **초등학생의 경우 유튜브 크리에이터(유튜버)가 3위**를 차지하였다. 프로게이머는 6위이다. 프로게이머의 최고연봉은 국내의 경우 탑클래스의 운동선수보다 많다. 2020년 프로게이머 연봉이 50억 원으로 가장 연봉이 높은 야구선수의 25억 원보다 2배 수준이다.

학생 희망직업 변화(상위 10위)

학생 2만4783명 대상, 6월18일~7월26일 학교급별 온라인 조사

	초등학생		중학생		고등학생	
	2015년	2019년	2015년	2019년	2015년	2019년
1위	선생님(교사)	운동선수	선생님(교사)	교사	선생님(교사)	교사
2위	운동선수	교사	경찰	의사	기계공학 기술자 및 연구원	경찰관
3위	요리사	크리에이터	요리사	경찰관	경찰	간호사
4위	의사	의사	의사	운동선수	정보시스템 및 보안 전문가	컴퓨터공학자/소프트웨어개발자
5위	경찰	조리사(요리사)	운동선수	뷰티디자이너	간호사	군인
6위	판사·검사·변호사	프로게이머	정보시스템 및 보안 전문가	조리사(요리사)	생명·자연과학자 및 연구원	생명·자연과학자 및 연구원
7위	가수	경찰관	건축가·건축디자이너	군인	군인	건축가/건축디자이너
8위	과학자	법률전문가	공무원	공무원	요리사	항공기승무원
9위	제빵원 및 제과원	가수	간호사	컴퓨터공학자/소프트웨어개발자	공무원	공무원
10위	아나운서·방송인	뷰티디자이너	군인	간호사	건축가·건축디자이너	경영자/CEO

자료: 교육부

말할 수 있는 건강만 있으면 일할 수 있는 지식콘텐츠 전문가

이제는 지식이 자원화되는 시대이다. 4차 산업혁명의 중심에는 지식기반의 콘텐츠산업이다. 인공지능(AI)가 인간을 대신하는 영역은 정신적 노동의 영역이 될 것이다. 12시간의 근무시간 중 8시간은 일상의 반복적인 정신노동으로 채워진다. **밀린 공과금 이체, 스팸 전화, 투자 모니터링, 쇼핑, 예약 등 창의성과는 거리가 먼 일상의 반복적이고 정신노동이다.** 3차 산업혁명은 PC의 보급으로 자동화에 의하여 육체적인 반복 노동을 해결하였다면, 4차 산업혁명은 **인공지능(AI)에 의한 인간의 정신적 반복 노동을 해결**함으로써,

남는 시간을 보다 창의적인 일을 할 수 있도록 돕는다.

인공지능(AI)시대 창의적인 지혜를 뽐내는 전문가

창의적인 지혜는 나이가 들수록 유리한 분야이다. 다양한 경험에서 나오는 다양한 관점은 첨단 기술자와 차별화되는 부분이다.

제품이나 서비스 개발의 경우 개발 과정은 비슷하다. 단지 사용하는 도구가 다를 뿐이다. 최신 프로그램을 다룬다고 프로젝트의 완성도가 높다고는 할 수 없다. 단지 도구를 잘 다루는 것이지, 프로젝트의 완성도가 높아지지는 않는다. 프로젝트 구조가 잘 계획되어야 효과와 효율을 모두 만족시킬 수 있다.

전체 구조설계가 중요하듯 경험에서 나오는 지혜가 경쟁력이다.

집을 건축하는 경우 집을 짓는 것은 누구나 할 수 있다. 그러나 집의 구조설계 단계에서 아이디어를 디자인하는 것은 상상력의 영역이다. 집을 많이 건축한 전문가일수록 미리 문제점을 파악하고 설계단계에서 대책을 세운다. 구체적으로 접근하며, 일어날 문제점을 예측하고 준비한다. 특유의 감각을 살려 건축설계도를 완성한다. 아키텍처 레벨의 설계는 프로젝트 총괄을 하는 것이다. **경험과 연륜이 있어야 가능**하다.

기술사업화 방향성을 제시하는 경험적 지혜

기술사업화 단계(TRL, Technology Readiness Level)[11] 관점

---

11) 미국 NASA에서 1960년대부터 고안되었으며, 기술사업화의 진행 단계

에서는 1단계 아이디어단계에서 2단계 시뮬레이션을 거쳐 3단계 컨셉 단계가 전체의 방향성을 정하는 단계이다.

설계도면이 이 단계에서 나온다. 설계도면이 나오면 제작자는 도면에 따라 자신의 기술을 적용하여 제작하면 된다. 기술사업화 5단계에 해당한다. 소프트웨어개발은 코딩 단계가 여기에 해당이 된다. 구조가 나오면 채워 넣는 것은 누구나 할 수 있다.

제품개발에도 레벨이 있다. CAD(Computer Aided Design)의 기능을 안다고 설계를 잘한다는 생각은 착각이다. CAD를 잘 다루는 것은 단순히 형상을 잘 만들고, 가상 공간 배치를 잘하는 것이다.

단순 그림 그리는 수준의 설계가 있으며, 마케팅을 고려한 설계단계, 생산 공정까지 고려한 설계, 부품 재고 활용과 제조원가를 고려한 설계, 금형 사출을 고려한 형상설계, 양산 조립성을 고려한 설계, AS를 고려한 모듈설계, 컨테이너에 적재효율을 고려한 형상디자인, 안전 및 인정테스트를 고려한 설계 등, 이 모든 것을 고려한 설계 수준은 인공지능(AI)로 무장한 젊은 세대와 차별화되는 영역이다.

평생 직업의 역할은 자존감 유지

100세 시대를 맞아 60세 은퇴 이후 40년은 자존감이 낮아질 수 있다. 기대수명이 70세에서는 10년 정도의 편안한 노후 생활을 추구할 수 있지만, **100세 시대를 맞아 40년의 은퇴 생활은 사회적**

를 표시하는 소통의 도구로 활용되고 있다. 총 9단계로 구성되어 있다.

으로 인정받지 못하는 나약한 삶이 될 수 있다. 물질적인 안정만이 전부가 아님을 알 수 있다.

호서학원 설립자 고 강석규 명예총장이 95세에 신문 문화면에 기고한 글을 인용한다.

> 인생을 다시 살 수 있다면 지금까지 살아온 것처럼 살겠다고 답하는 사람은 드물 것이다. 그러면 어떻게 하면 후회 없는 삶을 살 수 있을까?
>
> "나는 젊었을 때 정말 열심히 일했습니다.
> 그 결과 실력을 인정받았고 존경을 받았습니다.
>
> 그 덕에 65세 때 당당한 은퇴를 할 수 있었죠.
> 그런 내가 30년 후인 아흔 다섯 살 생일 때 얼마나 후회의 눈물을 흘렸는지 모릅니다.
>
> 내 65년의 생애는 자랑스럽고 떳떳했지만
> 이후 30년의 삶은 부끄럽고 후회되고 비통한 삶이었습니다."
>
> "나는 퇴직 후 덧없고 희망이 없는 삶,
> 그런 삶을 무려 30년이나 살았습니다.
> 30년의 시간은 지금 내 나이 95세로 보면
> 3분의 1에 해당하는 긴 시간입니다.
>
> 만일 내가 퇴직을 할 때 앞으로
> 30년을 더 살 수 있다고 생각했다면
> 난 정말 그렇게 살지는 않았을 것입니다.
>
> 이제 나는 한고 싶었던 어학 공부를 시작하려 합니다.

10년 후 백 다섯 생일 날, 왜 아흔 다섯 살 때
아무것도 시작하지 않았는지 후회하지 않기 위해서입니다."

호서학원 설립자
강석규

100세 시대로 인한 인생 프레임의 변화

100세 시대는 인구 감소를 동반한다. 70세 시대 패러다임에서 26세는 100세 시대 패러다임에서는 37.5세에 해당한다. 결혼 적령기는 신체적으로나 정신적으로 10년 이상 연장되었다. 나이 100세는 이전 70세에 해당한다. 현재 나이에 0.7을 곱하면 실제 정신연령과 신체나이가 된다. 현재 50세 나이는 35세의 정신연령과 신체나이를 가진다고 볼 수 있다.

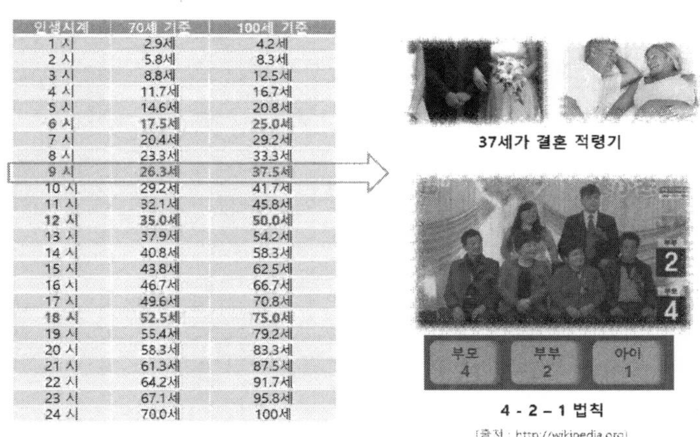

인생시계	70세 기준	100세 기준
1 시	2.9세	4.2세
2 시	5.8세	8.3세
3 시	8.8세	12.5세
4 시	11.7세	16.7세
5 시	14.6세	20.8세
6 시	17.5세	25.0세
7 시	20.4세	29.2세
8 시	23.3세	33.3세
9 시	26.3세	37.5세
10 시	29.2세	41.7세
11 시	32.1세	45.8세
12 시	35.0세	50.0세
13 시	37.9세	54.2세
14 시	40.8세	58.3세
15 시	43.8세	62.5세
16 시	46.7세	66.7세
17 시	49.6세	70.8세
18 시	52.5세	75.0세
19 시	55.4세	79.2세
20 시	58.3세	83.3세
21 시	61.3세	87.5세
22 시	64.2세	91.7세
23 시	67.1세	95.8세
24 시	70.0세	100세

37세가 결혼 적령기

4 - 2 – 1 법칙

[출처 : http://wikipedia.org]

정신연령과 신체나이 비교표

© 2020 박남규 copyright

통계청 자료에 의하면 여성 초혼 나이와 평균 수명 비교자료에서 2015년에는 평균 수명이 85.2세이며, 초혼 연령은 30세이다. 성장률을 감안하면, **2020년에는 32세**로 예측하고 있다.

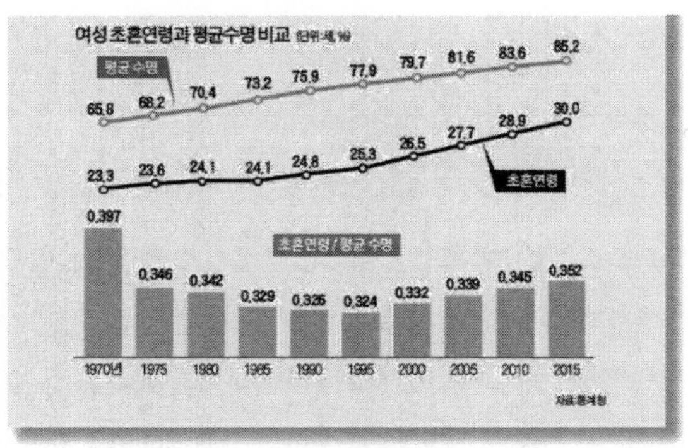

결혼 연령이 늦어짐에 따라 여성의 늦은 출산은 피할 수 없는 상황이 되고 있다. **저출산으로 인한 다양한 신문화를 파생**시킨다.

2019년 통계청 자료 기준으로 예상되는 평균 출생아 수는 0.92명이다.

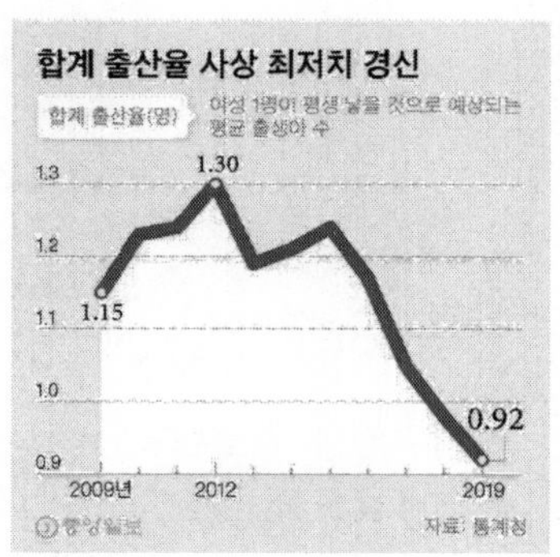

1인 가구의 증가

2017년에는 1인 가구가 562만 가구로 2000년 222만 가구에 비하면 **2.5배 이상 폭발적인 증가세**이다.

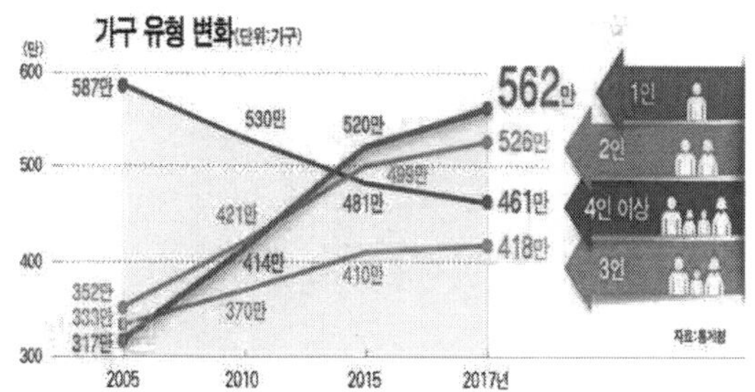

2019년도 기준으로 1인 가구 비중이 부부와 자녀로 구성된 가구 비중을 넘어선 것으로 나타났다. 통계청이 16일 발표한 **장래 가구 특별추계 시도편 2017~2047년**에 따르면 올해 전국 2011만 6000가구 중 1인 가구는 598만7000가구(29.8%)로 부부와 자녀로 구성된 가구(596만2000가구·29.6%)보다 2만5000가구 많았다.

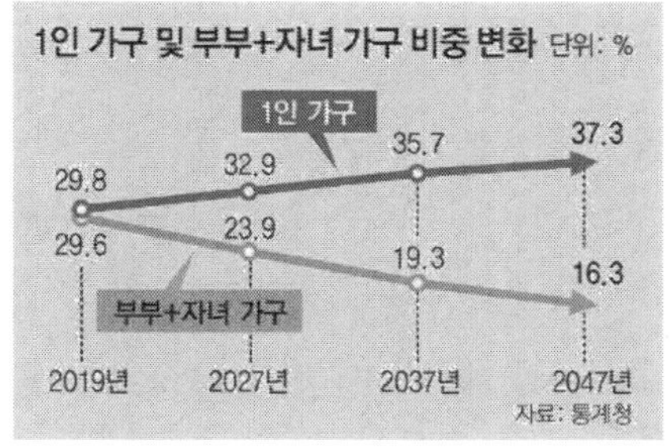

남성 1인 가구의 증가

2018년 기준 남성 1인 가구가 차지하는 비중은 49.7%로 2000년(42.6%)대비 7.1%p 증가했다. 같은 기간 207.5%로 증가, 여성 1인 가구수 상승률(130%)보다 77%가량 웃돈다. 20대를 제외한 전 연령대에서 나타나는 현상이지만 특히 40~50대 중년층에서 두드러진다. 남성 1인 가구의 증가는 미혼 및 이혼 확대에 따른 것이다.

중년 1인 가구의 증가

2018년 기준 40~50대 중년층이 차지하는 비중은 31.4%로, 청년층 35.4%, 고령층 33.2%와 큰 차이가 없다. 2000년 54만1000가구에 불과했으나 2018년 183만9000가구로 240% 증가했다. 비중도 24.3%에서 31.4%로 높아졌다.

미혼 1인 가구의 증가

미혼 1인 가구가 중년층을 중심으로 빠르게 증가하면서 청년 1인 가구는 미혼, 중년 1인 가구는 이혼, 노년 1인 가구는 사별이라는 공식이 깨지고 있다. 1인 가구의 혼인 상태를 연령대별로 살펴보면 20~30대 청년층뿐만 아니라 40대 중년층에서도 미혼이 절반 이상을 차지하고 있다. 결혼을 늦게 하거나 결혼을 선택하지 않은 사람들이 중년 이상의 연령대로 접어들면서 중년 미혼 1인 가구의 증가세가 두드러지고 있다. 2000년 95만7000가구에서 2015년 228만4000가구로 139% 증가했다. 미혼 1인 가구 가운데

40~50대 중년이 차지하는 비중도 10.8%에서 27.0%로 높아졌다.

1인 가구의 소비트렌드

1인 가구의 증가는 다양한 소비트렌드를 만든다. 한국의 경우 1인 가구 증가세가 세계에서 가장 빠른 수준이다. 1인당 월평균 소비지출액은 95만 원으로 2인 이상 가구의 73만 원에 비하여 높은 소비 성향을 보인다.

가구와 가전이 설치되어 있는 콤팩트형 주택 수요가 증가

제한된 주거공간을 효율적으로 사용하기 위한 빌트인 가전, 가변형 가구, 시스템 가구가 인기다. 소형이지만 기능은 그대로 유지한 가전제품이 인기다.

소포장 식품이나 간편 생활용품 시장 확대

간편하게 식사를 해결할 수 있는 **레트르트 식품시장** 성장하고 있다. 먹기 간편한 과일 도시락이 인기를 끌고 있다. 과일 껍질 등 음식물 쓰레기를 처리할 필요도 없다. 수박 도시락이 인기를 끄는 이유이다. 단순히 용기에 수박을 잘라 담아 파는 것이지만 수박 자체가 무거워 선뜻 구매하기 어렵다. 음식물 쓰레기가 싫은 1~2인 가구나 자취생들을 중심으로 인기가 있다. 1인 가구를 중심으로 **편리미엄**[12]을 추구하는 소비트렌드가 확산되고 있다.

---

12) 편리성에 주목한 제품들을 속속 선보이면서 매출까지 증가시키고 있는 것에서 나온 말이다. 전자레인지에 데우기만 하면 바로 한 끼

여성과 고령 1인 가구를 중심으로 안전에 대한 니즈 증가

시니어 대상 생활, 가사 종합서비스인 **홈인스테드**(Home Instead)를 개발하여 병원 동행, 간병, 외출 등 일상생활 전반에 걸쳐 지원하는 서비스가 탄생하였다.

솔로의 경제적 안정을 위한 월 지급식 금융상품 및 정서적 안정을 돕는 SNS 메시징 서비스 수요가 증가하고 있다.

자기관리에 대한 투자

가족부양 의무가 없어 자기관리, 개발을 위한 지출에 관대하며 외국어, 운동, 교양 등 자기개발 학습시장이 확대되고 있다.

식사가 되는 파우치죽과 즉석밥, 손질된 식재료로 구성되어 끓여내기만 하면 되는 요리 키트, 소스류가 **편리미엄**의 대표적 상품임

펫(Pet)시장의 확대

반려동물시장은 폭발적인 증가세이다. 펫(Pet)은 **사람과 더불어 사는 동물은 사람의 장난감이나 애완동물이 아니라 가족처럼 함께 살아가는 동물**이라는 뜻이다. 1983년 오스트리아 빈에서 열린 인간과 동물의 관계에 관한 국제 심포지엄에서 처음 사용되었다. 강아지 전용 러닝머신, 애견카페, 애견유치원, 애견사료, 애견뷰티샵 등 사람이 할 수 있는 모든 영역으로 확장하는 추세이다.

대기업·밀가루 기업·문구 기업까지 진출, 1000만 고객 쟁탈전

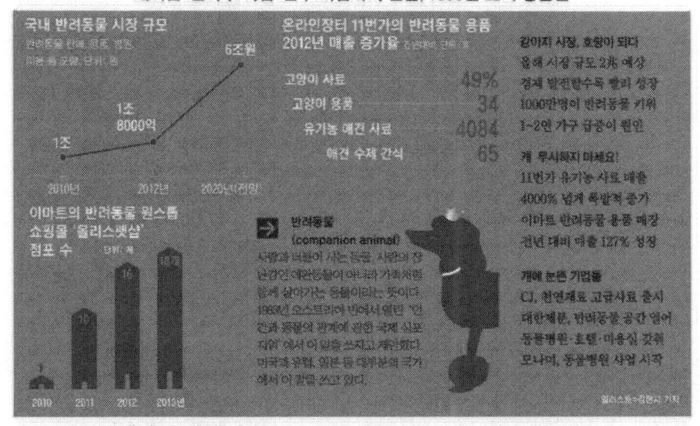

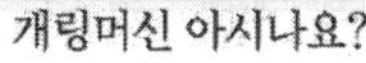

50-60대의 정신연령은 35세~45세

50대에도 30대처럼 꾸미는 남성 시장이 증가하였다. 남성 기초화장품 시장에서 한국이 세계 1위 규모이며, 40~50대 중장년층이 큰손으로 고급 정장, 시계 소비가 증가하였다.

50대에도 30대처럼… 꾸미는 남성 시장 폭발

50~60대를 위한 미용성형 급성장

중년이 되면 얼굴의 꺼진 굴곡 때문에 음영이 생긴다. 이 음영이 얼굴선을 불규칙하게 만들어 나이 들어 보이게 된다. 따라서 얼굴선이 매끄럽게 조정된 후 눈 주변의 꺼진 음영이 사라지고 처진 눈꺼풀도 없어지면 건강하고 젊은 인상이 가능하다. 중년들에게 인기 있는 대표적인 수술은 얼굴 지방 이식, 눈 지방 이식, 리프팅성형, 하안검 수술 등이다[13].

---

13) 조선비즈피플. [의료상식] 중년 성형, 가장 중요한 것은 '자연스러움'. biz.chosun.com

그루밍족의 출현

그루밍은 '남성인데도 치장이나 옷차림에 금전적 투자를 아끼지 않는 사람'이다. 그루밍은 여성들의 뷰티 'beauty'에 해당하는 남성들의 피부용어로 피부와 두발, 치아관리, 성형술까지 포함한다.

4장
마케팅 원리

비즈니스모델이란?

비즈니스모델은 **세상이 필요로 하는 가치를 만들어내고, 누구를 대상으로 가치를 어떻게 전달하여 지속적으로 수익을 창출하는 시스템으로 정의**한다.

문화를 만드는 비즈니스모델

문화는 **집단 내의 구성원이 공유하는 생각의 방식과 그 결과물로서 제도, 시스템, 규칙으로 정의**한다. 새로운 제품·서비스가 구성원의 일상에서 필수품이 되는 것이 비즈니스모델의 비전이다.

마케팅은 비즈니스모델이 문화가 되도록 하는 전략

마케팅은 **비즈니스모델이 타겟 집단에서 꼭 필요한 시스템이나 플랫폼이 되도록 체계적으로 접근하는 전략을 수립하는 것으로 정**

의한다.

플랫폼이란?

플랫폼은 **제품·서비스의 형태로 제공되는 구조화되고 체계화된 가치생태계**이다. 플랫폼을 통하여 수요자와 공급자 간의 상생이 가능하다, 소비자는 제품·서비스를 소비함으로써 편익(benefit)을 얻으며, 공급자는 안정적인 매출처 확보로 지속적인 수익 창출이 가능하다.

효과와 효율을 고려한 최적화 전략, 마케팅

마케팅은 비즈니스모델이 소비자에게 필요한 플랫폼이 되도록 하는 전략이다. **경쟁력 있는 가치를 창출하기 위해서, 주어진 외부환경에서 시장수요를 발견하고, 경쟁자와 차별화된 가치를 제공하는 제품 또는 서비스를 기획하며, 생산 판매하는 일련의 활동**이다.

마케팅은 외부환경으로서 트렌드 변화와 내부환경으로서 경쟁자 대비 강점과 약점을 고려한 가성비가 가장 높은 최선의 목표이며, 전략이라고 할 수 있다.

> **전략이란?**
> 전략(Strategy)는 그리스어 strategos가 어원이다. **장군의 기술(the art of the general)**라는 의미이다. 장군은 몇 번의 작은 싸움에 집중하기보다는 전체 상황을 고려해 목표를 정한다. 종합(comprehensiveness)과 조화(harmony)를 통해 전략이 도출된다.

지피지기 백전불퇴

마케팅은 **상대를 파악하고 나를 파악하여, 최선의 제품 또는 서비스를 기획하는 것**이다. **상대를 아는 것은 수요가 있는 시장을 발굴하는 것**이다. **나를 아는 것은 경쟁자와 비교하여 상대적으로 유리한 강점과 동원 가능한 자원인 장점을 정의하는 것**이다. 지피지기를 통해 실현 가능성을 높이는 전략을 기획하고 실천하는 것이 마케팅이다.

마케팅은 Why와 How를 고려한 What이다.

외부환경은 거시환경과 미시환경으로 구성된다. 거시환경은 정치, 경제, 사회, 문화, 기술 분야의 트렌드이다. 미시환경은 거시환경에서 활동하는 주체의 사업환경이며, 가치사슬이다.

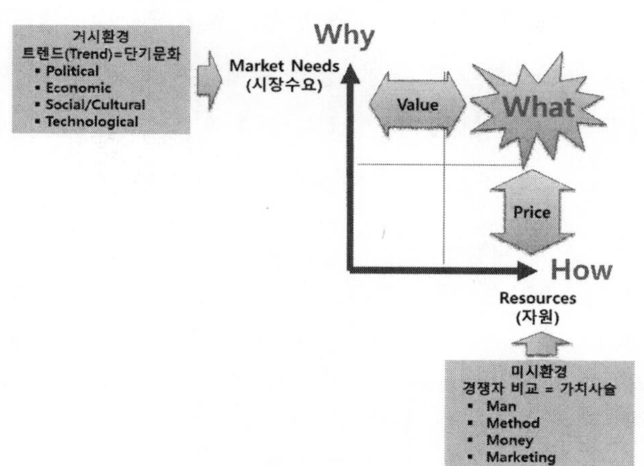

Why-What-How 프레임

© 2020 박남규 copyright

목적이 이끄는 창업이 되도록 하는 Why

마케팅에서 Why는 **사업 필요성, 고객이 원하는 것**이다. 외부환경을 구성하는 트렌드(문화 추세)와 경제주체의 편익 관점에서 도출되는 **사업을 해야만 하는 이유**이다.

창업 성공 가능성을 높이는 How

How는 **실현 가능성을 높이는 수단**이다. **가진 자원, 동원 가능한 자원, 단기간에 준비할 수 있는 자원**에 해당한다.

가진 자원은 쌓아온 **인적네트워크, 경험적 기술, 보유한 유동자산, 판매할 수 있는 수단으로서 인적 물적 인프라**다.

동원 가능한 자원은 소유하고 있지는 않으며, **협업을 통해 활용 가능한 자원**이다. 소유하고 있지는 않지만, 트렌드 변화에 신속히 대응할 수 있는 자원으로 오픈이노베이션이 가능하다. **오픈이노베이션은 조인트벤처, 프렌차이즈, 협동조합의 형태의 협업을 통해 부족한 자원을 조달하는 방법**이다.

방향성을 제시하는 What

What은 Why와 How의 **접점**에 있다. **시장의 수요와 실현가능한 자원이 만나는 공약수**이다. What은 파급력이 높은 목표이며 최우선으로 해야 할 전략이다. 창업기업이 나아갈 방향이다.

What은 단기 목표와 장기 목표로 구분된다. 단기 목표는 가진 자원을 활용하여 당장 수익을 만들 수 있는 비즈니스이며, 장기 목표는 준비를 통해 미래 수익을 만드는 비즈니스이다.

What 도출의 대표적인 도구(Tool), SWOT 분석

SWOT 분석은 OT와 SW의 조합을 통해 OS, OW, TS, TW 전략을 도출하는 프레임이다. OT(기회와 위협)은 사업을 해야 하는 이유인 Why에 해당하며, SW(강점과 약점)는 실현 가능성과 차별화인 How에 해당하며, OS, OW, TS, TW는 도출되는 전략으로서 What에 해당한다.

OT는 Opportunity(기회)와 Threat(위협)

기회(Opportunity)는 사업을 해야만 하는 이유이며, 위협(Threat)은 사업을 하지 말아야 하는 이유로 정의한다. **기회(Opportunity)는 고객 수요가 있는 것, 즉 고객이 원한다는 것이며, 위협(Threat)은 고객 수요가 없는 것,** 즉 고객이 원하지 않는다는 것이다. 기회(Opportunity)는 고객에게 필요한 가치를 가지는 것이며, 위협(Threat)은 고객에게 필요한 가치를 제공하지 못하게 되는 것이다. 기회(Opportunity)를 가진다는 것은 시장에 판매할 가치를 가진다는 의미이며, 반대로 위협(Threat)이 된다는 것은 시장에서 판매할 수 없게 된다는 의미이다.

SW는 Strength(강점 또는 장점)과 Weakness(약점)

강점은 경쟁자보다 뛰어난 것이며, 장점은 소유한 자원이다. 약점은 상대적으로 경쟁자보다 뒤진 것이나, 소유하지 못한 자원이다. 강점 및 장점은 최소 비용으로 사용 가능하다는 것, 약점은 ' 사용하기 위하여 비용을 지불하는 것이다.

Pay-off Matrix & SWOT분석 전략

© 2020 박남규 copyright

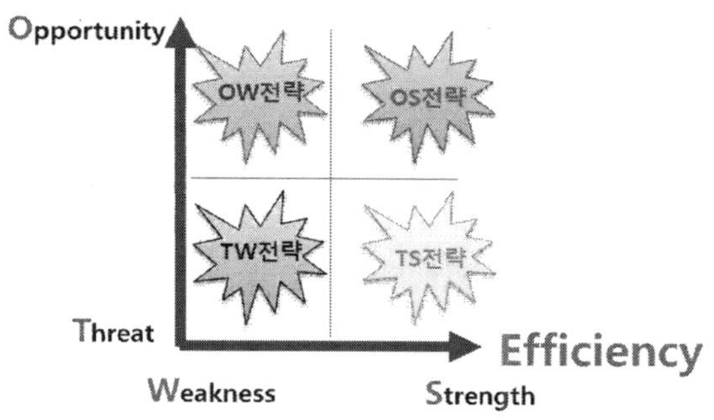

- ☞ OS전략: 단기전략, 일관생산
- ☞ OW전략: 단기전략, 오픈이노베이션
- ☞ TS전략: 준비전략, 혁신
- ☞ TW전략: 준비전략, 미래 사업다각화

마케팅 프로세스 전반에 관여하는 문화

마케팅 프로세스는 아이디어 발견에서 제품·서비스 전략 수립까지로 정의한다. **①사업아이디어 발견, ②환경 분석을 통한 사업아이디어 평가, ③사업화 전략 수립, ④제품·서비스 개발 방향 수립, ⑤제품·서비스 전략 수립, ⑥사업타당성 분석을 통한 가치분석, ⑦프로토타입 제작 단계, ⑧사업계획서 작성 및 시제품 지원자금 유치 단계, ⑨시장반응확인 단계, ⑩시설구축 단계, ⑪양산판매 단계** 과정으로 구성된다.

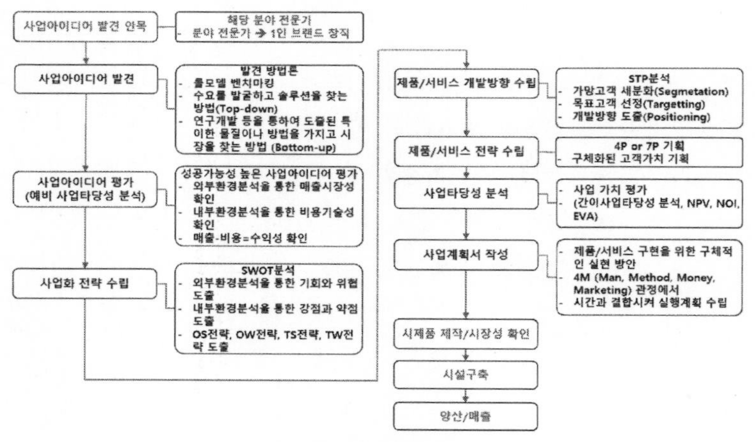

기술사업화 프로세스

© 2020 박남규 copyright

기술사업화 프로세스의 또 다른 이름, 문화창업마케팅

마케팅은 문화를 대상으로, 문화를 수단으로, 문화를 제시하는 창업 전략 수립 및 실행 과정이다. 기술사업화 프로세스 과정을 이해하는 것은 문화창업마케팅을 이해하는 것이다. 다음은 기술사업화 프로세스 과정에 알아보자.

①사업아이디어 발견

해당 분야 전문가의 안목으로 사업 아이템을 발견하는 과정이다. 인간은 환경의 영향을 받는다. 자신을 둘러싼 외부환경과 내부환경의 영향을 받는다. **문화는 사람의 생각을 지배하며, 창업아이디어는 문화를 벗어날 수 없다. 보고, 듣는 모든 것이 문화이기 때문이다. 인풋(In-put) 대비 아웃풋(Out-put)은 자연의 원리**이다.

견문을 넓히기 위해 여행을 떠나는 것도 같은 이유이다. **유학은 장기간 외국 체류를 통해 새로운 문화를 흡수**함으로써 차별화된 관점을 가지게 된다. 경쟁력 있는 창업아이디어를 도출하기 위해서는 **다양한 문화에 노출될 필요**가 있다.

②환경 분석을 통한 사업아이디어 평가

사업 아이템이 속한 분야의 시장성과 기술성 평가를 통해 수익성을 가늠해 보는 **예비 사업타당성 분석** 과정이다.

사업환경분석은 외부환경분석과 내부역량분석으로 구성된다. **외부환경분석은 거시환경분석과 미시환경분석**으로 나뉜다.

거시환경분석은 트렌드 분석이 대표적이다. 트렌드 분석은 정치, 경제, 사회, 문화, 기술 관점에서 가치판단 기준과 행동, 생활 양식의 방향과 영향을 미치는 요인에 대하여 분석하는 것이다. 이를 거시환경 분석 또는 PEST **분석**이라 한다.

미시환경분석은 경쟁자분석이 대표적이다. 경제주체를 정의하고 주체들 간의 **힘의 균형을 분석**하는 5-Forces **분석**과 **경쟁자들과 항목별 요소에 대한 장단점을 통한 강점과 약점을 도출**하는 3C **분석**이 있다. 특히 경쟁자분석에서 기업문화는 발전의 원동력이며 차별화의 원동력이 된다.

③사업화 전략 수립

예비 사업타당성 분석결과 사업성이 확인되면 사업화 전략 수립 단계에서 SWOT 분석을 통한 방향성을 제시하는 목표를 도출한다. SWOT 분석에서 외부환경분석은 **예비 사업타당성 분석**을 통해 파악한 기회 요소와 위협 요소를 정의하고, 내부 역량 관점에서 강점과 장점 및 약점을 정의하고, S,W,O,T를 고려한 OS, OW, TS, TW 전략을 도출하는 과정이다.

④제품·서비스 개발 방향 수립

시장세분화는 STP[14)]**를 분석을 통한 타겟고객의 발굴과 개발목표로서 4P 또는 7P를 도출하는 과정**이다. 시장세분화 이전 SWOT 분석 단계까지는 회사 차원의 전략을 수립하는 단계였다면 STP, 4P or 7P는 제품·서비스 차원에서 구체화된 마케팅 단계이다.

STP는 Segmentation-Targeting-Positioning의 순차적 프로세

---

14) 미국의 켈로그경영대학원 석좌교수 필립코틀러(Philip Kotler)는 기업이 시장을 세분화하여 새로운 고객을 유치하고 지속적인 수익을 낼 수 있도록 STP 모델을 제시했다.

스이다. 고객을 분류하고 타겟고객을 선정하고, 선정된 고객의 수요를 경쟁자대비 정성적 차별요소를 정의하는 과정이다.

문화는 고객을 분류하는 과정에서 동일 문화를 가진 고객으로 분류하는데 관여한다. 타겟고객을 선정하는데 자사의 기업문화를 고려하여 방향성에 맞는 타겟고객을 선정하게 된다.

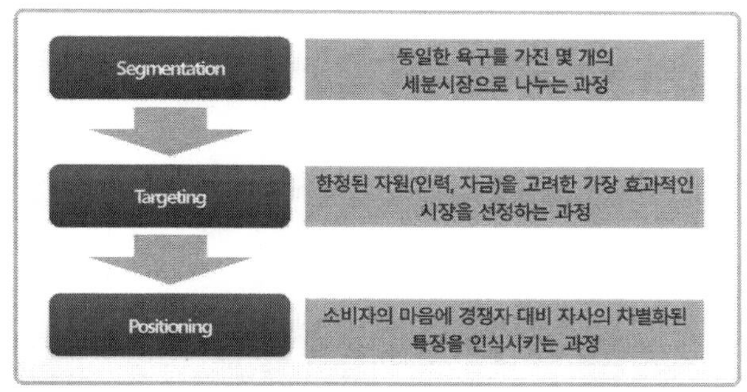

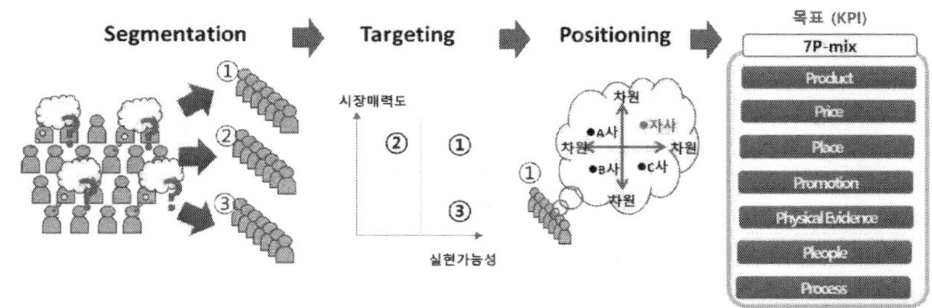

시장세분화 프로세스

© 2020 박남규 copyright

시장세분화 효과

시장세분화 효과는 다음과 같다.

☑ **경쟁우위 확보** : 고객의 정확한 욕구 파악 및 최적화된 제품·서비스 개발이 가능하여, 틈새시장에서 경쟁우위 확보가 가능하다.

☑ **마케팅 기회 발견**: 시장세분화 과정에서 고객의 욕구(Needs)를 파악할 가능성이 높다.

☑ 경쟁우위 확보를 통한 **경쟁자 배제** : 가치시장 창출이 가능하며, 브랜드 개발을 통하여 경쟁자와 차별화된 마케팅이 가능함으로써 경쟁자를 배제할 수 있다.

시장세분화 조건

5가지 조건에 의하여 시장이 세분화 된다.

시장세분화 조건

M	easurability	측정가능성
A	ccessibility	접근가능성
S	ustainability	지속가능성
A	ctionability	실행가능성
D	ifferentiability	차별화 가능성

⑤제품·서비스 전략 수립

마케팅 전략 수립은 **고객가치를 만드는 과정**이다. 기업에서는 **고객이 원하는 것을, 실현가능성이 높은 솔루션을 적용하여 경쟁력 있는 가격에 단기간에 제공하는 것**이다. 이러한 **마케팅 전략 수립의 전반적인 과정에 기업문화가 관여**한다.

제품·서비스 전략을 수립한다는 것은 **4P or 7P를 기획하는 것**이다. 4P or 7P는 제품·서비스 차원에서 구체적인 개발목표를 수립하는 단계이다. STP 단계를 통해 정성적으로 도출된 고객가치를 **내부자원인 4M(Man, Method, Money, Marketing)**을 고려하여 정량화하고 구체화하는 단계이다.

문화는 고객가치 모든 곳에 관여한다. 특히 **4P or 7P에서 광고는 고객이 공감하는 문화콘텐츠를 기획**하는 것이다. **People은 기업문화이며**, **Process는 기업의 일 처리 방식**으로 기업문화의 영향을 직간접적으로 받는다.

STP를 통해 경쟁자들과 차별화된 차원을 **7P(Product, Price, Plcae, Promotion, Physical Evidence, People, Process)**로 구체화하는 것이다.

4P(Product, Price, Plcae, Promotion)는 제품 가치이며, **7P(Product, Price, Plcae, Promotion, Physical Evidence, People, Process)는 서비스 가치**이다.

제품이나 서비스 개발목표를 정할 때, 4P나 7P의 틀에서 정의한다.

Product

Product는 기능, 성능, 디자인으로 구성된다. 처음에 제품을 개발할 때는 기능과 성능, 디자인이 안정화되는 과정을 거친다. 처음에는 기능을 구현하지만, 시간이 지남에 따라서 고장이 나지 않는 성능확보가 중요하다.

Price

Price 관점에서 Product 대비 경쟁제품과 비교하여 저렴하게 책정이 되어야만 가격 경쟁력이 있다. Price는 소비자 입장에서는 가치와 비교되며, 공급자 입장에서는 비용 이상을 받아야 한다. 그러므로 **가치(Value) 〉 가격(Price) 〉 비용(Cost)** 공식이 성립한다. 판매가격은 고객가치와 제조원가 사이에서 결정된다.

Place

Place는 오프라인에서는 유통채널로서 입지에 해당한다. 물리적 위치로서 고객가치제안을 구성하는 요소이다. 반면 온라인에서는 검색 편의성 및 결재 편의성에 해당한다. 검색 시 상단에 노출되며, 결재 시 여러 단계의 인증과정을 거치지 않고 한 번에 결재되는 편리함이 제품 및 서비스에 대한 고객선택의 중요한 요소가 된다.

Promotion

Promotion은 고객의 제품·서비스 선택하는데 있어서의 편리함이다. 고객이 고민하지 않도록 대신 고민하여 가성비가 가장 좋은 제품을 제안하는 것이 예가 된다. 제품·서비스 선택 시 차별화된 혜택을 통하여 고객이 편하게 선택할 수 있도록 돕는다. 이를 위한 활동으로 광고, 홍보, 체험을 위한 인적대면판매, 혜택을 제공하는 판매촉진이 있다.

Physical Evidence

Physical Evidence는 **신뢰를 주는 모든 것**이다. 오프라인에서는 인테리어, 판촉물, 직원 유니폼이 이에 해당하며, 온라인에서는 랜딩 페이지, 쇼핑몰 신뢰 지수, 회원 보유수, 댓글 수, 만족도 지수가 지표가 된다.

People

People은 **기업문화**이다. 기업문화란? **기업이 어떤 미션과 비전을 구성원이 공유하고 있으며, 업무처리의 판단기준이 무엇인가**에 대한 것이다. 기업이 공유하는 문화는 고객이 제품이나 서비스를 선택하는 고객가치의 구성요소이다. 어린이집 원장이 누구인가는 학부모가 어린이집을 선택하는 요소이자 고객가치이다.

Process

Process는 **업무처리 및 고객 응대 매뉴얼**이다. 기업의 경쟁력은 업무처리 과정의 단축과 신속한 의사결정 장애 요인을 제거하며, 고객의 요구사항에 즉시 대응하는 시스템이다.

4P-mix

4P-mix는 Product, Price, Place, Promotion의 적절한 조합을

통하여 다양하고 차별화된 사업 아이템이며 고객이 제품 및 서비스를 선택하는 고객가치에 해당한다. 경쟁자와 비교하여 차별화된 제품은 4가지 요소에서 최소 한 가지 이상이 강조된다.

7P-mix

7P-mix는 Product, Price, Plcae, Promotion, Physical Evidence, People, Process로 구성된 서비스 비즈니스모델을 만들어낸다. 4P-mix 제품 고객가치보다는 서비스를 포함하는 넓은 범위의 사업모델이다.

4M

4M은 사람(Man), 기술(Method), 자금(Money), 판매(Marketing)관점에서 기업이 보유한 역량이다. 사람(Man)은 기업문화이다. 기업의 핵심경쟁력은 기업문화의 결과물이다. **대표의 미션과 비전을 공감하는 구성원들이 모인 집단이 기업이다. 생각 방식과 행동결과가 제품·서비스이다.** 그러므로 리더의 철학을 공유하는 기업문화를 가진 구성원이 모였을 때, 진취적이며 창의적인 기업이 된다.

⑥ 사업타당성 분석을 통한 가치분석

사업타당성 분석은 구체화된 제품·서비스를 대상으로 매출에 비용을 차감한 미래 순이익을 현재가치로 환산하여 합한 가치로 정량화시킨다. 예를 들면 올해부터 10년간 당기순이익이 1000만 원이 예상된다. 은행 금리는 3%일 때 사업아이템의 순현재가치(NPV, Net Present Value)는 8530.2만 원이 된다.

사업연도	Y+1	Y+2	Y+3년	Y+4	Y+5	Y+6	Y+7	Y+8	Y+9	Y+10
잉여현금흐름	1000	1000	1000	1000	1000	1000	1000	1000	1000	1000
현재가치	$1/(1+0.03)^{1}$	$1/(1+0.03)^{2}$	$1/(1+0.03)^{3}$	$1/(1+0.03)^{4}$	$1/(1+0.03)^{5}$	$1/(1+0.03)^{6}$	$1/(1+0.03)^{7}$	$1/(1+0.03)^{8}$	$1/(1+0.03)^{9}$	$1/(1+0.03)^{10}$
(PV, Present Value)	970.87	942.59	915.141	888.48	862.60	837.48	813.09	789.40	766.41	744.09
순현재가치 (NPV, Net Present Value)	총 10년간 PV의 합계 = 8530.2만원									

순현재가치(NPV, Net Present Value by DCF)

© 2020 박남규 copyright

⑦프로토타입 제작 단계

프로토타입 제작 단계는 아이디어를 실험하기 위하여 시각화하는 단계이다. 다른 표현으로 **프로토타입**(prototype) 또는 **컨셉**(Concept) **개발**이라고 한다, 아이디어를 실제 구현해 보는 단계이다. 실험실이나 연구실에서 연구하는 과정이 모두 여기에 해당한다. 물리학, 화학, 생물학의 자연과학 원리를 적용한 산업의 기초를 놓는 단계이므로 원천기술개발이라고 말하기도 한다. 생각만으로 있는 **무형의 아이디어에 원리를 접목하여 실제 손끝에서 시각**

적으로 구현해 보는 과정이다. 프로토타입 제작은 기술사업화 단계 3단계에 해당한다.

프로토타입 제작 단계의 목적은 아이디어 수준의 기술이 실제로 실현 가능한지 기술적 관점에서 실험해보고 실현 가능성을 검증하는 것이다. 실험과정에서 여러 번 실패하면서 기술 경험이 축적된다.

좋은 문화를 가진 기업은 실험과정에서 시행착오를 실패가 아닌 실험과정으로 받아들인다. 개척자로서 시행착오를 겪는 업무에 격려와 지원을 아끼지 않는 문화를 가진다.

⑧사업계획서 작성 및 시제품 지원 자금 유치 단계

사업계획서 작성은 실험을 진행하고 **컨셉(Concept)을 구현한 후에 작성하는 것이 원칙**이다. **기술사업화 3단계에 해당**한다. 아이디어를 실제 구현해 봄으로써 학습하게 된 다양한 정보를 체계적으로 정리한 것이 사업계획서이다.

실제 실험을 통해 검증한다. 실험 결과를 기반으로 기술적으로 구현이 어려운 부분에 대해서 이유와 대책에 대하여 검토한 내용을 사업계획서에 작성한다.

사업계획서의 목적은 손에 잡힐 듯, **구체적이고 설득력 있는 계획을 문서화를 통해 3자가 판단할 수 있도록 문서화시키고 실체화시키는 것**이다.

경쟁력 있는 사업계획서는 설득력이 있다. 투자자의 마음을 움직이고 투자를 하게 만든다. **투자자는 사업계획서를 통해 기업의 문**

화를 판단한다. 사업계획서에 표현된 정보뿐만이 아니라 사업계획서 행간의 의미를 읽는다.

사업계획서에서 기업의 철학과 정성이 느껴져야 한다. 화려한 표현의 차원과는 결이 다르다. 고객에게 새로운 문화를 제시할 비즈니스모델이어야 한다.

문화를 제시하는 기업의 특징은 세상에 대한 미션과 비전이 명확한 기업이다. 미션과 비전을 실현하기 위하여 열심히 노력한 결과물이 사업계획서의 내용이 된다. 고객이 필요로 하는 부분을 만족시키며, 고객의 생각과 행동을 변화시킬 만큼 가치가 있는 제품이면 금상첨화다.

기업문화는 투자유치를 좌우한다. 성공적인 창업기업은 대표부터 직원까지 미션과 비전을 같이 공유하며 생각과 행동을 같이하는 기업문화를 가지고 있다. 이러한 기업문화가 사업계획서에 반영이 되는 것이다.

⑨시장반응확인 단계

시제품을 제작하며, STP 과정에서 발견한 고객의 욕구를 만족시키는 고객가치를 만족시키는 시제품이 타겟고객의 눈높이를 만족시키는지 확인하는 단계이다.

제품 및 서비스의 기획 시점과 개발 완료 시점에서는 개발 기간의 간격이 있다. 그 사이에 외부환경의 변화로 고객의 선호도가 바뀔 수 있다. 요즘같이 스마트폰으로 인한 트렌드 확산 및 변화의 속도가 빠른 시대에 소비자의 선호 여부를 생각만으로 판단하는 것은 어렵다. 기획 당시의 선정한 타겟고객의 취향이 바뀔 수 있다. 그러므로 시제품을 통하여 고객의 반응을 확인하는 것이 중요하다.

논문의 연구모형에 따른 가설을 설문지를 통해 확인하는 것과 비슷하다. 시장에서 실제로 확인하기 전에는 결과를 예측하는 것은 어렵다.

그러므로 시장반응단계는 시제품을 통하여 시장의 반응을 직접 확인하는 단계이다.

⑩시설구축 단계

시설구축은 제품을 양산하기 위한 엔지니어링 단계이다. 사람을 채용하고, 사무실과 공장을 구축하며, 금형을 제작하고 생산라인을 개발하는 모든 활동이 시설구축단계이다. 기업의 문화에 맞는 인재를 채용하고, 환경을 조성하는 것은 기업의 경쟁력이 된다.

시설구축 단계는 거액이 투자된다. 창업자의 95%는 이 단계에서 확신을 가지지 못하고 이전 단계로 돌아가거나 포기한다. 자금을 조달하기 위해서 융자자금을 차입한다. 또한 벤처캐피털 자금을 조달하기도 한다.

⑪양산판매 단계

양산판매 단계에서는 기업의 문화가 브랜드가 된다. 구성원 각자는 기업에 대한 명확한 문화를 공유함으로써 각자가 기업의 대표가 된다.

마케팅 구성 요소

마케팅 구성 요소는 거시환경 분석과 미시환경 분석 자료를 기반으로 **예비 사업타당성 분석**을 통한 사업성 판단 및 **SWOT 분석**을 통한 전략 수립, STP**와 4P를 고려한** 4P·7P **수립**을 통한 고객가치 구체화, **사업타당성 분석**을 통한 수치화된 가치평가로 구성된다.

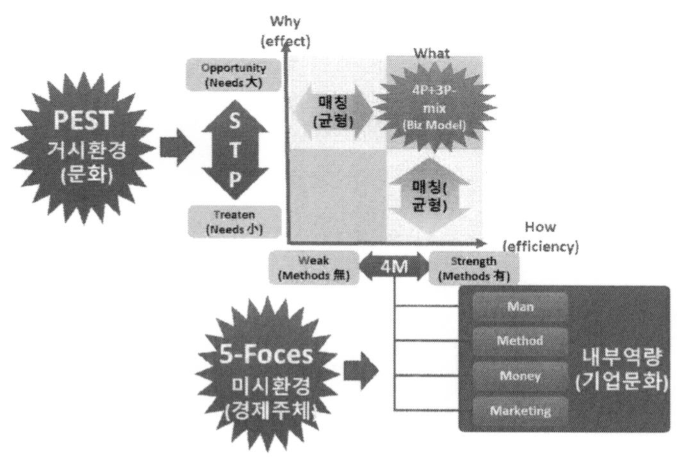

마케팅 구조 (Marketing Structure)

© 2020 박남규 copyright

문화 분석의 또 다른 표현, PEST분석

거시환경분석(PEST분석)은 트렌드 변화를 분석하는 것이다.

트렌드는 단기문화로 정의한다. **거시환경 분석은 단기문화의 변화를 분석하는 것**이다. 사회를 지배하고 있는 문화를 정치, 경제, 사회, 문화 관점에서 시간에 따른 문화의 변화추이와 문화의 진행 방향을 관찰하고 분석하는 것을 거시환경분석이라고 한다.

제품·서비스 수준에서의 마케팅 전략

기존 SWOT 분석은 제품·서비스가 구체화하기 이전에 기업 차원에서 전략 수립 프로세스였다면, **마이클 포터**(1947)의 본원적 경쟁전략은 STP를 통해 비즈니스모델이 구체화한 이후 마케팅전략을 수립하는 것이다. 본원적 경쟁전략은 범용 시장을 대상으로 원가우위 전략과 차별화 전략을 구사하고, 경쟁이 심화함에 따라 세분화 시장에 대한 원가 집중화 전략과 차별적 집중화 전략을 제시한다.

마이클포터의 본원적 경쟁전략

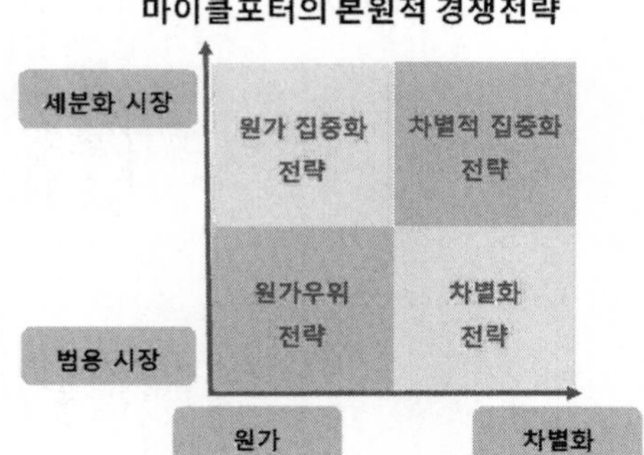

출처: Competitive Advantage(Michael E. Porter), Free Press, 1985

P&G사의 아이보리 비누를 통한 사례분석

P&G사는 1879년 출시 당시 300개의 비누회사와 경쟁하고 있었다. 범용 시장을 대상으로 4P-mix 관점에서 차별화 전략으로 흰색, 저자극, 순수, 물에 뜨는 아이보리 비누로 차별화하여 크게 성공하였다. 경쟁 업체인 다이얼도 냄새 제거, 도브는 미용으로 차별화에 성공하면서, P&G사의 아이보리 비누는 차별성이 사라지게 되어 Stuck in the Middle 즉 진퇴양난에 처하게 된다. 이에 원가우위 전략을 구사하여, 가족 모두가 사용하는 비누, 묶음 판매, 광고비 절감, 판촉비 절감, 단순 포장, 공기 방울을 특징으로 하면서 재도약하게 된다.

아이보리 비누의 차별화전략(좌,before)과 원가집중화전략(우,after)

소비자의 구매의사결정과정이란?

소비자는 문제 인식 과정을 통해 수요를 인지하게 되며, 이를 만족시키기 위하여 정보검색을 통하여 수집된 대안을 평가하며, 구매 행동 후에 구매 후 평가한다. 이를 **소비자 구매의사결정과정**이라

한다.

소비자 정보처리 과정이란?

일련의 과정에서 소비자는 자극에 노출되고, 주의·이해·지각 과정을 거쳐 동의·수용하게 되며, 기업을 통하여 제품·서비스에 대한 태도가 형성된다. 이를 **소비자 정보처리과정**이라고 한다.

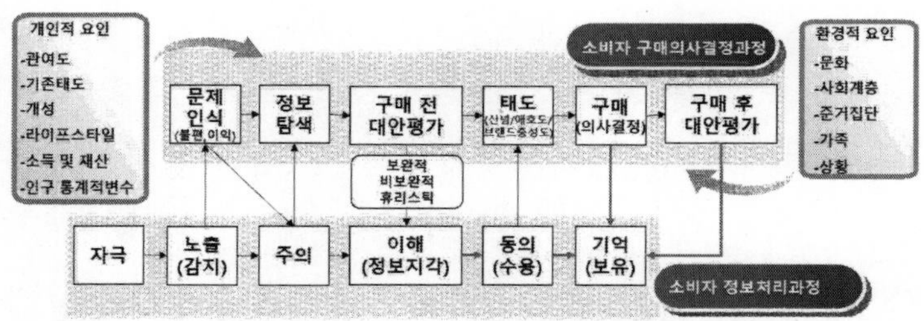

소비자 구매의사결정과정과 정보처리과정

© 2020 박남규 copyright

5장
문화콘텐츠 개발

혁신은 새로운 문화를 제시하는 것

혁신은 새로운 문화를 제시하는 제품·서비스이다. 새로운 문화를 통해 생각과 행동이 바뀐다. **새로운 문화란? 기존의 문화와 차별되는 새로운 생각과 양식을 제시하는 것**으로 정의한다.

스마트폰 디바이스 플랫폼은 하드웨어 종속적인 세상에서 **소프트웨어만 개발하면 모든 것을 제공하는 콘텐츠 혁신 세상을 창조**한다.

강남스타일, BTS와 같은 **가장 한국적인 콘텐츠가 세계인과 공감하면서 성공하는 시대**가 되었다. 그 중심에 가장 한국적인 문화가 세계인의 눈에 새롭게 다가간다. 기존 아시아의 중화 문화와 일본 문화의 사이에서 빛을 보지 못하던 **한국이 유튜브 동영상 콘텐츠와 만나면서 물 만난 물고기처럼 세계 문화를 선도**하고 있다.

광고를 이기는 콘텐츠의 힘

인플루언서의 힘은 콘텐츠에 있다. 콘텐츠는 어디서 오는가? 문화에서 온다. 콘텐츠는 특정 집단이 공감하는 내용이다. 이러한 **공감의 바탕에는 소통의 문화**가 자리하고 있다.

콘텐츠의 인기 비결, 새로운 문화 제시

인스타그램은 사진에 기반하는 매체 특성상, 시각적으로 재미있거나 아름다운 장면을 연출하는 이미지를 업로드하여 **해시태그(#)**를 활용하여 **키워드 검색이 가능하도록 하는 방식**으로 팬덤을 형성하고 영향력을 미친다.

인스타그램에서 많은 팔로워를 보유한 **인플루언서**들은 자신이 다녀온 장소, 사용한 제품, 착용한 옷 등을 사진의 형태로 게시한다. 이를 본 이용자들은 사진에 태그된 해시태그를 통해 장소, 제품, 옷 등의 정보를 얻을 수 있다. 최근 인스타그램이 쇼핑 검색 플랫폼으로 진화하면서 인스타그램을 활용한 커머스, 마케팅 플랫폼 서비스들이 생겨나고 있다[15].

페이스북의 경우 인스타그램과 유사하게 많은 팔로워를 보유한 **인플루언서**가 특정 제품을 사용하는 영상이나 사진 등을 게시하여 제품을 홍보한다[16]. 유튜버가 주로 영상을 활용한 마케팅을 하고, 인스타그램이 사진을 활용한 마케팅을 한다면, 페이스북은 영상과

15) 위키백과, 우리 모두의 백과사전. ko.wikipedia.org
16) 이원섭의 通. 소비자 설득, 콘텐츠 영향력 높은 인플루언서를 활용하라. www.worktoday.co.kr

사진을 적절히 사용하기 때문에 이 두 채널의 특징이 혼합되어있다.

인플루언서는 SNS상에서 소통, 공감하며, 팔로워는 열렬한 팬이 된다. 인플루언서가 생산하는 컨텐츠는 소비자들의 일상과 크게 다르지 않기에 **인플루언서의 콘텐츠는 나의 이야기**가 된다. 소비자들의 경우 TV 광고 속에 등장하는 연예인들은 거리감이 있는 대상으로 인지하지만, 인플루언서의 경우 같은 **일반인이라는 인식**을 갖고 있다.

인스타그램, 페이스북, 유튜브에서 활동하는 인플루언서는 **공감이 가능한 문화를 기반으로 새로운 문화를 선도한다**. 이를 **트렌드 리더**라 한다.

새로운 형태의 인플루언서, 펭수

남극 장보고 과학기지 인근에서 태어나 남극유치원을 졸업하고 방탄소년단(BTS)처럼 유명한 아이돌 가수가 되려고 한국까지 헤엄쳐 온 열 살짜리 거대 아델리펭귄 펭수. 2019년 3월 **머랭쿠키 먹방**으로 유튜브에 데뷔한 이후 펭수는 유튜브 채널 **자이언트펭TV** 구독자 수가 211만 명에 달한다. 펭수 다이어리는 흥행에 성공하였고, 광고 모델로 섭외하려는 회사가 줄을 섰다. 1년 만에 대한민국 최고 스타 반열에 오른 펭수를 통해 문화창업마케팅의 성공 가능성을 확인할 수 있다.

펭수는 대한민국 문화를 지배하는 트렌드를 잘 반영해 만든 **입체적인 캐릭터**이다. 꼰대와 세대 갈등 문화를 포착하고, 성별을 벗어나 개인 취향을 중시하고 가족과 직장의 끈끈함을 부정하는 **느슨한 연대** 등 사회의 당면한 문화를 그대로 녹였다.

EBS사장의 이름을 존칭 없이 부르고, **잔소리하지 마십시오. 제가 알아서 하겠습니다**라든가 **저 가도 될까요? 퇴근해야 합니다**같은 말을 거침없이 한다. **2030 직장인에게 카타르시스를 제공**한다. 남자도 여자도 아닌 설정으로 성 대결 문제를 피하고, 외모 논쟁에서 **내 외모는 완벽해**라며 자신감을 표현한다.

밀레니얼 세대가 본격적으로 등장한 이후 대한민국 진화 과정의 압축 버전으로 2030 세대가 만들어 낸 문화에 부합하는 캐릭터이다.

몸을 얻을 것인가 마음을 얻을 것인가?

기존 마케팅 관점에서는 STP를 통하여 타겟고객에 최적화된 고객가치로서 4P-mix **또는 7P-mix를 기획함으로써 브랜드 제품·서비스를 잘 만들면 매출이 일어날 것이라는 믿음을 갖고 있다.** 그러나 이보다 더 중요한 게 있다. **고객과의 공감 능력**이다. 이러한 공감 능력에는 문화에 기초한 스토리텔링 역량이다. 지금까지의 마케팅은 오프라인에 최적화되어 있었다면, **4차 산업혁명 시대**의 스마트 모바일 환경에서 새로운 마케팅 관점이 필요하다.

고객 만족은 사랑의 실천을 통하여 마음을 얻는 것

고객 만족을 위한 마케팅은 **사랑의 실천**에 비유할 수 있다. 사랑은 **관심과 배려**이다. **고객에 대한 관심은 수요 파악의 수단이며 고**

객을 위한 배려이다. 이는 **고객 수요에 대한 고객가치 제공**이라는 마케팅 정의와 일치한다.

사랑의 실천은 소비자를 판매 대상이 아닌, 인격적으로 **관심과 배려의 대상**이며, 고객이 원하는 것을 알고, 원하는 것에 대한 배려로서 **고객가치를 제공**하는 것이다.

고객이 원하는 것이 무엇인지 찾는 방법으로 다양한 기법이 있다. 대표적인 방법으로 **디자인씽킹, 페르소나, QFD, 설문조사, 인터뷰, 빅데이터 활용**이 있다.

의식과 무의식에서의 마케팅 조사방법론

인간은 두 가지 상황에서 의사 표현을 한다. **의식과 무의식의 상태**이다.

의식적인 의사 표현에 대한 자료 조사방법으로는 QFD, **설문조사, 인터뷰, 페르소나가 있으며, 무의식적 의사 표현에 대한 관찰로는 디자인씽킹, 그룹인터뷰, 빅데이터 활용방법이 있다.**

의식과 무의식의 기준은 집중력의 차이이다. 의식적인 상태에서 조사방법으로 설문조사, QFD, 인터뷰 조사가 대표적이다. **의식적인 집중 상태에서는 이해관계가 작용하여 수집정보의 오류가 발생**한다. 예를 들면 상품권을 제시하고 설문 시, 상품권을 받기 위하여 허위기재를 하는 경우도 발생한다.

반면 **무의식적 상태에서는 고객의 욕구를 정확히 반영한다.** 그러나 **비정형화된 음성과 영상정보를 문자화시키는 것이 중요**하다. 사람이 디자이너의 관점에서 편견을 배제한 관점에서 있는 그대로 공감하면서 관찰하는 디자인씽킹과 같은 정성적인 접근 방법과 딥러닝 기술을 활용한 자가학습 알고리즘을 적용한 인공지능(AI) 알고리즘을 활용하여 의미 있는 정보를 추출하는 빅데이터 활용이 대표적이다.

그러므로 **의식적인 정량적 정보와 무의식 상태의 정성적 정보를 모두 활용하는 것이 중요**하다.

디자인씽킹

고객과 공감을 통하여 디자이너 과점에서 고객의 욕구를 찾는 방법이며, 페르소나 기법은 그리스의 가면무도회에서 가면의 역할을 하듯, 고객의 가면을 통해 고객의 입장이 되는 역지사지의 관점에서 고객의 욕구를 관찬하는 기법이다.

중국 통치술의 제왕인 한비자는 "덕(德)은 상대방의 마음을 얻는 것이다."라 말했다. 얻들 득(得)과 마음 심(心)을 합한 베풀 덕(德)은 리더십의 핵심 사상이며, 고객의 마음을 얻는 원리이다.

"평소에 덕이 없어서 죄송합니다." 라는 말에서 '사랑의 실천을 통한 마음을 얻는 것이 부족했다'는 의미이다. 상대에 대해서 관심과 배려를 얻는 과정에서 덕이라는 마음의 선물을 상대방으로부터 얻는 것이다. 그러므로 한비자의 리더십의 핵심도 마음을 얻는 것으로 정의하고 있다.

소통·공감을 위한 문화기반 스토리텔링의 필요성

고객의 마음을 움직일 수 있는 소통·공감의 중심에는 문화기반 스토리텔링이 있다. SNS상에서는 많은 제약이 있다.

비대면으로 인한 체험 마케팅의 한계, 다양한 스펙트럼으로 인한 광고·홍보의 효율성 저하, 정보의 홍수 속에서 혜택 차별화의 어려움이 있으며, 찾아가는 마케팅에도 한계가 있다.

이제는 **신뢰를 기반으로 찾아오도록 만드는 전략이 중요**하다. **SNS상의 단점을 극복하는 문화기반 스토리텔링은 신뢰를 쌓는 최선의 마케팅 수단이다.**

스토리텔링의 핵심은 **나도 같은 입장**이라는 SNS를 통한 **동질문화를 기반으로, 소통과 감정의 공감대**이다. 같은 생각과 같은 행동양식의 문화는 서로의 공감을 일으키고 소통을 촉진한다.

예로써, 고객과의 추억공유, 제품의 탄생배경, 제품의 품질을 위한 제조사의 노력, 고객에 대한 철학 등 제품·서비스를 중심으로 스토리텔링이 고객 마음을 움직인다.

이제는 단순히 제품의 브랜드 기획 및 제품의 차별화된 정보만으로는 고객의 선택을 받기가 쉽지 않다.

스토리텔링이란?

스토리(story)와 말하다((telling)이 결합하여 상대방에게 알리고자 하는 내용을 상대방의 공감·소통을 기반으로 재미있고 설득력 있게 전달하는 행위이다. 누구나 공감하는 내용과 문화를 기반으로 하는 마케팅은 가장 효과적인 스토리텔링이다.

BTS는 가장 성공한 스토리텔링

방탄소년단 사례는 가장 성공한 스토리텔링의 사례이다. 방탄소년단은 데뷔 전부터 스토리텔링을 통해서 팬들과 공감대를 가진다.

무명시절에 방황하던 자신의 모습을 데뷔 전부터 SNS를 통해 공개함으로써 누구나 공감하는, 10대가 겪는 갈등들을 일기형식으로 보여주었다. 중요한 것은 일기형식으로 국경을 초월해서 글로벌하게 노출하는 것이다. 한국어로 올렸지만 언어 형식은 소통·공감하는 데는 전혀 문제가 되지 않았다. 한국어로 올리지만 번역앱으로 번역되며, 한류열풍으로 팬덤은 이미 한국어에 익숙하기에 실시간으로 공감하는 환경이 되었다.

데뷔 전 14세의 방탄소년단의 성장기를 알고 있던 팔로워는 데뷔 후에 BTS를 자신과 동일시 하게 되었다. 방황하는 자화상이 BTS에 투영이 되었으며, 국경과 인종을 초월하는 10대 방황 문화와 BTS의 성장 스토리는 자신의 성공만큼이나 공감하게 되었다. 일반인이 데뷔하는 모습은 세계인의 마음에 **나도 할 수가 있다**는 메시지를 준다.

방황하는 과정에서 어려움을 극복하고 승화하는 모습은 **스타 이야기가 아닌 내 이야기다**라는 공감대를 갖게 된다. 공감 부분이 결국은 방탄소년단의 팬덤을 형성한다.

팬과 함께 성장하는 BTS는 또래가 겪는 이야기를 음악에 담았다. 학교 3부작으로 통하는 데뷔앨범과 미니 1,2집을 통해서 10대의 시선과 꿈과 현실, 사회의 부조리를 노래했다. 이후 WINGS 등에서는 N포세대와 열정페이, 수저계급론, 유혹에 흔들리는 갈등 등 20대 청춘의 이야기를 담았다.

10대 문화는 누구나 한 번쯤은 겪고 지나가는 방황이다. 세계인을 대상으로 BTS가 보여준 메시지는 국가, 인종, 언어장벽을 넘어선 문화콘텐츠의 방향을 제시하는 이정표가 되고 있다.

에비앙이 비싼 이유

에비앙 생수가 비싼 이유는 생활 수준을 높이고 싶은 소비자의 자기만족을 충족시키기 때문이다. 에비앙의 고급화된 포지셔닝, 그리고 건강하고 깨끗한 고품질이라는 이미지는 고소득자의 소비욕구에 부합한다. 생수에 누구나 세계인이 공감할 수 있는 문화 스토리를 입힘으로써 물을 마시는 것이 아니고 자존감을 마시는 것이 되었다. 물이 담긴 신비한 이야기를 통해서 심리적, 감정적 경험과 만족을 느끼게 하는 것이다.

뉴욕의 한 삼류여관의 성공

뒷마당에 이런 광고를 했다. 관광객 여러분 저희 여관 뒤편에는 여러분의 기념 나무를 심을 수 있는 땅이 있습니다. 당신의 이름을 딴 그루의 묘목을 심을 수 있고 나무엔 당신의 이름과 나무를 심은 날짜가 적힌 팻말을 걸어드립니다. 그리고 또 기념사진도 촬영해 준다고 광고를 했다. 그 이후에 문전성시를 이루었다.

팩트를 전달할 것인가? 스토리로 기억될 것인가?

팩트는 소비자의 기억에 오래가지 못한다. 스토리는 고객 자신의 이야기이며, 감동이 있다. **자신의 문화와 추억으로 기억된다.** 팩트는 마케팅의 브랜드라면, 스토리는 소비자 행동론의 사건기억에 의한 재인식으로, 소비자의 뇌리에 기억된다.

스토리텔링은 온라인마케팅의 특징

스토리텔링은 기존의 마케팅과 달리 온라인마케팅의 한계를 극복하는 솔루션이자 특징이다. 이제는 **광고라는 기존 매체보다는 소소한 홍보나 스토리텔링이 더 중요한 시대**가 되었다.

1인 브랜드 창직이나 소자본 창업, 초기 창업을 하는 사람들에게는 고객과 **공감할 수 있는 스토리텔링이 강력한 마케팅 수단**이 된다. 매출이 일어나기 전부터 **고객과 소통·공감하는 스토리가 중요**한 시대가 도래하였다.

기획, 글쓰기, 이미지 동영상 각 분야의 전문가들이 모여서 돈을 들여서 광고성 글로 도배를 안 해도 검색 상위에 올라가는 글쓰기 기술 또는 **좋아요**가 늘고 수십 번 리트윗이 일어나는 이미지 꾸미기, 방문자가 늘어난 동영상 제작의 중심에는 문화기반 스토리텔링이 있다.

논리는 사고하게 만들며, 감정은 행동하게 만든다.

지그 지글러는 동기부여 전문가다. **논리는 사람을 사고하게 만들지만, 감정은 사람들을 행동하게 한다**고 하였다.

팩트보다 강력한 스토리텔링의 힘의 저자인 **가브리엘 돌란**은 **더 이상 팩트와 숫자로 설득하지 말고, 이야기의 감성으로 승부할 것**을 주장한다.

논리라든지 팩트와 숫자는 브랜드이며, 감정과 감성은 사람과의 공감을 통해서 동의를 끌어내는 하나의 수단이다. 그들과 공감하는 문화를 기반으로 스토리텔링을 통해서 감정을 움직이고, 감성을 자극해서 이해를 시키고, 준비를 통해 가치를 제공했을 때 고객은 구매한다.

4차 산업혁명 시대, 문화를 기반으로 소통·공감의 스토리텔링은 트렌드를 반영한 새로운 마케팅 영역으로 구축되어 가는 과정에 있다.

'조하리 창'을 통해 본 고객과의 소통·공감 능력

조하리 창문(Johari Window) 이론은 미국의 심리학자인 **조셉 루프트**와 **해리 잉햄**이 1955년에 **인간의 상호작용에 대하여**라는 논문에서 이 이론을 제시하였다. **조하리**는 **조셉 + 해리**의 합성어다. **조하리의 창**은 크게 4가지 창으로 구성된다. 자신은 아는 부분과 자신은 모르는 부분, 타인은 아는 부분과 타인은 모르는 부분으로 2차원을 가지고 4가지 경우의 수를 도출한다.

열린 창은 자신은 알고 타인도 아는 이런 공감 영역이며, **보이지 않는 창**은 말 그대로 자신이 볼 때는 보이지 않지만 상대방은 아는 영역이다. **숨겨진 창**은 타인은 모르고 나만이 아는 영역이며, **미지의 창**은 상대방도 모르고 나도 모르는 영역이다. **조하리 창**의 핵심은 나도 알고 상대방도 아는 이 **열린 창**이 얼마만큼 큰가에 따라서 상대방과 공감을 하는 영역의 차이가 있다는 것을 보여주는 프레임이다.

소통유형		자신	
		안다	모른다
고객	안다	열린 창 (open)	보이지 않는 창 (blind)
	모른다	숨겨진 양 (hidden)	미지의 창 (unknown)

조하리의 창

© 2020 박남규 copyright

마케팅 순서에 따른 '조하리의 창'

사람의 마음을 움직이는 단계를 **조하리의 창**을 통해서 다음과 같이 총 3단계로 설명할 수 있다.

① 공감 단계

고객도 알고 자신이 아는 **열린 창**(open)영역은 **타겟 고객**에 해당하며, Who의 관점이다. 인구통계학적 관점에서 고객을 구분하는 단계로 고객을 발굴하는 단계이다. 고객 세분화(Segmentation) 단계에 해당한다. 시장조사 정보를 통해 가망고객 시장을 구분한다.

② **파악 단계**

고객만 알고 자신은 모르는 것은 **보이지 않는 창**(blind)영역은 **고객 내면의 욕구**에 해당하며, Why의 관점에서 발굴된 고객의 니즈를 발견하는 것이다. **스티브잡스**는 **고객은 자신이 무엇을 원하는지 모른다. 제시하기 전에는**이라고 하였다. 디자이너의 무편향된 관점에서 고객의 입장에서 공감하고 관찰하는 **디자인씽킹**은 고객의 숨겨진 내면의 욕구를 발견하는 접근방법이다. 타겟고객의 수요를 파악을 통한 포지셔닝(Postitioning) 단계에 해당한다.

③ **제품·서비스 제시 단계**

고객은 모르고, 자신은 아는 **숨겨진 창**(hidden)영역은 제품·서비스 제공에 해당하며, What의 관점에서 발굴한 고객의 숨겨진 욕구를 만족시키는 제품이나 서비스를 제시한다. 즉 고객가치를 제안하는 단계이며, 4P 또는 7P-mix에 해당한다.

소통유형		자신	
		안다	모른다
고객	안다	공감 (Who)	파악 (Why)
	모른다	제품·서비스 제시 (What)	사용후기

조하리의 창 & Who-Why-What

© 2020 박남규 copyright

제품·서비스 제시는 프레임을 제공하는 것

프레임(frame)이란? **세상을 바라보는 마음의 창**이다. **마음의 렌즈 역할**을 하는 프레임은 특정한 방향으로 세상을 보도록 이끄는 조력자의 역할을 하지만, 동시에 우리가 보는 세상을 제한하는 검열관의 역할도 한다[17]. **최인철** 교수는 **프레임은 세상을 바라보는 마음의 창**이라고 하였다. 세상을 바라보는 관점은 마음의 태도에 의해서 정해진다.

고정관념 등이 프레임 범주에 포함이 된다. **다양한 프레임은 다양한 창의적 관점을 제공**한다. 그러므로 프레임은 결심의 대상이기보다는 설계 대상이다.

어떤 프레임을 선택하고 세상을 해석하느냐가 창의력의 핵심이다.

프레임을 지배하는 문화를 연구하는 '에스노그라피'

인간은 문화의 지배를 받는다. 문화는 학습을 통해 후대에 전해지고, 형성되는 생각의 습관과 습관의 결과물이다. 지금의 우리는 문화의 결과물이다.

인간의 욕구를 관찰하는 첫 단계가 인간을 둘러싼 문화를 살펴보는 것이다. 이유는 인간의 욕구가 문화에 투영되어 있기 때문이다. 문화적 관점에서 인간의 욕구를 관찰하는 학문이 **에스노그라피** 연구방법론이다. **에스노그라피**는 질적 연구방법의 하나로, **인간을 둘**

17) 윤병렬(2017), [아침을 열며]그때 그 소년은 왜 굴을 팠을까?. 창원 삼계중 교사

러싸고 있는 문화적 관점에서 해석하는 연구방법이다. 마케팅 관점에서 고객은 자신이 보고 싶은 방향으로 보는 것은 문화의 작용이라 본다. 이러한 문화의 작용은 인간의 욕구로부터 나온다는 관점이다.

Needs		Frame (문화)	
매슬로우 욕구단계		판단/가치/규범	생활 양식
7단계	자신감, 위로	종교, 신화	-
6단계	미적 쾌락	-	미술, 음악, 연극, 예술행위
5단계	지적 호기심	철학, 과학	-
4단계	영향력, 권력, 권위	예의범절	-
3단계	관심, 소속감	-	결혼풍습, 친족관계
2단계	건강, 위생, 안전	도덕	-
1단계	의식주	관습	유산

매슬로우 욕구단계설과 문화

© 2020 박남규 copyright

제품·서비스를 낯설게 하는 기술, 에디톨로지

에디톨로지란? **편집을 통한 창조**로 정의한다. **에디톨로지**의 저자 김정운 교수는 **본능 너머의 것을 볼 수 있는 자만이 남들과 다른 창조적 인간이 될 수 있다. 시선은 곧 마음이다. 그러니까 마음이 중요하다. 무엇을 바라보느냐, 어떻게 바라보느냐에 따라 대상이 정의되고 세계가 구성된다**[18].

지금까지 살아온 방식은 마음의 시선에 따라서 살아온 것이다. 자신만의 시각으로 저마다 세상을 구축하며 살아가고 있다. 익숙한 방식과 타성에 젖어 습관대로 사고하며 우리는 일상을 반복하고 있다. 이게 문화 특성이다.

기존 프레임에 벗어나서 새로운 관점에서 바라본 정보는 새롭게 이해되고 다가온다. ABC와 12, 13, 14를 교차해서 보여주고 있다. ABC 관점에서 보면 B가 당연히 B로 보이지만 숫자가 이렇게 옆에 배열이 되어 있으면 13으로 보인다. 관점은 선택적 지각의 과정에서 정보를 왜곡시킨다. 같은 B나 13을 보더라도 보는 사람의 프레임에 따라서는 숫자13이거나 문자 B로 보인다. 인간의 욕구도 관여하여 정보를 취사·선택이 된다.

그러므로 정**보는 받아들이는 사람의 관점과 욕구의 차이로 다양하게 왜곡**되며, 참신성의 정도가 다르게 전달된다.

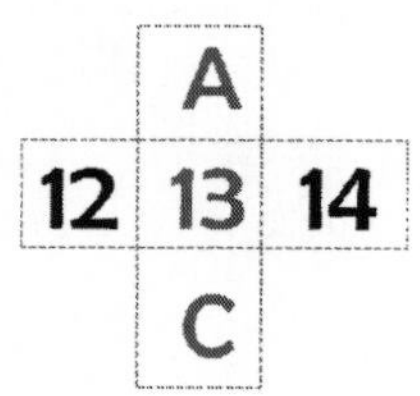

문화의 타성에 젖은 삶에 새로운 관점을 제시하는 '에디톨로지'

문화는 우리는 생각과 행동을 지배한다. 시대의 트렌드에 맞도록 학습되고, 생각하게 되며, 행동하기 때문이다. 결국은 우리의 마음

18) 김정운. 에디톨로지 Editology : 창조는 편집이다.

도 그러한 사회적 환경에 동화되고 학습되며 동일한 생각의 관점을 가지게 된다.

창조란? 기존에 있는 것들을 해체하고 재구성한 것들의 결과물이다. **세상의 모든 창조는 이미 존재하는 것으로부터 또 다른 편집**이라고 **김정운** 교수는 설명한다. 우리가 익숙한 것으로부터 새로운 것을 만드는 것이 아니라, **익숙한 것들의 조합과 재창조를 통해서 새로운 관점을 제시하는 것이 창조**며 **에디톨로지**라고 하였다.

마케팅 비용을 절감시키는 익숙함

익숙한 것들을 가지고 재창조를 한다면 마케팅 비용이 줄어들 것이다. 무에서 유를 만들어내고, 고객들에게 설명하고 설득하며 익숙하게 하는 과정에서 마케팅 비용은 증가한다. 그러나 기존 있는 것을 차용하고 A와 B를 융합시켜 새로운 AB로 재창조하면 고객은 이미 알고 있는 A, B이지만 **AB는 새로운 가치로 인식하게 되는 것이 에디톨로지가 필요한 이유**이다.

창조는 편집

고객들은 세상을 바라보는 자신만의 생각 렌즈를 가진다. **보고 싶은 것만 취사 선택하여 받아들인다.** 인간은 자기가 필요하다고 생각하는 것만을 본다. 심리학에서는 **선택적 지각** (Selective Perception)이라고 한다.

주의력을 가지고 **의식적으로 처리하기에는 정보들이 흘러넘친다.** 모든 자극에 대하여 주의를 가지고 처리하는 능력에는 한계가 있다. 그러므로 필요한 자극만 받아들인다. 이러한 자극에 대한 필터링 역할을 하는 것이 프레임이다.

조사결과에 의하면 출근하기까지 광고에 노출된 정보가 평균 200여 가지가 넘는다고 한다. 의식하지는 않지만, 무의식 상태에서 내면에 이러한 정보들이 입력되고 있다. 의식적으로 받아들이는 것은 굉장히 소수에 불과하다. 외부정보를 무의식적으로 받아들이고 있지만 의식하지 못한다. 일일이 의식적으로 받아들이는 노력을 게을리한다.

창조적 인간은 모든 것을 차용하고 재창조한다.

관심 영역에 있는 프레임만 가지고 세상의 정보를 받아들이나 창조적 인간은 지나치는 자극을 확 잡아챈다. 워낙 많은 정보로 인하여 내 프레임에 맞지 않는 것은 그냥 흘려보내는데 창조적 인간은, 의미가 있는 것을 차용을 해서 재창조한다. **4차 산업혁명의 시대에서 인간과 AI·로봇과 차이점은 재창조 역량**이다.

대량의 정보는 재창조의 원동력

소비자의 정보처리과정은 광고와 같은 자극에 노출되고, 주의를 기울이며, 이해하는 과정을 통해 기억하는 과정을 거친다. 의식적이든 무의식적이든 모두 이 과정을 거친다.

자신이 가진 프레임은 주의를 기울이는 단계에서 관여한다. 평소 가진 생각의 프레임과 일치하는 정보는 의식적으로 받아들이며, 무의식적으로는 욕구의 지배를 받는다.

의식의 영역에서는 **창의적인 사람은 다양한 프레임을 가지고 있어서 정보의 취사·선택이 광범위하다.** 인지의 다양성으로 받아들이는 정보가 많으며, 이를 재조합하는 능력도 뛰어나다.

물고기가 정보라면 그물은 프레임이다. 무의식의 영역에서 창의적인 사람은 인간의 욕구에 의한 동기부여가 잘된다. 특히 지적 호기심이 왕성하다. 다양한 정보에 대한 탐구욕이 높다.

그러므로 정보에 대한 취사·선택이 왕성하며 받아들이는 정보량도 많다. **대량의 정보는 다양한 경우의 수를 재창조**한다.

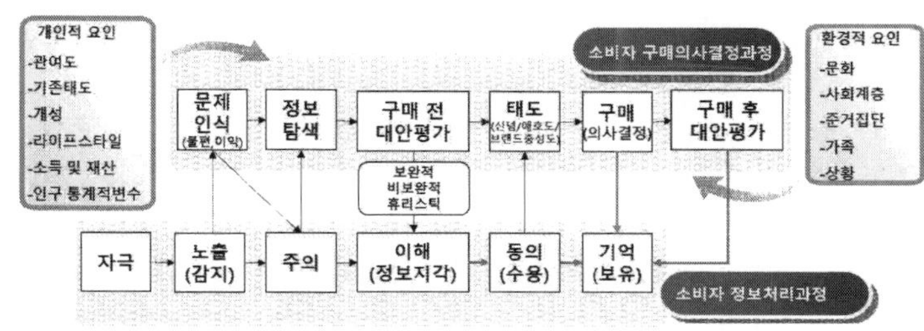

구매의사결정과정과 정보처리과정

© 2020 박남규 copyright

혁신이란?

창업의 아버지인 **피터드러커**는 **혁신은 새롭게 제공하는 고객가치**라고 정의하였다. **혁신은 새로움(new)과 필요성(needs)으로 정의**한다. 혁신이라는 단어는 여기저기 들어간다. 그러나 혁신에 대해서 정의는 명확하지 않다. 사전적 의미를 찾아보면 다음과 같다.

혁신이란? **묵은 조직이나 제도 · 풍습 · 방식 등을 바꾸어 새롭게**

하는 일. 종교에 있어서 시대에 맞지 않거나 잘못된 교리나 제도 등을 시대에 맞게 뜯어고쳐 새롭게 개혁하는 것이다라고 정의하였다.

아이디어의 원천이 조직 내부이든 외부이든 상관없이 새로운 아이디어를 도입하고 그것을 개발해 실용화하는 전 과정을 말하기도 한다. 그리고 기술 혁신이란 기존 제품의 개량, 신제품의 개발에 있어서 새로운 기술을 도입해 경쟁우위의 제품을 창출하는 기술적 진보를 의미한다라고 정의하였다.

혁신은 필요성은 있는데 그 **필요성에 새로움을 더한 것**이라고 저는 정의한다. 그러므로 혁신은 **새로운 필요성 (New Need)이다.**

혁신의 대명사였던 브라운관 TV

브라운관 TV는 부피가 크고 무거웠다. 50년 전에는 흑백 TV 시절 컬러TV 자체가 혁신이었다. 지금은 컬러 TV를 혁신적이라고 하지 않는다. 지금은 OLED TV로 아주 얇은 스크린 한 장이 자체 발광하며 영상을 만든다. 가벼우면서도 대형 화면인 TV가 혁신이다. 예전에 있는 TV는 다 처분하고 다시 더 크고 가볍고 벽에 액자 같이 붙일 수 있는 이런 TV를 다시 구입하게 된다.

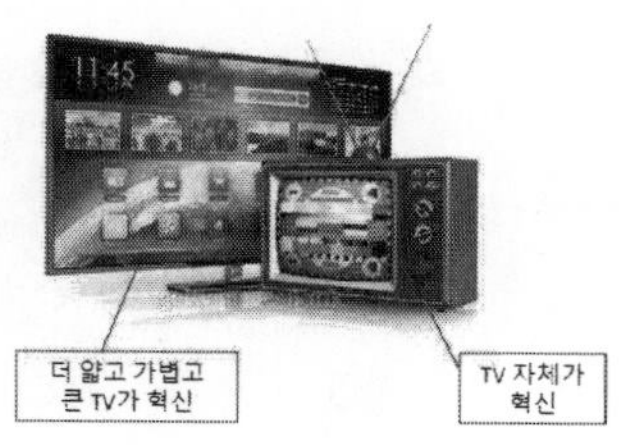

진부화란?

진부화의 사전적 의미는 **기계, 설비 같은 고정 자산의 수명이 줄어드는 일로 기술 진보와 기호 변화 등의 외부 요인으로 시설재의 사용 가능 횟수가 짧아지는 것**으로 설명한다. 진부화는 시간이 지남에 따라 신선함이 줄어드는 현상이다. 필요성은 있지만 보편화되고 기술적으로 성숙하여 누구나 접하게 된다.

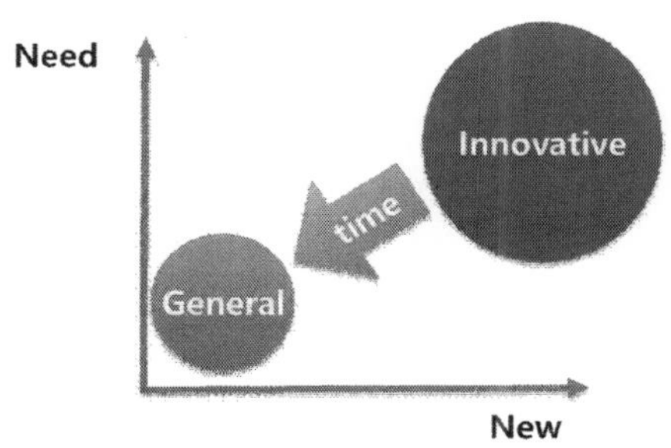

혁신의 진부화
© 2020 박남규 copyright

수요를 창출하는 혁신

새로우면서도 필요성이 있는 것을 혁신 제품·혁신 서비스라 한다.

프로젝터 같은 경우도 30년 전에는 혁신적이었다. 누구나 갖고 싶은 대상이었다. 기존에는 브라운관 TV 형태로 작은 화면으로 시청했지만 프로젝트가 나오면서 40인치, 50인치, 60인치를 만들어내니 영화관 같은 화면을 집에서도 구현할 수 있었다. 그 당시에는 혁신적이었다. 30년 전에는 그러했다.

그러나 지금은 **프로젝터를 혁신적이라고 하지 않는다.** 프로젝트의 소음과 부팅 속도는 일반 가정에는 적합하지 않으며, 영화관이나 사무실에서 주로 사용된다. 모든 제품은 예전엔 혁신적이었지만 시간이 지남에 따라 새롭지 않게 되고 진부화된다.

그러므로 혁신을 정의하는 것은 필요성, 시장의 수요는 있는데 뭔가 어떤 것을 만들어내는 것을 우리는 혁신이라고 정의할 수가 있다.

혁신은 새로운 문화를 창조

문화는 인간 욕구에서 시작하여 생각의 습관과 습관의 결과물이라고 정의하였다. 새로운 문화를 **트렌드**라고 하며, 기존 문화에 새로움이 더해졌을 때 **뉴트렌드**라고 한다.

제품이나 서비스가 새로운 문화를 창출하기도 한다. 새로운 제품·서비스는 새로운 사용방법과 새로운 서비스 생태계를 만든다. **제품·서비스를 통해 생각의 습관과 행동 양식의 변화**를 가져온다. 이를 혁신이라고 한다.

2010년 전에는 피처폰을 통한 통신 및 문자서비스가 전부였다. 2010년 이후에 **내 손 안의** PC 스마트폰이 보급되었다. 애플의 아이폰은 한국의 새로운 문화가 되었다.

피처폰은 음성통신과 문자 전송이 전부였다. 인터넷 통신은 컴퓨터를 통해서 주로 해결하였다. 지금은 **스마트폰으로 컴퓨터의 기능과 통신 기능과 인터넷뿐만 아니라 대부분의 서비스를 제공하는**

플랫폼 역할을 한다.

스마트폰에는 10여 개가 넘는 고성능 센서가 내장되어 있다. 카메라, 캠코더, 녹음기, 오디오 컴포넌트, TV, 라디오 등 하드웨어적인 기능이 스마트폰 하나에 집적되었다.

스마트폰 이전에는 이러한 기능을 발휘하기 위해서는 PCB를 포함하는 하드웨어를 개발했지만, 이제는 소프트웨어 어플리케이션, 일명 앱(App)을 개발하면 기능이 발휘되는 환경이다. **스마트폰은 개발환경을 제공하는 만능기계이다. 이를 플랫폼이라고 한다.**

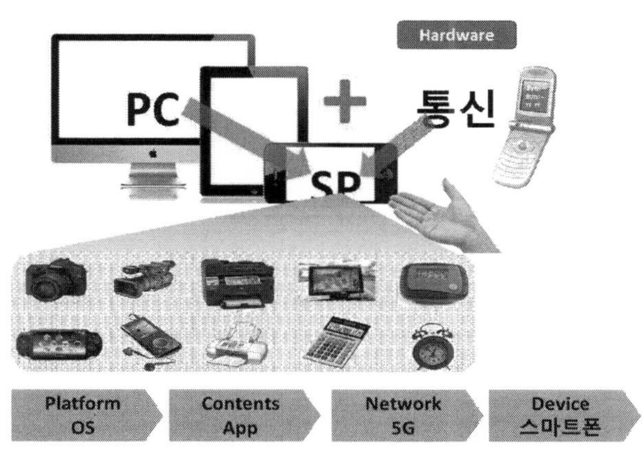

스마트폰을 구성한는 **핵심요소**, PCND

© 2020 박남규 copyright

게임을 전문적으로 즐기기 위해서는 플레이스테이션 게임기가 있어야만 했다. 이제는 앱을 깔면 플레이스테이션보다 더 현실감 있는 **가상세계**(VR, Virtural Reality)가 실행된다.

전문사진은 DSLR 카메라를 통해서 사진을 촬영했지만, 이제는 **스마트폰의 화소가 전문카메라 영역을 침범**하고 있다. 비디오카메라 기능도 30분 녹화는 스마트폰으로 가능하다. MP3를 따로 가지고 다녀야 했지만, 이제는 음악도 유튜브로 해결한다. TV를 통해서 정해진 시간에 시청이 가능으나, 넷플릭스 VOD(Video On Demand)나 유튜브로 원할 때 시청이 가능하다. 이제는 **스마트폰을 중심으로 새로운 문화가 창조되었다.**

혁신의 또 다른 표현, 모순의 극복

앞서 고객의 입장에서의 혁신은 **새롭고 필요로 하는 것**이라고 정의하였다. 공급자 입장에서의 혁신은 **모순을 극복하는 것**이다. 효과와 효율이라는 두 마리 토끼를 모두 잡는 것이 혁신이다. 경제학에서는 최저 비용으로 최대효과를 산출하는 것이 혁신이다. 저비용에 최대효과를 도출하는 것이다. 이러한 모순 관계를 **길항 관계**(Trade-off)라고 한다. 하나가 개선되면 나머지 다른 하나는 악화되는 관계이다. 이러한 모순을 극복한 제품·서비스를 혁신 제품이라고 한다.

모순 관계는 일상에서 존재한다. 최소투자에 최대효과의 경제법칙이 대표적이다.

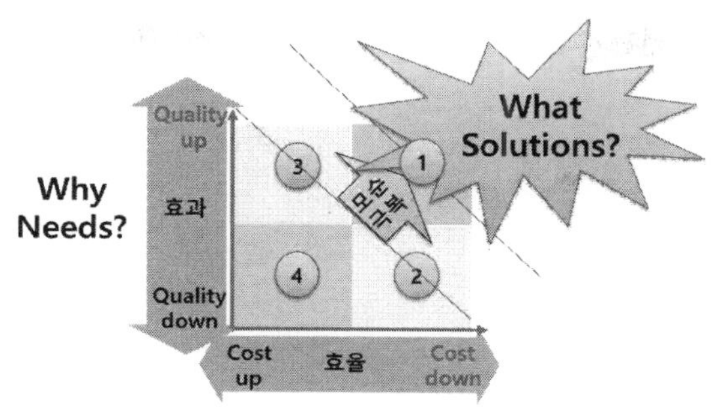

혁신의 조건

© 2020 박남규 copyright

모순을 극복하는 방법, 관점 디자인

모순을 해결하기 위해서는 **생각의 유연성이 필요**하다. **생각의 유연성이란 오픈 마인드(Open Mind)이다**. 다양한 경우를 도출하기 위해서는 다양한 관점을 가질 수 있어야 한다. 고무호스가 경화되면 유연성이 떨어지듯, 인체 뇌의 건강도 유지되어야 생각의 유연성이 보장된다.

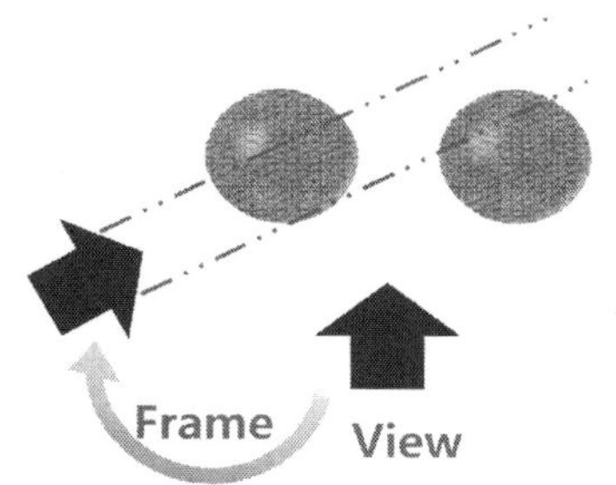

관점 디자인 원리

(View Frame Shift)

© 2020 박남규 copyright

기존의 관점에서는 두 개의 구슬이 분리되어 있다. 관점을 회전시키면 두 구슬은 합쳐져 보인다. 관점을 회전시키는 것을 **프레임 시프트**(frame shift)라 한다.

협상에서도 양측의 입장이 팽팽히 맞설 때 제로섬 게임이 된다. 윈윈(win-win)의 프레임 시프트(frame shift)를 위해서는 유연한 사고로 아이디어를 도출해야 한다. 협상 전문가는 다양한 관점을 제시할 수 있어야 한다. 관점을 바꾸는 아이디어를 제시하고, 다양한 경우의 수를 도출하며, 양측이 수용하는 안으로 합의에 이른다.

6장
퍼스널 브랜드

퍼스널브랜드란?

퍼스널브랜드는 개인이 가지고 있는 **차별화된 미션, 비전, 장점, 강점 등을 브랜딩(branding)한 결과물**이다. 아직 학문적으로는 정확히 사전적으로 정의되어 있지 않다.

브랜드란?

고대 **노르드어(Old Norse)**의 brandr에서 나온 것으로 **태워 새기다**라는 의미로 자기 소유의 가축에 표시함으로써 소유물을 식별한 것에서 유래되었다. **미국 마케팅 학회(A.M.A)**에서는 **판매자가 자신의 상품이나 서비스를 다른 경쟁자와 구별해서 표시하기 위해 사용하는 명칭, 용어, 기호, 상징, 디자인 또는 그의 결합체**로 정의한다[19].

---

19) 조성래(2006). 브랜드 재활성화를 위한 패키지디자인 전략에 관한 연구:두유제품의 패키지디자인을 중심으로. 홍익대학교 산업미술대학원.

브랜드의 필요성

소비자는 제품을 구입할 때 브랜드를 보고 구매한다. 브랜드를 구매함으로써 만족이라는 감성소비를 한다. 브랜드를 통해 심리적인 **플라시보 효과**가 있음을 알게 된다. 최근에 커피를 블라인드 테스트한 실험이 있었다. 국내 커피와 **유명한 S커피에 대한 블라인드 테스트 결과 유명 S커피가 4위를 차지**하였다. 실제 브랜드를 보고 마실 때와 블라인드 테스트의 차이가 있음을 알게 된다. 브랜드 효과는 가치를 부여하고 맛있게 먹을 마음의 준비를 시킨다. 브랜드는 소비자에게 긍정적인 효과를 제공한다.

브랜드 역할

브랜드는 인간의 욕구를 만족시킨다. 매슬로우 욕구단계설에 따르면 인간의 욕구는 총 7단계로 나뉜다. 하위욕구로서 의식주 관련 생리적 욕구 및 가성비와 안전 관련 건강에 대한 욕구가 있으며, 상위욕구로는 사회적 구성원으로서 소속과 관심의 욕구와 상대로부터 존경과 영향력을 가지려는 명예욕과 권력욕, 그리고 최상위 욕구로서 지적 호기심, 미적 추구, 도전을 통한 자신감에 대한 욕구이다.

소비자는 제품이나 서비스를 구매하면서 브랜드를 소비한다. 특히 상위욕구 중 사회적으로 특성집단에 소속을 통한 관심을 받고자 하며, 상대에 대하여 영향력을 가지는 명예욕 및 권력욕을 충족시킨다.

명품 브랜드는 이러한 욕구를 만족시킨다. 명품을 구매하면서 소비자는 신분상승, 동질감, 존재감, 과시, 대우받음을 구매한다. 하위욕구로서 가성비와 건강의 욕구는 차선의 문제이다. 실용적 측면보다는 정서적 측면에서 설명할 수 있다. 브랜드 제품·서비스를 구매함으로 부와 명예, 권력을 표현한다.

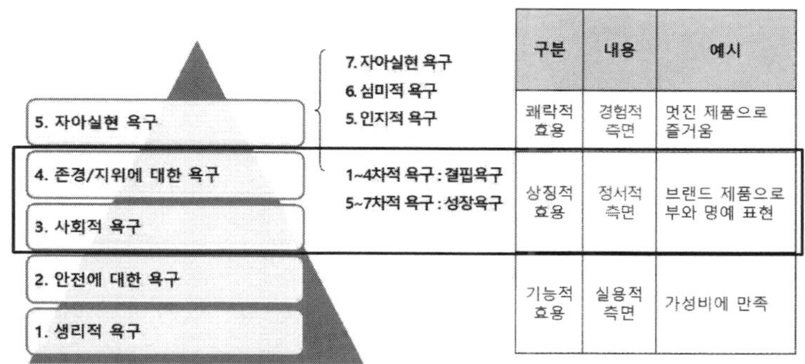

구분	내용	예시
쾌락적 효용	경험적 측면	멋진 제품으로 즐거움
상징적 효용	정서적 측면	브랜드 제품으로 부와 명예 표현
기능적 효용	실용적 측면	가성비에 만족

매슬로우 욕구단계설과 효용가치 비교

© 2020 박남규 copyright

브랜드 What에서 퍼스널브랜드 Who의 시대

제품·서비스를 중심으로 브랜드를 판매하는 제조·지식 중심의 시대에서 이제는 **문화를 중심으로 퍼스널브랜드를 판매하는 콘텐츠 중심의 시대로 변화**하고 있다.

이제는 누구(Whom)에게 무엇(What)을 어떻게(How) 판매하는가하는 마케팅뿐만 아니라, **누가(Who) 판매하는가**가 중요한 트렌드가 되었다. 누가(Who) 제품·서비스를 권하느냐가 마케팅 성공에 영향을 미치는 중요한 요소가 되었다.

이전 마케팅은 타겟고객을 발굴하고, 전략을 수립하고, 제품·서비스를 개발하여 시장을 확인하고, 판매하는 순차적 마케팅 과정이었다면, **SNS 동영상 콘텐츠는 SNS 스타를 탄생**시켰다.

연예인이 아닌 일반인도 누구나 퍼스널브랜드를 형성할 수 있는 여건이 조성되었다. 세계를 대상으로 팬을 확보하게 되었으며, 인플루언서(influencer)가 사용하는 제품·서비스는 팬덤을 통한 구매하게 되면서, 인플루언서는 새로운 유형의 홈쇼핑 유통채널이 되었다.

무엇(What)을 어떻게(How)에서 누가(Who)로, 인프루언스 시대

마케팅은 누구(Who)를 대상으로 무엇(What)을 어떻게(How) 판매하는가에 대한 전략이라고 설명하였다. **4차산업혁명과 100세 시대의 메가트렌드는 새로운 관점에서의 마케팅 접근을 요구한다.** 사회관계망서비스(SNS, Social Network Service)에서 활동하는 **인플루언서(influencer)는 팬덤을 형성하며 새로운 트렌드를 주도**하고 있다.

인플루언서는 타인에게 영향력을 끼치는 사람이라는 뜻으로 influence와 er의 신조어이다. 주로 SNS상에서 영향력이 큰 사람을 일컫는다. 인터넷이 발전하면서 소셜 미디어의 영향력이 확대되면서, 소셜미디어를 통해 일반인들이 생산한 콘텐츠가 대중미디어 이상의 영향력을 가지게 되었다.

인플루언서들이 SNS를 통해 공유하는 특정 제품 또는 특정 브랜드에 대한 의견이나 평가는 **콘텐츠를 소비하는 이용자들의 인식과 구매 결정에 커다란 영향을 끼친다.** 이들은 **연예인처럼 외모나 퍼포먼스로 인기를 얻지도 않음에도 불구하고, 자신들이 자체적으로 생산하는 문화컨텐츠를 통해 큰 파급력을 가진다**는 특징이 있다[20].

인플루언서 시대, 퍼스널브랜드 창업

퍼스널브랜드 창업이란, 전문가로서 인정받아 자신의 이름을 걸고 강의, 컨설팅, 멘토링, 심사, 조언 및 용역개발, 과제수행을 하는 1인 창직의 형태이다.

해왔던 분야에서 전문성이 있다면 전문가로서 활동할 수 있는 역량을 만드는 기간이 필요할 것이다. 만약 새로운 분야를 개척하고 새로운 자신만의 영역에서 퍼스널브랜드를 만들어야 한다면 그만큼의 시간이 투자되어야 한다.

퍼스널브랜드 창업을 위한 1만 시간의 법칙

일반적으로 해당 분야에서 전문가로서 인정받기 위해서는 1만 시간이 투자되어야 한다. 이를 **1만 시간의 법칙**이라 한다.

어떤 분야의 전문가가 되기 위해서는 최소한 1만 시간 정도의 훈련이 필요하다는 법칙이다[21]. 1만 시간은 매일 3시간씩 훈련할 경우 약 10년, 하루 10시간씩 투자할 경우 3년이 걸린다.

---

20) 위키백과, 우리 모두의 백과사전. ko.wikipedia.org
21) 말콤글레드웰. 1만 시간의 법칙. brunch.

1993년 미국 콜로라도 대학교의 심리학자 **앤더스 에릭슨(K. Anders Ericsson)**이 발표한 논문에서 처음 등장한 개념이다. 그는 세계적인 바이올린 연주자와 아마추어 연주자 간 실력 차이는 대부분 연주 시간에서 비롯된 것이며, 우수한 집단은 연습 시간이 1만 시간 이상이었다고 주장했다.

이 논문은 다른 수많은 논문과 저서에 인용될 정도로 심리학계에 큰 영향을 미쳤다. 특히 말콤 글래드웰(Malcolm Gladwell)이 저서 **아웃라이어(Outliers)**에서 앤더슨의 연구를 인용하며 **1만 시간의 법칙**이라는 용어를 사용함으로써 유명하게 되었다[22].

창업을 결심한 시점에서 최소 3년 이후의 트렌드를 예상하고 비즈니스모델을 준비해야 한다. 메가트렌드를 이해하고 트렌드에 맞는 창업로드맵을 수립하는 것이 그 어느 때 보다 중요하게 되었다.

대학생의 퍼스널브랜드 창업

대학생은 재학 기간 전공과 전공기반 결과물을 도출하는 캡스톤 디자인 프로그램, 현장실습과 같은 인턴프로그램, 창업프로젝트를 수행하는 **동아리활동, 창업캠프 등 창업 관련 교육지원 프로그램 참여를 통하여 자신의 전문분야를 탐색하고 가능성을 개척한다. 대학 생활 4년간의 시행착오는 실패가 아닌 진로 탐색 과정으로 인식**할 필요가 있다.

22) 시간의 힘(많은 돈을 투자 하면 안되는 이유). brunch.

창업 활동에 열심히 참여한 대학생은 창업보다는 취업 시 유리

창업프로그램 참여는 기업가정신을 기른다. 기업가정신은 창업가 역량이다. 창업을 성공시키고 유지하는 경영능력이다. 이력서 및 자기소개서를 통해 기업이 원하는 인재상을 제시하기 때문이다. 역설적이게도 창업에 필요한 핵심역량은 기업이 원하는 인재상이다.

취업 인사면접에서 진취성, 혁신성, 경영능력은 기업이 인재를 선발하는 핵심평가지표이다.

저자가 최근에 발표한 **대학창업교육지원이 취업률에 미치는 영향**에 관한 논문에서 **대학창업교육지원 프로그램 중 창업강좌 수강 및 창업캠프 참여가 취업률에 정(+)의 영향을 미치는 것**으로 나타났다. 이력서 및 자기소개서에 차별화된 대학 생활의 결과물을 제시하기 때문일 것이다.

취업에서 첫 출발은 취업지원서이다. 취업지원서는 진취성, 혁신성, 위험관리능력, 리더십, 소통·공감 내용으로 채워진다. 지원동기, 미래 포부, 실천계획으로 구성되며 지원동기는 기업가정신의 진취성을 내포한다. 미래 포부는 혁신성 또는 창의성을 내포하며, 실천계획은 위험관리역량에 해당한다.

창업 관련 활동은 셀프인턴 과정

기업의 인재채용 관점에서는 **창업을 준비해온 졸업생은 대학 생활을 통해 셀프인턴을 경험한 준비된 인재**이다. **인사담당자는 구직자의 외적 조건보다는 기업이 원하는 인재상에 점수를 준다.**

1차 서류 심사에서는 수많은 이력서 중에 필터링을 위해서 이력서가 힘을 발휘한다. 수치를 통해 지원자의 생활 자세를 객관적으로 판단할 수 있다. 그러나 인성까지는 파악하기 힘들다. **2차 면접에서 당락에 결정적인 영향을 미치는 것은 자기소개서이다.**

기업이 원하는 인재상은 인성, 진취성, 창의성, 위험관리능력, 리더십, 소통·공감능력이다. 이는 기업가정신을 구성하는 요인들과 일치한다. 그러므로 기업이 원하는 기업가정신을 부여하기 위해서 각 **대학은 창업역량 강화 프로그램에 대한 인식변화가 필요**하다.

취업에 영향을 미치는 창업에 대한 인식 필요

현실은 취업률을 높이기 위해서 취업 관련 활동에만 노력한다. 취업률에 영향을 미치는 영향으로 개인적 요인으로는 학점, 어학능력, 자격증, 전공이 있으며, 취업캠프, 취업박람회 참가, 지원서 작성, 면접특강, 취업강좌 참여, 취업동아리 활동, 구직노력이 있다. 외부환경 요인으로는 대학의 평판도 등이 있으며, **대학은 취업에 영향을 미지는 취업 요인에만 관심을 가져왔던 것이 현실**이다.

자기소개서의 중요성

이를 위하여 이력서상의 조건을 만족시킨다면, 자기소개서상에 나타난 정성적인 면접이 채용 여부에 영향을 준다. **면접의 목적**은 이력서상에 나타난 정량적 조건보다는 **자기소개서에 기술된 인성을 파악하는 것**이다. 다양한 질문으로 지원자의 인성과 생각, 이력서로는 파악하기 어려운 핵심역량을 파악한다.

취업지원서는 크게 이력서와 자기소개서로 구성된다. 이력서는 지원자의 이력에 대한 정량적인 수치나 증거이며, 자기소개서는 생각과 철학을 나타내는 정성적인 문장이다.

자기소개서에는 지원동기, 미래 포부, 실천계획으로 기술된다.

지원동기는 기업가정신의 진취성으로 평소 창업을 통해 준비해온 자신의 미션과 비전이 표현된다. **미래 포부는 혁신성 또는 창의성**이며 **지원동기**에는 포부에는 창업동아리 활동을 통해 이루지 못한 **프로젝트를 해보고 싶다는 내용**이 들어가게 된다. **실천계획**은 위험관리역량으로 창업프로젝트를 하면서 알게 된 **문제점에 대한 해결책에 대한 준비내용**을 작성한다.

직장인의 퍼스널브랜드 창업

직장인은 언젠가는 회사를 그만두고 창업을 해야 한다. 회사에서는 자신의 하던 **업무가 회사 밖을 나오면 잔기술**이 된다. 앞으로 퍼스널브랜드 창업을 위해서 어떤 준비를 하는 것이 좋을까? 먼저 회사에서 담당하고 있는 업무에 대한 전문성을 체크해 본다. 자신이 회사를 나와서 자신이 회사에서 하던 업무로 프로젝트를 수행할 수 있다면 1인 창직이 가능한 환경이다.

회사에서 설계업무나 연구보고서 작성 및 사업계획서 작성 업무, 마케팅 기획, 디자인 업무 등은 현재 다니고 있는 회사를 나와서도 수요가 있는 부분이다. O2O 중계플랫폼을 활용하여 가성비가 좋으면 얼마든지 단골고객을 확보할 수 있다. **프리랜서 마켓**으로 검색하면 사이트를 확인할 수 있다. **숨고**, **크몽**, **탤런트뱅크** 등이 있다.

관리직이나 경영직으로 내세울 기술은 없으나, 회사 전반에 걸친 경영이나 구매, 제조 관련 부서 일을 하는 경우, **자신만의 관점에서 노하우를 정리하여 강의, 컨설팅, 멘토링, 심사를 통한 창직**을 할 수 있다. 자격증, 학위, 출판을 통하여 창업컨설턴트나 창업경영전문가로 출발할 수 있다.

의사가 인턴수련의 과정을 거쳐 개원하듯이, 창업자를 컨설팅, 코칭, 멘토링, 심사하면서 창업역량이 생기며, 차후에 자신의 창업으로 연결할 수 있다.

전문성을 갖기 위하여 자격증에 도전해 볼 수 있다. 창업 분야에서는 대표적인 **자격증으로 경영지도사, 기술가치평가사, 창업보육전문매니저 자격증**을 준비해 볼 수 있다.

학위로는 직장을 다니면서 부담 없이 학업을 진행할 수 있는 야간, 주말 대학원 석박사과정으로 창업대학원을 추천한다. 현재 저자는 **서울 서초동 예술의 전당 근처에 소재한 호서대 글로벌창업대학원**에서 창업전문가를 양성하고 있다. 전국에 10개의 창업대학원이 있다.

출판을 통하여 자신의 책을 출간한다. 수요에 맞춘 출판으로 POD(Publish on Demand)방식을 통해 출간 시 출판비 없이 출간이 가능하다. 대표적인 POD출판사로는 **부크크**와 교보문고의 PUBPLE이 있다.

경력단절여성(경단녀)를 위한 퍼스널브랜드창업

경력단절 여성의 경우 자녀를 키우면서 다시 사회로 복귀하기가 쉽지 않다. 이런 경우 처음에는 사례금 없이 경험을 쌓을 수 있는 봉사로 시작할 것을 추천한다. 자신이 원하는 퍼스널브랜드 창업의 롤모델이 되는 전문가에게 직접 찾아간다. 전문가를 도우면서 봉사를 통해 경험과 기술을 익힌다. 처음부터 대가를 받고 일을 배우는 것은 불가능하다.

막연히 자격증을 가지고 일을 하면 전문가가 될 것이라는 막연한 생각을 가지고 자격증 취득을 위해 많은 시간과 노력이 투입한다. 그러나 **자격증이 전문가를 만들어주지 않는다. 진정한 전문가를 만나기가 쉽지 않다.**

그러므로 안정적인 남편의 수입이 있다면, 1년 정도 무료봉사를 한다는 마음가짐으로 편하게 임하면 오히려 좋은 결과가 있다. 당장 생계부담이 없다면 **인터넷 검색을 해서 전문가를 찾아가라. 그리고 겸손히 배워라.** 전문가를 통해 양질의 교육을 무료로 받을 수도 있다.

퇴직자를 위한 퍼스널브랜드창업

시니어 창업은 사회적으로 많은 관심을 받고 있다. **베이비부머 세대**의 은퇴가 본격적으로 시작되면서 창업은 은퇴 후에 사회에 참여할 기회의 창이 된다. 직업을 갖는다는 것은 생계 이상의 의미가 있다. **사회적으로 도움이 되는 일을 한다는 자존감과 새로운 일에 대한 도전과 성취에서 오는 자신감은 정신건강에 도움**이 된다.

사회활동을 통한 일상생활은 노후의 일상의 삶을 유지한다.

은퇴자는 기본연금으로 생활이 될 것이다. 그러므로 자신이 하고자 하는 분야에서 새로 시작할 수도 있으며, **기존 자신이 가진 학위, 자격증, 직장 경험을 기반으로 퍼스널브랜드 창업이 가능**하다.

퍼스널브랜드 창업을 통한 회사 창업 로드맵

퍼스널브랜드 창업은 **해당 업종에서 전문가로 활동하면서**, 기업가정신을 함양하는 과정으로 받아들여야 한다. 퍼스널브랜드 창업을 통하여 전문가로서 활동하면서 **사업아이디어 발굴을 하게 되며, 사업화를 통한 회사창업으로 진행**된다.

예를 들어, **글로벌셀러**로서 인터넷 쇼핑사이트를 개설하여 운영하면서 사업아이템을 발굴하는 경우이다. 관심 분야 상품을 유통하면서 경쟁자 제품의 장단점을 파악하게 된다. 소비자 반응을 통하여 새로운 수요도 발견하게 되며, 고객 응대 및 AS 과정에서 제품의 개선사항에 대한 정보를 수집하게 된다. 온라인쇼핑몰을 운영하면서 유통 경험의 축적은 출판, 강의, 컨설팅, 멘토링, 심사와 같은 전문가로 활동할 수 있다. 유통 분야 업체의 컨설팅을 통해 견문을 넓히며, 향후 자신의 사업에 대한 완성도를 높이는 기회가 된다. 사업계획서를 준비하여 투자자금 유치를 통하여 시제품 개발부터 시설자금, 운영자금을 통하여 회사창업으로 발전한다.

창직·창업 로드맵

퍼스널브랜드 창업을 통하여 전문가로서 다양한 활동하는 단계인 **1인 창직**을 한다. 1인 창직을 통하여 사업이 확장되고, 매출 증대를 통해 직원 고용을 한다. 아이템 개발과정을 통해 **킬러 어플리케이션**(Killer Application)의 출시되며 본격적인 **스케일업**(Scale-up)의 단계를 거친다.

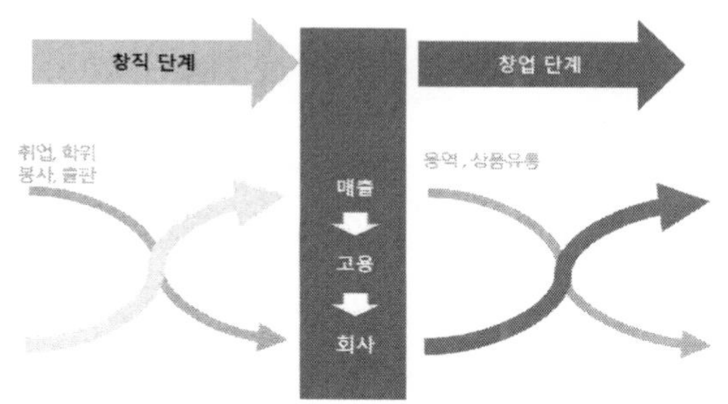

창직-창업 로드맵

© 2020 박남규 copyright

계약직과 다른 1인 창직

정규직의 반대는 계약직이다. **회사에 속해 정해진 급여를 보장받는가** 여부에 따라 정규직과 계약직으로 구분된다. 이들의 공통점은 자신의 브랜드가 아닌 회사의 업무에 최적화된 역량을 발휘하며, 회사의 브랜드를 통해 매출이 발생한다. 개인의 브랜드는 고려되지 않는다. 반면 1인 창직자는 자신의 퍼스널브랜드 파워로 외부로부터 전문성을 인정받아 프로젝트 수주를 받으며 서비스 매출을 일으킨다.

계약직과 1인 창직은 완전히 다른 개념이다.

프리랜서는 어디에 계약직일까, 1인 창직일까? **프리랜스의 퍼스널브랜드로서 용역의뢰를 받아 일을 진행한다면 1인 창직**에 해당된다. 주로 콘텐츠 크리에이터가 여기에 해당된다. 반면 자신의 전문성보다는 **인적노동력을 제공하는 직무의 형태이면 계약직**에 해당된다.

1인 창직과 계약직의 중간 형태, 플랫폼 노동자의 탄생

플랫폼 노동이란? 정보통신기술의 발전으로 탄생한 애플리케이션, SNS 등 **디지털 플랫폼을 매개로 노동력이 거래**되는 근로 형태이다. 스마트폰 사용이 일상화되면서 등장한 노동 형태로, 배달대행앱·대리운전앱·우버 택시 등이 이에 속한다[23].

1인 창직에 최적화된 메가트렌드 환경

100세 시대에는 보험으로 연명하는 여생보다는 사회에 기여 하는 직업을 가짐으로써 자존감과 자신감을 담보할 수 있다. 누구나 인생에 창업해야만 하는 환경이 되었다.

메가트렌드 시대, 4차산업혁명은 **한계비용제로 환경**을 제공하여 창업에 필요한 투자 및 고정비용과 창업 리스크를 최소화한다.

3D프린팅 기술을 활용하여 직접 설계·생산·판매가 가능하게 되며, 생산된 설계데이터는 블록체인 기술과 결합하여 수익을 창출하는 플랫폼이 된다.

---

23) 전북중앙신문. 플랫폼 노동의 사회적 보호.

빅데이터를 기반으로 인공지능(AI) 기술은 수요를 발굴하며, 타겟 고객의 특성을 파악에 이용한다. 로봇기술과 결합하여 자율주행이 가능하게 되며, 반응형 로봇은 새로운 수요를 창출한다. IoT 기술은 사물인터넷과 연계하여 일상의 반복적이고 의미 없는 노동을 경감시켜, 창의적인 일에 집중할 수 있도록 도울 것이다.

<table>
<tr><td rowspan="2">Supplier
플랫폼
재생에너지
신소재</td><td>Marketing
SNS
Method
지식제조</td><td rowspan="2">Product
/Price
(자급자족)
3D Print
Prosumer
서비스로봇</td><td>Promotion
(소통)
IoT</td><td rowspan="2">Customer
→STP
(즉시 맞춤)
빅데이터</td></tr>
<tr><td>Man
스마트워크
Money
Cloud Funding</td><td>Place
(편의)
온라인
드론택배</td></tr>
<tr><td colspan="2">Cost
한계비용 제로</td><td colspan="3">Benefit
Market 3.0</td></tr>
</table>

4차산업혁명 비즈니스모델캔버스

© 2020 박남규 copyright

한계비용 제로 창업환경

스마트폰이 도래하기 이전에는 창업에 필요한 팩스와 사무기기가 갖추어진 사무실이 필요했다. 마케팅을 위해서는 사람을 만나는 공적인 장소로서 회의실이 필요했다. 외부로부터 걸려오는 전화나 팩스에 응대하기 위해서 보조사무원이 필요하였다. 이제는 스마트폰으로 스캔 및 팩스, 비대면 회의, **스마트폰 테더링 기능**에 의한 **움직이는 와이파이 통신 환경이 구현**되어 언제 어디서나 인터넷 접속으로 사무실이 필요 없는 사무환경 구축이 가능하다.

전자정부를 지향하는 정부3.0의 시대에 다양한 정보를 공유할 수 있는 환경이 조성되어가고 있다. 모바일 앱(Mobile App)으로 도서관정보, 버스운행정보, 관광안내정보, 교통상황정보 등 다양한 정보에 접근이 가능하며, 관공서를 찾아가지 않고도 문서를 발급받는 스마트워크 환경이 구축되었다. 정부 및 지자체는 이미 모바일 앱을 개발하여 전자민원 등 시민의 편의를 증대시키고 있다. 향후 고부가가치의 경제효과를 기대할 수 있게 되었다[24].

아이디어를 손끝에서 구현하는 3D프린터

3D프린팅 기술의 발전은 스스로 소비자이자 생산자로서 제품을 직접 디자인하고 제작하는 프로슈머가 된다. 아이디어 제품의 창업 시 이전에는 시제품 제작을 위해서 외주업체에 의뢰해야만 했으며, 제작비도 고가였다. 그러나 3D프린팅 기술은 아이디어를 직접 3D 프로그램으로 설계하고 프린팅함으로써 개발비를 획기적으로 절감할 수 있게 되었다.

퍼스널브랜드 창업이 가능한 양면시장

양면시장(Two-Side Market)은 제품이나 서비스를 소비하는 유저(Demand Side User)와 이를 공급하는 유저(Supply Side

---

24) 유인철(2015). 정보통신기술 트렌드를 통한 비즈니스 기회발견에 관한 탐색적 연구 : 양면시장 및 스마트워크를 중심으로. 서울벤처대학원대학교, 정보경영학과.

User)가 동시에 존재하는 시장이다.

서로 다른 두 타입의 이용자 집단이 존재며, 두 집단이 플랫폼을 통하여 상호작용을 할 때 가치가 창출된다. 양면시장의 대표적인 예가 바로 모바일시장이다. 현재 사용하고 있는 대표적인 어플로서 카카오택시, 우버, 직방, 당근마켓이 모두 플랫폼 기반의 양면시장이다.

21세기는 모바일 융합솔루션이 정보와 결합하여 눈에 보이지 않는 플랫폼에 의하여 가치를 창출하고 실세계와 가상세계를 지배하게 될 것이다. 정보통신의 발달은 새로운 국면을 맞이하고 있다. **유무선 통합 환경**(FMC : Fixed & Mobile Convergence)은 새로운 패러다임으로 세상을 이해할 것을 요구하고 있다. 유형의 제조업에서 무형의 지식제조업으로의 산업 재편의 중심에 플랫폼(Platform)이 자리하고 있다. 플랫폼은 모든 것을 담을 수 있는 그릇으로 설명할 수 있다. 그릇에 어떤 내용을 담는가에 따라 그릇의 용도가 달라지듯, 그릇에 담을 내용물이 중요한 이슈가 될 것이다. 스마트폰의 출현은 새로운 무선인터넷 환경에서 새로운 양면시장을 만들고 있다(유인철, 2015).

7장
창업로드맵

창업이란?

스탠포드 대학의 Steve Blank 교수는 Startup is temporary organization for searching opportunity 즉 **기회를 발견하기 위해서 창업은 일시적인 조직이다**라고 정의한다. 고객이 원하는 가치를 발견하기 위해서는 가설을 만들고 시제품을 구현하고, 실제 고객이 원하는지 확인하는 과정이 창업이다.

저자는 창업은 가설검증과정으로 정의한다. 시제품을 통해 시장 반응을 확인하기 전에는 누구도 고객이 원하는지 확신할 수 없다.

창업을 구성하는 단계는 다음과 같다. 전문성 확보를 위한 경험 축적 단계, 고객가치 발굴 단계, 기술적 가능성 검증을 위한 연구개발 단계, **엔젤 투자유치 단계, 시제품(working mock-up)을 통한 시장검증 단계, 엔지니어링 단계, 판매관리 구축 단계**로 구성된다.

창업로드맵이란?

창업로드맵은 **창업에 따른 리스크를 최소화하고 삶의 질을 고려한 성공적인 창업이 되도록 구조적이고 체계적인 접근 방법론**이다. 창업로드맵은 전문성을 가지고 자신만의 콘텐츠를 기반으로 퍼스널 브랜드를 개발하고, 창직하는 과정과 사업아이디어를 사업화 과정을 거쳐, 최종적으로 회사를 창업하는 과정으로 구성된다.

개인의 창업 성공 요인

성공적인 창업에 영향을 미치는 요인은 다양하다. 크게 5가지로 구분할 수 있다. **DNA, 환경, 지식, 경험, 감각**이다. DNA는 태어날 때 신체적으로나 정신적으로 부모님으로부터 물려받은 고유의 능력이다. 환경은 성장환경으로 부모님의 직업에 대한 이해도가 높아진다. 지식은 후천적으로 학습 과정이다. 학위과정, 자격과정, 평생교육과정 및 독서를 통하여 지식을 학습한다. 경험은 상황에 노출되면서 직접 경험에 의해 습득하는 무형의 노하우라 할 수 있다. 경험이 사업 기회발견에서 문제해결까지 성공을 위한 과정에서 유익한 영향을 미친다. 직장 경험이 대표적이다. 감각은 **휴리스틱**이라고 하며, 경험이 쌓였을 때 생기는 직관이다.

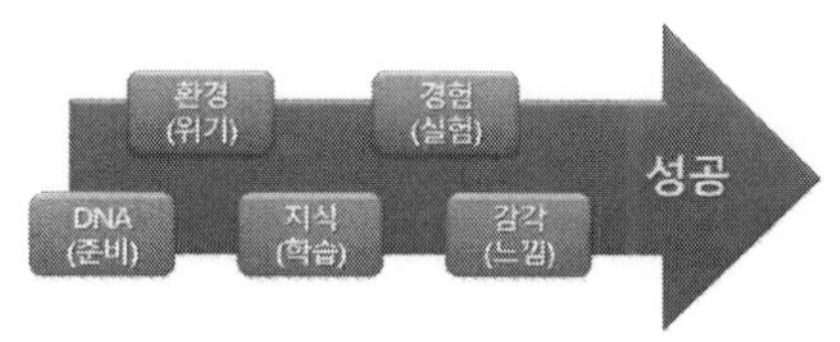

5가지 성공요인

© 2020 박남규 copyright

휴리스틱이란?
시간이나 정보가 불충분하여 합리적인 판단을 할 수 없거나, 굳이 체계적이고 합리적인 판단을 할 필요가 없는 상황에서 신속하게 사용하는 어림짐작의 기술(네이버 지식사전)

창업로드맵 단계별 핵심성공요인

기술사업화 단계별 로드맵은 총 4단계로 구성된다. **①퍼스널브랜드 경력개발과정을 통한 창직 단계, ②린스타트업을 통한 고객가치 확인하는 예비창업자 단계, ③고객 반응에 대한 확신을 가지고 시설투자 유치를 통한 생산 인프라를 구축하는 초기창업자 단계, ④Scale-up을 통한 성장하는 창업자 단계**로 구성된다.

핵심목표(KPI, Key Performance)에 위한 극복할 장애 요인이 **핵심성공요인**(CSF, Critical Success Factor)이다.

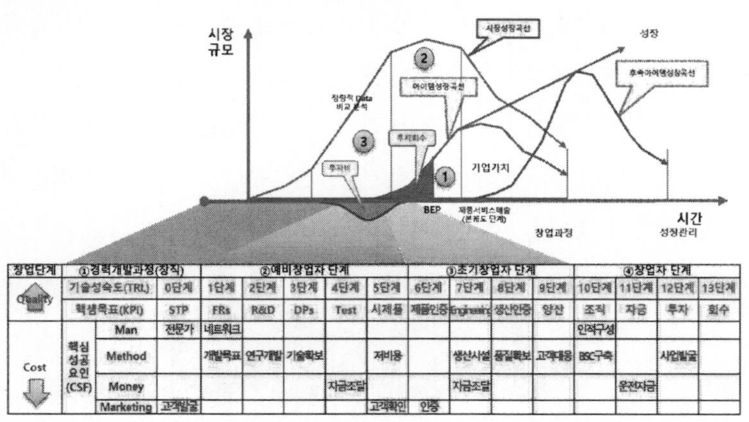

창업단계		①경력개발과정(창직)	②예비창업자 단계					③초기창업자 단계				④창업자 단계			
Quality	기술성숙도(TRL)	0단계	1단계	2단계	3단계	4단계	5단계	6단계	7단계	8단계	9단계	10단계	11단계	12단계	13단계
	핵심목표(KPI)	STP	FRs	R&D	DPs	Test	시제품	제품인증	Engineering	생산인증	양산	조직	자금	투자	회수
Cost 핵심성공요인(CSF)	Man	전문가	네트워크									인적구성			
	Method		개발목표	연구개발	기술확보		저비용		생산시설	품질확보	고객대응	BSC구축		사업발굴	
	Money					자금조달			자금조달				운전자금		
	Marketing	고객발굴					고객확인	인증							

기술사업화 단계별 로드맵
© 2020 박남규 copyright

기술성숙도(TRL, Technology Readiness Level)는 원래 9단계로 구성된다. 저자는 **이를 확장하여 총 0단계에서 13단계로 확장**하였다.

0단계를 창직 단계로 정의하며, 10단계는 조직구성, 11단계는 사업확장을 위한 투자유치, 12단계는 사업아이디어 발굴을 통한 성장모델 창업, 13단계는 M&A나 IPO를 통한 투자자금 회수과정이다.

단계별 목표는 KPI(Key Performance Index)로 표시하며, 목표를 달성하기 위한 핵심성공역량은 CSF(Critical Success Factor)로 표시한다.

0단계 목표는 STP[25]를 통해 타겟고객을 제시하는 것이다. 이를 위하여 해당 분야의 전문가로 활동하며 고객가치를 제안하고, 타겟고객을 발굴할 수 있는 역량을 배양하는 것이다. 강의, 컨설팅, 멘토링, 심사, 용역수행, 유통판매를 통해 수익을 발생시킨다. 자신의 퍼스널브랜드로 활동하며 전문성을 가진다.

1단계 목표는 타겟고객의 수요를 반영한 사업아이디어 발굴이다. 이를 위하여 주변에 도움을 받을 전문가 네트워크와 명확한 개발목표를 설정할 수 있는 안목을 갖추어야 한다.

2단계 목표는 기술의 가능성 검증하고 지적재산권을 확보하는 것

---

25) Segmentation(시장세분화)-Targeting(목표시장설정)-Positioning(제품·서비스 특징 설정)

이다. 이를 위하여 연구개발에 필요한 역량이 필요하다.

3단계 목표는 솔루션을 확보하는 단계로, 프로토타입 또는 컨셉 디자인을 도출한다. 이를 위하여 기술 가능성에 대한 솔루션을 확보한다.

4단계 목표는 시뮬레이션을 통하여 향후 사업화 과정에서 일어날 수 있는 기술적 문제점을 미리 도출하는 것이다. 이를 위하여 프로토타입이나 컨셉디자인을 이용하여 다양한 시뮬레이션을 해볼 수 있다.

5단계 목표는 시제품 제작을 통하여 시장반응을 확인한다. 제품의 기능에 생산할 제품과 동일한 디자인의 워킹목업(Working Mock-up)을 제작하여 시장의 반응을 확인한다. 이를 통하여 사업화에 대한 확신을 가지게 된다, 시장의 반응을 통하여 수집된 보완사항을 다시 수정한다. 1단계 또는 3단계로 돌아가서 수정 보완한다. 이를 피봇팅(pivot)이라 한다.

6단계 목표는 시제품 대상으로 제품인증을 받는 단계이다. 제품인증은 안전인증과 성능인증이 있으며, 이러한 인증과정을 통하여 제품·서비스의 완성도를 높인다.

7단계 목표는 제품·서비스의 양산 및 서비스를 위한 시설구축 단계이다. 실제 사업화를 위한 인프라를 구축하는 단계로, 시제품 제작비 대비 5배에서 10배 이상의 자금이 투입된다.

8단계 목표는 제품·서비스의 양산 및 서비스 프로세스에 대한 인증단계이다. 제품·서비스를 구현하기 위한 환경에 대한 안전인증 및 환경인증을 통하여 인프라에 대한 완성도를 높인다.

9단계 목표는 양산 및 서비스 단계로 고객에 대한 원활한 대응이 중요한 단계이다.

10단계 목표는 판매관리 조직을 구성하기 하는 것으로 이를 위한 리더십 및 BSC[26]를 설계를 하는 단계이다.

11단계 목표는 안정적인 사업운영을 위한 운전자금 확보를 위한 자금조달 단계이다.

12단계 목표는 투자를 위한 신규 사업 발굴 단계이다.

13단계 목표는 투자한 자금을 회수하는 단계이다.

---

26) Balanced Score Card, 명확한 목표설정과 보상체계이다. 조직의 비전과 전략목표 실현을 위해 핵심목표(KPI)를 4가지(재무, 고객, 내부 프로세스, 학습과 성장) 관점의 성과지표를 도출하고, 성과에 대한 보상을 관리하기 위한 성과관리 시스템이다.

기술성숙도(TRL, Technology Readiness Level)란?

미국 NASA에서 1960년대부터 고안되었으며, 기술사업화의 진행 단계를 표시하는 소통의 도구로 활용되고 있다. 총 9단계로 구성되어 있다.

단계	개념	내용
1단계	아이디어/이론 수립	아이디어의 실현 가능성 확인 및 이론 정립 단계, 원천기술개발 R&D 개발에 해당
2단계	특허출원	실현가능한 아이디어의 차별성 검증 및 특허권리자산 확보
3단계	시작품 컨셉 구현	실험 또는 시뮬레이션을 통한 기술의 가능성 검증, 설계도면 확보
4단계	소재/부품/시스템 기능검증	시작품에 대한 테스트, 시뮬레이션을 통한 최적화
5단계	시제품 제작 (WorkingMock-up)	실제 생산할 제품과 동일한 디자인, 기능이 구현된 Sample제작을 통한 시장 반응 확인
6단계	시제품에 대한 테스트	시제품을 대상으로 현장 테스트 및안전 및 성능 인증 테스트
7단계	생산시설 및 시스템구축	양산 라인개발 및 서비스 시스템 서버 구축 등 실제 양산 시설 투자 및 설치
8단계	생산 및 시스템 안전 인증	생산시설 및 서버 시스템에 대한 위생 및 안전 인증
9단계	사업화	판매및 매출 발생 단계

기술사업화 단계별 기술성숙도 9단계

© 2020 박남규 copyright

TRL 0단계 ~ 5단계 : 기업가정신 준비 단계

TRL 기준으로 0단계에서 5단계까지 압축 경험을 통하여 창업에 **필요한 다양한 핵심역량이 갖추어진다.** 이러한 핵심역량은 핵심성공요인(CSF, Critical Success Factor)이라고 하며, 13단계까지 총 16가지 정도의 핵심역량이 요구된다. 이러한 성공 창업을 위한 역량을 통틀어 기업가정신이라고 한다.

기업가정신이란?

기업가정신은 창업에 필요한 창업가정신이라고도 한다. 기업가정신을 구성하는 요소는 진취성, 혁신성, 위험감수성, 리더십, 소통공감 능력이 있다.

진취성은 미션과 비전에 의한 추진력이다. 명확한 목적과 목표가 있으면 고난과 역경을 이겨낼 수 있다. 개인은 소명(召命)이며, 기업설립의 이유인 사명(使命)에 해당된다.

혁신성은 남들이 가지 않는 길을 가는 것이다. 차별화된 제품·서비스를 만들어내는 역량이다.

위험감수성은 지속가능한 경영역량이다. 인사관리, 기술관리, 자금관리, 판매관리에 대한 전반적인 위험을 관리하는 역량이다.

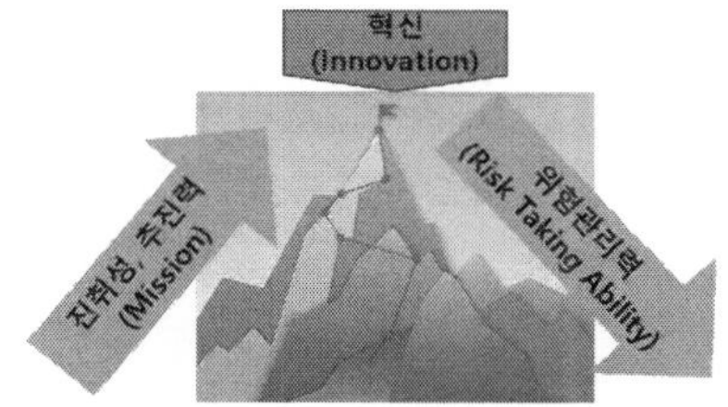

기업가정신 구성요소

© 2020 박남규 copyright

진취성은 명확한 미션과 비전을 확립하여 목적과 목표가 이끄는 창업이 가능하도록 하는 정신적 역량이다. 이러한 진취성은 퍼스널 브랜드 창업 단계에서 미션과 비전을 찾는 단계에서 도출된다.

Why 관점에서 **창업을 해야만 하는 이유가 미션(mission)**이다. What 관점에는 미션(mission)과 자신이 잘하는 차원(dimension)을 고려하여 **내가 가장하고 싶은 것이 비전(vision)**이 된다.

혁신성은 차별화된 사업비즈니스모델을 창출하는 안목으로 가치를 만들고, 어떤 고객을 대상으로 어떻게 전달하며, 수익을 창출할 것인지에 대한 태도이다. 혁신성은 비전과 연관되어 있다. **내가 가장하고 싶은 것 중 가장 잘하는 사업아이디어가 비즈니스모델**이 된다.

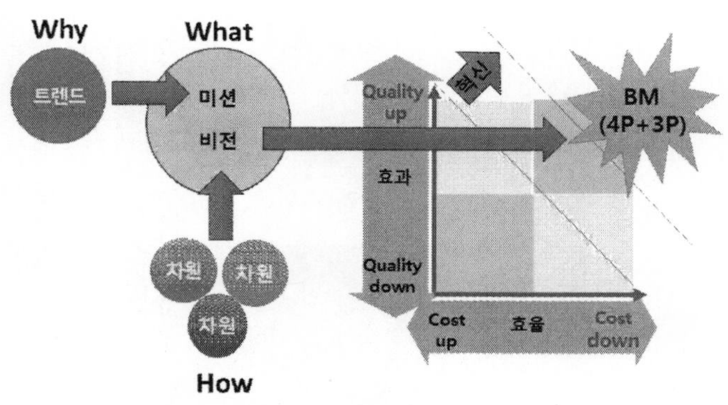

미션과 비전 도출 원리

© 2020 박남규 copyright

위험감수성은 비즈니스모델을 성공적으로 수행하기 위한 경영능력이다. **사람·기술·자금·판매에 대한 안목 및 대처역량**이다. 비즈니스모델을 구현하고 성공시키기 위해서는 4M(Man, Method, Money, Marketing) 관점에서 인사관리, 기술관리, 자금관리, 판매관리에 대한 역량이 필요하다.

리더십은 외부적으로는 이해관계자로부터 협업을 도출하며, 내부적으로는 구성원이 스스로 목적과 목표에 의하여 일을 하도록 하는 동기부여 역량이다.

소통·공감 능력은 고객 및 사업 파트너와의 소통뿐만 아니라 내부 팀원과의 **커뮤니케이션을 통한 협력을 도출하는 역량으로 오픈 이노베이션의 핵심역량**이다.

창업은 와이셔츠 단추를 잠그는 과정

창업은 와이셔츠의 첫 단추를 맞추어야 나머지 단추를 잠글 수 있는 이치와 비슷하다. 첫 단계가 다음 단계의 초석이 된다.

창업의 **첫 단추는 해당 분야 전문가가 되는 것**이다. 전문가가 된다는 것은 해당분에서 **①누구를 대상으로 ②어떤 고객가치를 제안하고, ③어떻게 구현할 것인가를 정의할 수 있는 안목과 수준을 가지는 것**이다.

①누구를 대상으로 타겟고객을 정할 것인가는 소비자의 필요성을 공감하고 수요를 발견하는 것이다. 영업·유통을 경험하기 전에는 알 수 없는 암묵지가 있다. 전문가적 안목이 있어야만 대상 고객이

누구인지 확신을 가질 수 있다.

②무엇을 만들 것인가는 타겟고객이 원하는 것에 대하여 구체적으로 제시할 수 있는 능력이다. **스티브잡스**는 **고객은 자신이 원하는 것을 제시하기 전에는 알지 못한다**고 하였다. 무의식에 잠재하는 욕구를 감지하고 수요에 맞는 고객가치를 제시하는 것은 쉽지 않다. 무의식은 의식이 없는 상태이다. 주의력이 없는 상태에서 외부에서 입력되는 정보와 내면에서 자율적으로 처리되는 과정이 의지와는 상관없이 이루어지기 때문이다. **무의식에 자리 잡은 욕구는 빙산에 비유할 수 있다**. 설문 조사 정보를 통한 통계조사 방법보다는 **무의식을 인지하고 편견을 배제하고 있는 그대로 관찰하는 방법이 더 효과적일 수 있다.** 이러한 관찰의 기회는 현장에 근무하는 방법 이외는 없다. **현장에 답이 있다**는 말이 여기에 해당된다.

③어떻게 구현할 것인가는 고객가치를 구현하는데 예상되는 문제점과 이를 극복하기 위한 솔루션을 제시할 수 있어야만 한다.

노후연금보험, 퍼스널브랜드

퍼스널브랜드는 개인의 노후를 책임질 것이다. 오프라인 시대는 사람을 대상으로 마케팅을 했다면, **온라인 시대는 데이터서버를 대상으로 마케팅한다.** 내가 누군지를 사람에게 알리는 대신, 인터넷 상에 알려야 한다.

인터넷 검색에서 인물 정보에 이름이 검색되면 브랜드가 생긴 것이다. **퍼스널브랜드가 생기는 경로는 다양**하다.

첫 번째는 방송 출연, 사회적 이슈의 주인공으로서 기사화, 대학 조교수 이상, 출판에 의한 단독저자, 공공기관장 등이다.

두 번째는 블로거 검색에 노출되는 것이다. 블로그는 자신의 블로그를 만들고 운영하는 것이다. 네이버 블로그를 추천한다. 검색 시장에서 네이버를 통해 검색율이 70%를 차지한다. 네이버가 제공하는 블로그를 운영하는 것이 검색에 유리하다. 단독으로 홈페이지를 구축하고 서버를 운영하면 네이버나 구글을 대상으로 검색되기 위해서는 추가로 마케팅 비용과 노력이 든다. 그러나 네이버에 블로그를 개설하면 유지비용 및 마케팅 비용이 절약된다.

세 번째는 유튜브에 채널을 개설하여 유투버로서 활동하는 것이다. 콘텐츠를 유튜브 채널에 업로드한다. 구독자 수가 증가함에 따라 인지도는 상승한다. 물론 네이버와 구글 검색에 노출이 된다. 요즈음 유튜브가 대세이다. 동영상 중심의 콘텐츠가 기존 블로그를 대체하였다. 2000년 이후 태어난 밀레니얼 세대는 유튜브가 네이버나 구글을 대체하여 검색창이 되었다. 네이버의 문서기반 검색이 아닌 유튜브의 영상기반 검색을 통하여 정보를 얻는 것이 문화가 되었다.

예를 들면, 강의 매니저가 해당 분야 전문가를 초빙하여 강의를 의뢰하려고 한다. 누가 전문가인지 모르는 상태에서 해당 분야를 키워드로 검색을 한다. 검색창에 검색결과가 표시된다. 여러분은 상위에 뜬 광고성 기사를 신뢰하는가? 아니면 뉴스나 블로그에서 검색되는 전문가의 이름을 신뢰하는가? 물론 후자일 것이다.

데이터가 퍼스널브랜드를 기억하는 시대

퍼스널브랜드가 인터넷 검색에서 최상단에 위치하는 것이 중요하다. 이제는 주변 사람이 나를 인정하는 것을 넘어 불특정다수를 대상으로 인터넷 데이터 서버가 퍼스널브랜드를 저장하고 추천해 주는 시대가 되었다.

세상은 개인의 이름을 잘 모른다는 점이다. 데이터 서버는 이름을 수식하는 **퍼스널브랜드를 데이터베이스에서 기억해 줄 뿐이다. 퍼스널브랜드 연관검색어로 이름이 검색될 뿐이다.**

퍼스널브랜드로 검색결과 많은 사람이 검색되어 차별화가 어렵다면 어떻게 할 것인가? 그래서 자신의 이름을 수식하는 퍼스널브랜드를 개발해야 할 필요성이 있다. **기존의 퍼스널브랜드와 차별화된 키워드가 포함된다면 처음에는 생소하겠지만 시간이 지날수록 인지도가 올라가는 경험을 하게 될 것이다.**

어떤 브랜드이든 1명은 먹고 살 정도의 시장은 있다. 진정 자신이 좋아하는 영역에서 미션과 비전이 이끄는 삶을 살아간다면, 언제 가는 인정받는 세상이 도래하였다. 이제는 노력한 만큼 인정받는 환경이 **4차 산업혁명**의 특징이다.

대중 미이어에서 개인 미디어로 권력의 이동

이제는 스타는 만들어지는 것이 아니라, **일반인이 스타가 되는 시대가 도래하였다.** 불특정다수로부터 인정받는 퍼스널브랜드를 가지는 것이 중요하다. 세상이 나의 이름을 기억을 기억해 주지는 않는다. 그러나 **나를 수식하는 퍼스널브랜드명은 기억**한다. 지금은 생소한 퍼스널브랜드라도 **5년 정도 1인 창직을 통해 꾸준히 활동하면 세상이 인정하는 퍼스널브랜드 인지도가 생긴다.**

인터넷에 검색해 보면 퍼스널브랜드가 검색된다. 그리고 누군가는 서비스를 필요로 하는 곳이 있게 마련이다. 인터넷 검색으로 퍼스널브랜드 검색을 통해 개인 정보를 접하고, 개인의 랜딩 페이지로서 블로그나 유튜브를 통해 서비스 용역 및 제품 구입의뢰를 하게 된다.

기존 블로그를 통해 강의를 의뢰한 경우, 강사의 자질을 확인하기 위하여 강의 교안부터 이력서와 강의견적을 요청하였다. 이제는 유튜브를 통해 사전에 강의내용을 확인할 수 있게 되었다. 의뢰인이 강사에게 강의를 의뢰할 시점에는 이미 모든 것이 결정된 후에 강의 금액만 결정하므로 강사 입장에서는 편리하다. 유튜브를 통해 강의력을 보여주므로 의뢰자의 결정 단계를 줄이는 효과를 가진다.

이러한 일련의 과정을 통해 **퍼스널브랜드 창업을 통해 매출까지 연결되는 창업의 첫 단추를 잠근다.**

퍼스널브랜드를 만드는 가장 효과적인 방법

출판이 가장 효과적이다. 출판은 자신의 생각을 정리하는 것이다. 1인 단독 출판은 네이버 인물 정보에 작가로서 등록된다. 책을 통해서 자신의 생각이 그대로 투영되고 내가 무엇을 하는지 간접적으로 홍보된다. 책은 나의 아바타이다.

나를 대신해 인터넷상에서 영업을 한다. 책은 개인 팜플렛 소개자료이다. 그러나 팜플렛은 휴지통으로 가지만 책은 절대 버리지 않는다. 아무리 질 낮은 내용의 책이라도 서재에 꽂혀있다가 기부를 하는 한이 있더라고 쓰레기로 취급하지 않는다.

지금 여러분이 읽고 있는 **문화로 창업하다. 문화창업마케팅**은 여러분에게 모범을 보이기 위하여 저자가 스스로의 힘으로 모든 것을 해결하여 출판한 책이다. 자가출판플랫폼 **부크크**를 통하여 나의 의지로 출판한 책이다.

기존 출판사를 통하면 출판사가 나를 선택하도록 기획서를 제출한다. 그리고 심사평가과정을 거친다. 처음 출판하는 저자는 출판 경력이 없는 상태에서 사람동원 능력도 검증되지 않았기에 쉽게 출판 기회를 잡지 못한다. 출판사 입장에서도 1권의 책에 평균 수천만의 투자가 집행된다. **출판 수익을 내야만 하기에 초보 출판자에게 쉽게 투자 결정하기가 쉽지 않다.**

저자의 경우는 10년 동안 책을 출판하려고 시도하였으나, 다양한 이유로 출간을 진행하지 못하였다. 기존 강의내용 있음에도 맡겨서 진행해보니 나의 눈높이를 맞추지 못했다. 직접 편집을 하려니, 시간이 허락하지 않았다.

이번에 K-MOOC 온라인 강의를 준비하면서, 영상을 먼저 촬영하고, 내용을 정리하여 출간하게 되었다. 정해진 기간 내에 출간을 위해서는 출판사를 통해서는 출간일을 맞추기 어렵다고 판단하였다.

유튜브를 통해 출판 관련 정보를 검색하고 알아보던 중 유튜버가 추천하는 가장 최적의 방법이 **자가출판플랫폼**이다. 전문가들이 **부크크**를 추천하고 있었다. 그동안 출간을 준비하면서 없었던 시스템이 창업기업에 의하여 비즈니스모델로 생긴 것이다.

이번 기회에 **저자가 직접 모범을 보이고 새로운 출판 프로세스를 경험을 하는 것이 좋겠다고 판단**하여 **부크크**를 통해 출간을 진행하게 되었다. **비용은 무료**이다. 장점은 출판사가 출간을 결정하는 것이 아닌 내가 출간을 결정하는 것이다. 직접 내용을 검수하여 출간하면 된다. 판단은 독자가 하는 것이다. 단점은 온라인으로 고객 주문에 맞게 제본이 되므로 책 단가가 높으며, 배달되는데 일주일 정도 시간이 소요된다.

이제는 **출판사가 판단하는 것이 아닌, 독자가 책을 판단하는 비즈니스모델**이다. **누구에게나 출판 기회를 주는 시스템**이다. 기존은 비용이 드는 구조였다면, 온라인으로 먼저 출간하고 PoD(Publish on Demand)방식의 수요자 중심의 출판을 통하여 작가의 진입 문턱을 낮추었다. **PoD출판 시스템은 최소요건제품(MVP, Minimum Viable Product)를 통해서 최소비용으로 최대로 빨리 출시하여 시장의 반응을 확인하는 린스타트업(Lean Startup)이 적용된다.**

빅데이터의 양이 딥러닝을 통해 알고리즘의 질을 완성하듯이 양이 질을 완성하는 시대가 되었다. 처음부터 잘할 필요는 없다. 끊임없는 노력으로 보완하는 것이 중요하다. 여러분도 당장 책을 쓰라.

현장전문가에서 퍼스널브랜드 창업

퍼스널브랜드 창업은 자신의 전문성을 기반으로 용역서비스를 제공하는 1인 창직으로 정의한다. 브랜드는 **고객의 기억 속에 기억되는 3단어 이하의 이미지**라 할 수 있다.

기억의 형태에 따라 **스키마, 스크립트, 연상**으로 구분된다. **스키마는 가장 먼저 생각나는 이미지(contents) 기억**이며, **스크립트는 사건을 통해 기억되는 맥락(context)상으로 기억되는 사건 기억**이며, **연상은 실마리(hint)를 통해 연계(association)되는 유추 기억**이다.

데이터베이스에서 퍼스널브랜드와 연계하여 이름이 검색되는 것은 유추 기억 프로세스와 비슷하다.

퍼스널브랜드는 시간의 숙성기간이 필요

1년 안에는 퍼스널브랜드와 연계하여 나를 검색하고 기억해 주는 것은 불가능하다. **최소 5년 이상은 브랜드가 사람들의 기억과 온라인 DB 속에 저장되는 노력을 해야만 한다.** 기존 나에 대한 이미지를 대체하는 새로운 이미지로 기억되기까지는 망각의 시간이 필요하며 꾸준한 노력이 필요하다.

새로운 이미지를 만들기까지는 지속적으로 일을 하고 있어야 한다. 항상 그 자리에서 **퍼스널브랜드에 맞는 일을 하고 있어야 한다.**

퍼스널브랜드의 과거와 미래

이름 앞에 어떤 일을 하고 있는지 수식하는 퍼스널브랜드는 한 번 형성되면 **OO전문가 홍길동**으로 설명한다. 퍼스널브랜드의 대표적인 수식어는 OO분야 변호사, OO과 전문의, OO분야 변리사, OO전문 회계사, OO전문 세무사이다. 과거에는 그랬다. 그러나 이제는 SNS에서 개인미디어를 통하여 **자신만의 특색있는 퍼스널브랜드를 가지고 활동하는 사람이 돈을 버는 세상이 되었다.** 아트스피치 김미경, 관점디자이너 박용후, 지식생태학자 유영만, 나의 제자들 중에 에듀큐레이터 박정옥, 수공예창업디렉터 신유경 등 자신의 이름을 수식하는 퍼스널브랜드는 메가트렌드 시대에 가장 강력한 평생연금보험이 될 것이다.

퍼스널브랜드에 방해되는 직장

퍼스널브랜드 형성에 방해가 되는 대표적인 것으로 보험영업과 자동차영업이다. 이 분야는 회사의 브랜드이미지가 너무 강해서 개인의 전문성을 강조해도 자신의 퍼스널브랜드는 형성되지 않는다. 회사의 이미지로 마케팅을 하기 때문이다. 보험과 자동차는 고관여 제품·서비스로 영업실적과는 별개의 퍼스널브랜드를 형성하기 쉽지 않다.

저자의 경우 기존 회사를 그만두고, 2001년 초 새로운 도전을 하게 되었다. 이전에 대우전자 연구소에서 만 6년 동안 제품개발을 해왔던 저자는 새로운 세상으로 나가고 싶었다. 미래는 금융 분야가 유력해 보였다. 해당 분야 지식이 없던 상황에서 푸르덴셜 생명보험회사의 라이프플래너는 매력적으로 보였다. 회사 입사를 했던 동기가 퇴사하여 이 회사를 다니고 있었다. 영업을 잘하고 있어 저자도 용기를 내어 도전하게 되었다.

재무계획 전문가 박남규로서 퍼스널브랜드를 가지는 것이 비전이 되었다. 사람의 재무 컨설팅을 통하여 세상에 도움을 주는 일을 하면서, 다양한 사람을 만날 수 있는 것 또한 즐거움이 될 수 있겠다고 판단하였다. 그러나 실제 8개월 동안 재무계획 전문가로서 느낀 점은 보험설계사를 지배하고 있는 직업군에 대한 브랜드가 이미 형성되어, 나 혼자만의 노력으로 보험설계사의 이미지를 바꾼다는 것은 불가능에 가까웠음을 알게 되었다.

창업은 퍼스널브랜드 창업의 연장선

퍼스널브랜드 창업은 강의, 컨설팅, 멘토링, 심사, 용역설계, 보고서 작성 등 전문성을 가지고 자신만의 관점에서 새로운 문화를 제시하는 콘텐츠를 만드는 것이다. 자신의 이름을 수식하고, 남들과 차별화된 퍼스널브랜드를 통해 1인 창직에 성공함으로써 입소문이 나게 된다. 의뢰받는 일을 처리하기 위해서 이제는 직원을 채용할 때가 된다. 자신을 대신하여 일할 수 있는 수준의 아바타로서 활동할 직원을 육성하게 된다. 육성하는 과정에서 **내부교육프로그램**이 개발되고 서비스 품질 관리를 위한 **체계적인 전산시스템** 개발하게 된다. 내부 직원이 고객이자 개발자가 되면서 완성도 있는 인프라가 구축되며, 이러한 결과물이 회사의 자산이 된다.

회사의 자산이 창업아이템

이렇게 개발된 **내부 관리도구나 업무 효율성 향상을 위하여 개발된 시스템이 창업 아이템이 될 가능성이 높다.** 이미 내부적으로 사용을 통해 검증되었기 때문이다. 내부 수요자의 요구사항을 만족시키는 시스템이나 도구는 수많은 피드백을 통하여 수정되고 보완된다. 세상에 출시하여도 될 정도의 경쟁력 있는 제품이나 서비스 품질이 확보되었으며, 내부고객을 통하여 이미 검증이 되었다.

창업리스크를 최소화 시키는 린스타트업

최단 시간에 최소 비용으로 기본기능의 제품·서비스 출시하는 것은 장점이 크다. 최종 개발 사양의 제품·서비스를 위하여 장기간에 걸쳐 시간과 자본 등 다양한 형태의 노력을 투자하였으나, 출시 시점에 고객의 반응이 냉담하다면 이러한 낭패도 없다.

그러므로 사전에 출시에 따른 판매부진의 위험을 줄이기 위하여 최종 제품 출시 전에 **최소요건제품**(Minimum Viable Product)을 준비하여 판매함으로써 시장반응을 조기에 확인한다. 고객의 요구사항을 빠르게 반영하여 실패위험을 최소화하는 전략이 **린스타트업**(Lean Startup)이다.

TRL 0단계부터 5단계까지 준비 기간을 거치면서, 빠른 시간 내에 시장에 판매가 가능한 최소요건의 제품·서비스 출시를 통한 고객 반응 확인은 실패 가능성 및 재정적 위험을 최소화시킨다.

기존의 전통적인 접근방식의 한계는 고객의 욕구를 제품·서비스가 완성된 상황에서 확인하게 된다. 시간적으로나 물질적으로 투자

리스크가 크며, 출시 시기(Time to Market)가 길었다.

그러므로 **창직·창업 단계에서 린스타트업 개념을 적용으로 한정된 자원으로 빠른 시간 내에 시장반응을 확인**하고 자신의 미션과 비전의 방향성 확인 및 개발목표를 초기에 수차례 수정함으로써 고객의 눈높이에 맞는 제품·서비스를 출시함으로써 성공확률을 높인다.

인적·기술적·물적·판매 등 모든 면에서 부족한 경험과 한정된 자원의 불리함을 극복하고 **초기 창직·창업 단계에서 고객 반응을 확인하면서 최소요건제품**(Minimum Viable Product)**으로 제작**하여 고객 반응을 조기에 확인하고 제품 성능을 확인하며, 초기에 비즈니스모델(BM, Business Model)의 완성도를 높여가는 것이 린스타트업(Lean Startup)이다.

린스타트업이란(Lean Startup)?

아이디어를 빠르게 **최소요건제품**(MVP, Minimu Viable Product)으로 제조한 뒤 시장의 반응을 통해 다음 제품 개선에 반영하는 전략이다. 짧은 시간 동안 제품을 만들고 성과를 측정해 다음 제품 개선에 반영하는 과정을 반복해 성공확률을 높이는 제품개발방법론이다.

일본 도요타자동차의 **린 제조**(lean manufacturing) 방식을 본뜬 것으로, 미국 실리콘밸리의 벤처기업가 **에릭 리스**(Eric Ries, 1979~)가 제안하였다. 린스타트업은 **「만들기**(Build) **- 측정**

(Measure) - **학습**(Learn)」의 과정을 반복하면서 꾸준히 혁신해 나가는 것을 내용으로 한다. **짧은 주기로 제품개발 및 성과 측정의 반복적인 사이클을 통해 고객의 욕구를 확인하고 방향성을 초기에 확보**하는 것을 목표로 한다.

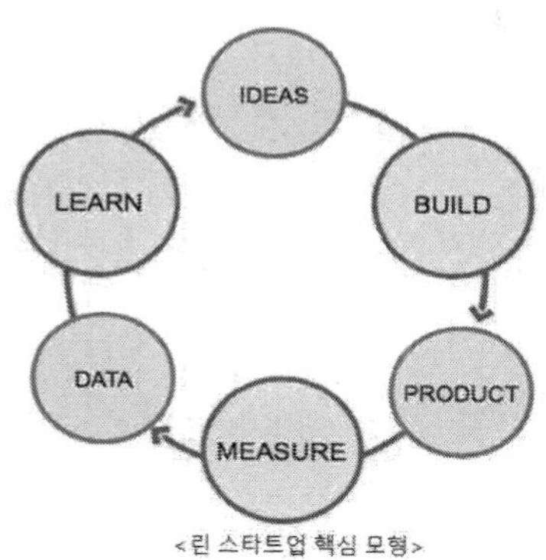

<린 스타트업 핵심 모형>

최소 생존 가능한 제품 Minimum Viable Product
(출처: Hendrik Kniberg)

린스타트업의 특징

전통적인 창업은 순차적이고 단계적인 제품개발 방식을 따른다. 개발 전 모든 사양을 기획하고, 실패를 용인하지 않으며, 신중하게 접근한다. 개발 전 시장조사 데이터를 수집하고 분석하여 사양을 기획하고 제품 설계에 반영시키며, 실행 중심의 전략을 수립하고 실행에 옮긴다. 전통적인 개발 프로세스는 모든 개발목표를 만족시킨 상태에서 판매를 결정하게 되며, **제품·서비스 출시 시점이 상대적으로 늦다**. 반면 린스타트업은 비즈니스모델 가설을 설정하고 이를 증명하기 위하여 제품으로서 판매가 가능한 수준의 소비자 요구기능만을 반영한 **최소요건제품**(MVP, Minium Viable Product) **를 우선 출시**한다. 제품·서비스의 반응을 확인하고, 개선사항을 신속히 반영하여 2차 제품·서비스를 빨리 출시하여 소비자의 눈높이를 맞춤으로써 **출시 시점에서의 개발 리스크를 최소화**한다.

구분	전통적인 방식	린 스타트업
전략 수립	비즈니스 계획과 실행 중심	비즈니스 모델과 가설 기반
신제품 개발	선형적·단계적 개발 계획에 따라 제품 개발	고객 개발, 시장 테스트, 가설 점증
엔지니어링	개발 전 모든 사양 기획하고 제품 설계에 포함	최소 기능을 갖춘 제품(MVP)을 반복적 검증을 통한 점증적 개발
조직	세부 기능별로 나눠진 조직 구성	신속한 제품 출시와 개선 중심의 조직 구성
재무보고	기존 회계 보고서(손익, 대차, 현금흐름표)	고객 유치 비용, 고객 생애 가치, 고객 이탈률
실패에 대한 인식	실패는 예외적이 사항이며 경영자 교체 및 조직 개편	실패를 예상하며 이를 아이디어 개선이나 사업 방향 전환으로 해결
추진 속도	측정 가능한 완전한 데이터 기반의 신중한 결정	수집한 데이터에 기반한 빠른 결정과 실행

린스타트업 특징

© 2020 박남규 copyright

연속적 창업 이론(Serial Entrepreneurship)

연속적 창업 이론에 의하면 기업가정신은 후천적으로 학습된 활동이다. 1990년부터 2011년까지 텍사스주의 모든 소매업을 대상으로 했으며, 프렌차이즈 46,000개를 포함한 2,330,000개를 대상으로 분석하였다. 사업 평균 기간은 3.3년이며, 창업 성공을 결정하는 것은 타고난 재능뿐만 아니라 과거의 비즈니스 경험이 중요하며, 다수의 사업 실패 경험에서 기업가정신이 학습될 수 있음을 보여주고 있다(Francine 외 1명, 2014).

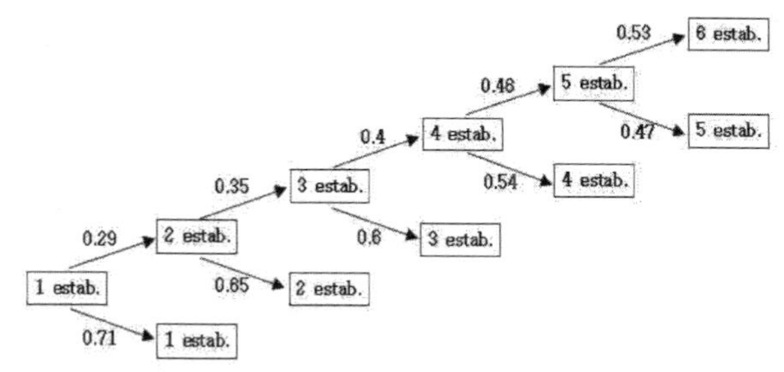

연속적 창업이론

Serial Enterpreneurship: Learning by Doing

(FrFrancine 외 1명, 2014)

연속적 창업이론에 의해서 경험이 쌓일수록 성공확률이 높아진다. 최초 창업은 29% 성공확률로 낮으나, 두 번째는 35%, 세 번째는 40%, 네 번째는 46%, 다섯 번째는 53%이다. 다섯 번째까지 83%의 누적 성공률을 가진다. 그러므로 창업은 성공을 위한 과정으로 **비즈니스 연구개발(R&D) 과정으로 실험에 의한 시행착오를 겪는 것**과 같다고 인식할 필요가 있다.

대학생은 창업 도전 자체가 취업의 지름길

입학한 대학생의 90%는 자신의 적성과는 무관하게 성적에 의하여 입학하게 된다. 졸업 대학생의 90%는 자신의 의지와는 상관없이 직장에 취업한다.

실제로 현장에서 대학생의 50%는 자신의 전공과는 일치하지 않는 4년을 보낸다. 성적이 우수한 학생 중에도 적성과는 별개로 졸업만을 위하여 성적을 취득하는 학생이다. 당연히 대학취업률이 70% 이상이 될 수 없는 구조이다. 자신의 전공을 기반으로 취업의지가 있는 학생이 취업할 확률은 50%이며, 군입대, 대학원 진학률이 평균 20%이므로 이를 합쳐서 대학의 평균 진학률이 70%가 된다. 부전공을 통하여 자신의 적성을 찾아 취업하는 것을 포함한 수치가 50%이며, 취업률을 높이기 위해서는 다른 접근이 필요하다.

저자가 제안하는 방안은 대학 4년 동안 창업프로젝트를 통하여 자신의 미션과 비전을 찾는 노력을 하고, 관심 있는 분야에서 스스로 창업프로젝트를 만들어 인턴과정을 가지는 것이다. **대학 생활 동안 스스로 프로젝트를 만들어서 결과물을 만드는 방법으로는 창업동아리를 만들어 팀으로서 활동하는 것이 효과적이다.**

일반적으로 **대학에서 창업프로젝트는 기술사업화 1단계부터 5단계 과정에 해당한다**. 1단계는 창업을 목표로 자신의 미션과 비전을 정립하고 이에 맞는 창업아이디어를 도출하는 과정이다. 3단계는 기능이 구현되는 프로토타입 제작을 위한 연구개발 과정과 정부나 기관 또는 투자자로부터 시제품 제작을 위한 사업계획서 준비를 통한 자금유치단계이다. 5단계는 실제 기능과 디자인이 구현된 시제품을 제작하는 단계를 거쳐 시장반응을 확인하는 단계이다.

이러한 **일련의 창업 과정을 거치면서 기업가정신이 함양된다.** 시장반응 확인 과정에서 다시 보완할 것을 확인하게 되며, 수정 보완 과정을 통하여 창업에 재도전을 할 수 있다.

시장반응이 좋으면 7단계 시설구축 단계와 9단계 양산·판매 단계까지 진행하며, 창업까지 할 수 있다.

기술창업의 경우 9단계까지 완주하여 매출을 일으키는 창업은 처음 도전의 경우 5% 정도이며, 나머지 **95%는 재창업하거나 창업 과정의 포트폴리오를 통하여 원하는 기업에 취업**을 선택하게 된다.

창업을 목표로 했는데 내가 원하는 직장에 취업

창업동아리 또는 팀을 구성한다. **팀 빌딩**을 위해서는 서로의 미션과 비전을 공유하며, 한정된 자원을 가지고 창업프로젝트를 진행해야 하므로 서로 희생과 협동심이 필요하다. 이 과정에서 리더십과 소통·공감 역량이 개발된다.

기업가정신의 핵심요인 중 **진취성**은 **힘든 환경에서도 목적이 이끄는 추진력으로 기업이 원하는 긍정적인 태도**이다.

시장이 원하는 혁신 가치를 가진 비즈니스모델을 발굴하는 과정에서 창의성이 길러진다. 이를 **혁신성**이라고 한다. 창의적인 관점을 가지고 접근하는 태도는 기업이 원하는 인재채용요건이다.

한정된 자원을 효율적으로 운영하여 시제품을 제작하는 과정에서 경영적인 역량이 배양된다. 위험감수성이라고 한다. 사람관리, 기술개발, 자금조달, 판매노력을 하게 된다. 팀을 운영하면서 다양한 요구역량을 개발하게 되는데, 기업이 원하는 핵심역량이다.

창업프로젝트를 통하여 대학 생활 4년 동안 비즈니스모델 구현을 위하여 노력하는 과정에서 기업이 원하는 인재가 되어간다. 이력서와 자기소개서에는 기업이 원하는 내용으로 채워진다.

대학에서 창업을 주제로 강의, 멘토링을 진행하면서 창업프로그램에 적극적인 학생들이 원하는 직장에 취업하는 경우를 보면서 창업이 취업에 도움이 됨을 확신하게 되었다.

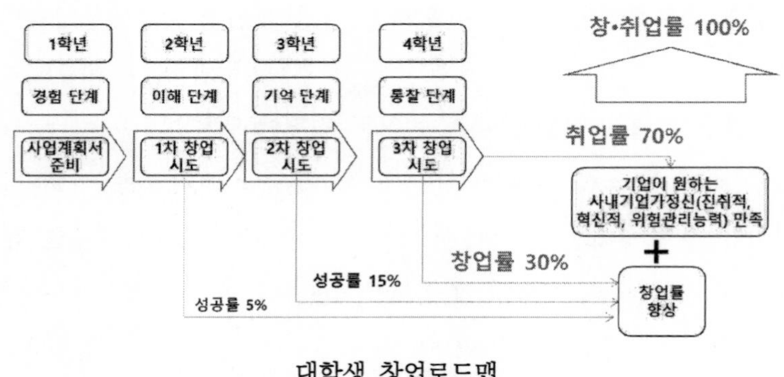

대학생 창업로드맵

© 2020 박남규 copyright

창업자금조달 로드맵

창업은 장기간에 걸친 여행이다. 시제품을 준비하고, 시장반응을 확인하며, 시설구축과 시설투자, 운영자금에 대한 조달이 필요하다.

기술성숙도(TRL) 5단계에 해당하는 **시제품 제작**까지는 성공확률이 5%로 **자본적 자금조달**이 필요하다. 개발 숙성과정이 필요하며, 비즈니스모델의 완성도를 높이기 위한 연구개발 및 시제품 개발까지는 매출이 없는 상태에서는 **정부지원자금, 매칭자금, 엔젤자금** 조달을 한다. 일반적으로 투자생태계에서는 **시드머니**(seed money)라 한다.

기술성숙도(TRL) 7단계는 시제품을 통하여 시장에서 통할 수 있다는 확신이 들면 **시설개발 및 구축단계**를 진행한다. 시제품 개발까지 비용이 5,000만 원이라면 시설단계에서는 2억 5,000만 원에서 5억 원의 자금이 필요하다. 소요자금 조달을 위해서 **벤처캐피털 자금이나 융자자금**을 조달한다. 정부지원 융자자금으로는 기술보증기금의 은행보증, 중소기업진흥공단에서 저리로 자금을 대출받는다.

기술성숙도(TRL) 9단계부터는 매출이 일어나는 단계이며, 자금회수까지 3개월 이상의 운영자금이 필요하다. 재고자산 및 미수금의 규모는 년 매출의 25%에 해당하는 자금이 필요하다. 운영자금 조달을 위해서 **벤처캐피털 자금이나 융자자금**을 조달한다. 매출이 일어나는 시점에서 사업 규모를 확장하기 위해서는 자금투자를 받으며, 투자생태계에서는 이러한 자금을 **시리즈 자금**(series money)이라 한다.

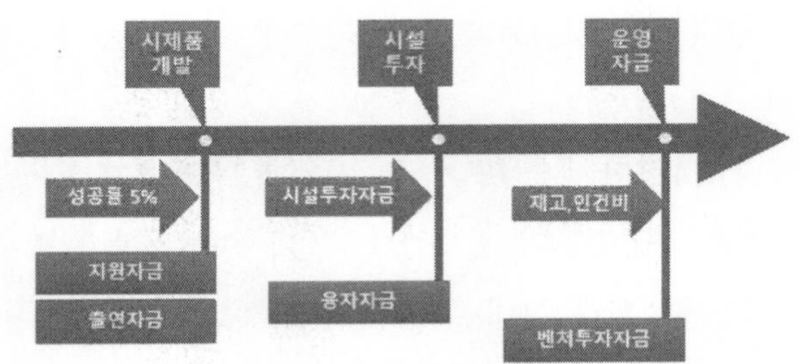

단계별 자금조달 로드맵

© 2020 박남규 copyright

제3의 자본 정책자금을 활용한 시제품 개발

기술사업화 1단계 아이디어단계에서 3단계 연구개발을 통한 기술의 가능성이 적용된 프로토타입 개발, 5단계 기능과 디자인이 구현된 시제품인 **워킹목업**(Working Mockup)까지는 자기자금이나 엔젤자금으로 개발한다. 사업화 확률이 5% 미만인 상태에서 개인 자금으로 개발하기에는 무리가 있다. 그러므로 리스크를 서로 분산하는 주식형태의 자본조달을 통해 자금을 조달한다. 대표적인 형태가 엔젤투자 자금이다. 그러나 이보다는 정부나 지자체, 협회를 중심으로 매칭 형태의 펀드를 활용하면 엔젤투자 자금보다 유리하다. 기관으로부터 창업자금 지원과 함께 창업교육과 마케팅 지원까지 받을 수 있다.

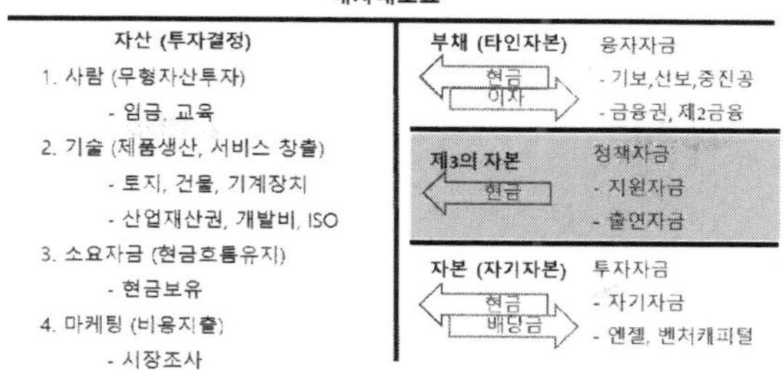

제3의 자본, 정책자금조달

© 2020 박남규 copyright

순번	지원기관	지원기관 특징 및 설명
1	국가R&D 통합공고 www.ntis.go.kr	국가 R&D 지원과제 통합정보 제공
2	중소기업지원 통합공고 www.bizinfo.go.kr	중소기업지원과제 통합정보 제공
3	창업진흥원 www.k-startup.go.kr	예비창업자나 3년미만의 초기창업자를 대상으로 창업교육지원을 전담하는 기관으로 창업단계별 최적화된 창업지원프로그램 지원을 받을 수 있다.
4	소상공인시장진흥공단 www.semas.or.kr	소상공인의 창업자금대출 및 마케팅지원을 담당하는 기관으로 일반 소상공인의 창업에 대하여 도움을 받을 수 있다.
5	중소기업유통센터 www.imstars.or.kr	중소기업유통센터가 운영하는 아임스타즈
6	장애인기업종합지원센터 www.debc.or.kr	장애인 대상 예비창업자 및 초기창업자를 대상으로 시제품제작비 및 마케팅 지원
7	서울통상산업진흥원 www.sba.kr	서울시에서 운영하는 창업종합지원기관
8	경기경제과학진흥원 www.gbsa.or.kr	경기도에서 운영하는 창업종합지원기관
9	경기테크노파크 www.gtp.or.kr	경기도에서 운영하는 기술사업화 종합지원기관
10	창조경제혁신센터 www.creativekorea.or.kr	전국 17개 기관에서 기업발굴 및 보육지원 전문기관
11	충남정보문화산업진흥원 www.ctia.kr	충청도에서 운영하는 문화콘텐츠기업 종합지원기관

창업지원기관

© 2020 박남규 copyright

9장
비즈니스모델 수립

비즈니스모델이란?

비즈니스모델은 세상이 필요로 하는 가치를 만들고, 누구를 대상으로 가치를 어떻게 가치를 실현하고, 전달할지에 대한 생태계이다.

문화를 만드는 비즈니스모델

문화는 집단 내의 구성원이 공유하는 생각의 방식과 그 결과물로서 제도, 시스템, 규칙이다. 새로운 제품·서비스가 구성원의 일상에서 필수품이 되는 것이 비즈니스모델의 비전이다. 혁신적인 비즈니스모델은 새로운 문화를 창출한다. 새로운 가치를 제공함으로써 집단의 생각 방식과 행동 양식을 변화시킨다. 이를 혁신이라고 한다.

마케팅은 비즈니스모델이 문화가 되는 전략

마케팅은 비즈니스모델이 대상 집단에서 꼭 필요한 시스템이나 플랫폼이 되도록 체계적으로 접근하는 전략을 수립하는 것이다.

대표적인 비즈니스모델은 스마트폰 생태계이다. 2010년 애플의 아이폰(iPhone)으로 시작된 비즈니스모델은 새로운 문화를 만들었다. 이제는 스마트폰이 없는 생활은 상상할 수 없는 세상이 되었다.

STP, 4M, 7P-Mix로 **표현되는 비즈니스모델**

비즈니스모델은 고객가치를 통한 수익구조이다. 고객가치란 고객이 필요로 하는 것을 충족시키는 제품(제화)과 서비스(용역)이다. 7P는 4P+3P로 구성된다. **4P는 제품 고객가치**이며, **7P는 서비스 고객가치**이다.

고객가치는 STP를 통하여 도출된 수요에 대하여 한정된 자원인 4M[27]을 고려한 강점과 약점을 고려한 최선의 전략적 결과물이다.

고객가치는 4P는 Product, Price, Place, Promotion이며 3P는 Physical Evidence, People, Process로 설명된다. 이중 어떤 요소를 강조하는가에 따라 다양한 형태의 비즈니스모델이 출현한다. 음식의 요리는 재료의 구성요소 비율을 조절한 레시피에 따라 맛이 달라지듯, 오디오 믹싱(Mixing)하여 최적화하듯, 비즈니스모델을 구성하는 7P를 믹싱하여 차별화된 고객가치를 제안한다.

마케팅전략 수립의 결과물이 비즈니스모델이며, Why 관점에서

27) 4M이란 사람(Man), 기술(Method), 자금(Money), 마케팅(Marketing)

효과가 극대화되고, How 관점에서 투입비용이 최소화되는 효율을 종합적으로 고려한 What 관점에서 개발목표인 **KPI(Key Performance Index)를 고객가치**로 도출한다.

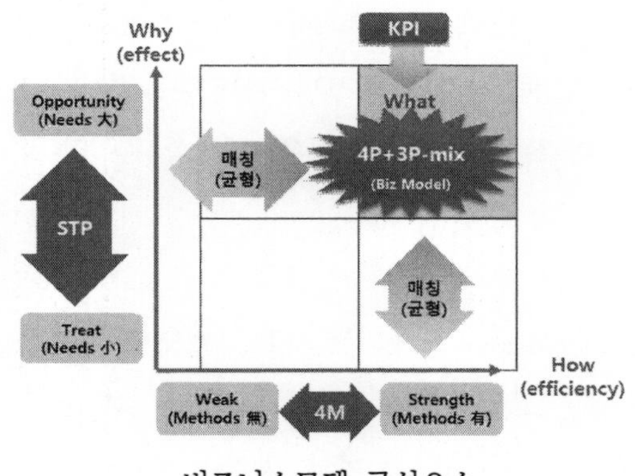

비즈니스모델 구성요소

© 2020 박남규 copyright

제품·서비스 소개자료가 비즈니스모델

소비자가 제품·서비스를 구입하기 위해서 판단하는 정보가 비즈니스모델이다. 쇼핑몰에서는 제품·서비스에 대한 소개자료 또는 카탈로그가 제공된다. **제품·서비스가 필요한 이유, 제품의 차별화된 특징, 가격정보, 구매방법, 구매 시 혜택, 소비자 반응, 회사소개, AS정보가 표시**된다. **7P 관점에서 설명**하고 있다.

특히 **제품의 특징에서 무엇을 강조할 것인가**에 따라서 7P-Mix가 된다. 제품의 혁신성을 강조하거나, 가격 경쟁력을 강조할 수도 있으며, 생수 등 공산품의 경우 배달시간을 강조할 수 있다. 또는 2개를 구매하면 1개를 무료로 제공하는 혜택을 강조하기도 하며,

소비자의 평점이나 댓글을 강조하기도 한다. 고가의 고관여 제품은 판매실적 및 회사 규모를 통해 신뢰성을 주려고 노력하며, 대표의 인물사진을 내세워 회사문화를 통해 친근감을 강조하기도 한다. 부담 없이 구매할 수 있는 AS 반품시스템을 강조하여 소비자의 구매 결정에 장애가 되는 마음의 문턱을 낮추기도 한다.

고객가치는 제품·서비스 개발목표(KPI)이며 시험성적 기준

제품·서비스 마케팅 단계에서 소비자 트렌드와 내부자원을 고려하여 도출된 고객가치는 정량화된 개발목표로 제시된다. 이렇게 **제시된 개발목표는 시제품 개발 및 성능시험의 기준이 되며, 제품소개 자료의 기초자료**가 된다.

예를 들면, 2010년에는 애플 아이폰(iPhone) 문화가 한국에 들어왔다면, 2020년에는 테슬라 모델3 전기자동차 문화가 한국에 들어오면서, 국내 경쟁사는 고객의 수요조사를 한다.

테슬라의 주행거리 300km보다 더 늘어나고, 충전속도는 테슬라의 8시간보다 짧은 충전시간과 가격은 테슬라보다 낮으며, 자율주행 레벨은 3단계 이상으로 조사되었다. 이러한 정성적인 조사결과는 타겟고객을 대상으로 설문 조사로 수집된다. 이를 바탕으로 기술 가능성을 검토하는 연구개발팀이 구체적인 정량적 개발목표를 제시한다.

주행거리는 서울-부산을 기준으로 한 번 충전으로 충분히 주행할 수 있으며, 시내에서 돌아다닐 수 있는 수준의 480km에 충전시간은 20분, 자율주행은 레벨3, 가격은 4000만 원으로 책정하여 보조금 혜택 시 가격은 소나타 수요자를 타겟으로 설정한다.

비즈니스모델은 혁신성이 가장 중요

비즈니스모델은 고객이 선택하는 이유가 있어야만 하며, 경쟁자와는 차별화된 새로운 요소를 포함해야만 한다. 고객이 선택해야만 하는 이유를 다른 표현으로는 **필요성**이라고 하며, 차별화된 새로운 요소는 **신규성**이라고 한다. 이를 혁신이라고 정의하였다.

비즈니스모델은 필요성과 신규성의 레시피에 따라서 기존 제품보다 조금 더 경쟁력을 가지며, **필요성을 강조할 것인가** 아니면 **전혀 다른 관점에서 접근하여 새로운 사용문화를 제시할 것인가**에 따라 수직적 이노베이션, 수평적 이노베이션으로 구분할 수 있다.

수평적 이노베이션

기존의 방식이 아닌 새로운 차원을 적용한 제품이나 서비스이다. 대표적으로 애플의 아이폰(iPhone)과 테슬라의 모델3(Model3) 전기차이다. 애플 아이폰(iPhone)은 통신기능의 휴대폰과 PC기능을 결합한 iOS기반의 앱(App) 생태계를 구축하였다. 테슬라 모델3(Model3) 전기차는 기존 내연기관과 달리 순수전기모터를 사용하여 완성도 있는 최초의 범용 전기자동차이다. 테블릿 기반의 인터페이스는 예전에 기계적인 계기판을 대체함으로써 4,000만원대의 가격 경쟁력과 미려한 디자인을 제공한다.

수직적 이노베이션

기존 방식에서 경쟁력을 확보하는 혁신이다. 주로 제품이나 서비스를 구현하기 위한 공정혁신이 대표적이다. 소비자에게 제시되는 가치는 제품의 성능, 디자인, 가격, 혜택으로 제시되며, 공정 프로세스를 단축시키거나 투자비용을 줄이는 방법으로 혁신한다.

기술사업화 단계(TRL)에서는 7단계이며, 엔지니어링, 즉 공학기술을 개발하여 생산효율을 높이고 단가를 낮추어 가격 경쟁력을 확보한다. 제품 및 서비스의 고도화를 통해 기능 및 성능을 개선한다.

삼성전자 반도체의 경우 대표적인 공정개선 사례이다. 수평적 이노베이션을 통해 경쟁력을 유지한다. 현대·기아자동차의 경우, 엔진은 2004년부터 엔진 메커니즘은 같으나 엔진의 성능을 보완하고 외관 디자인만 바꾸어서 동일플랫폼이지만 신차로 출시하고 있다.

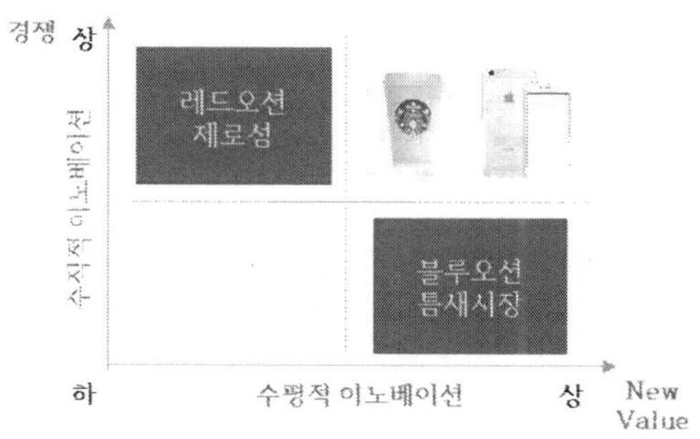

이노베이션의 종류

© 2020 박남규 copyright

비즈니스모델 개발 로드맵

아이디어 도출단계

아이디어 수준에서는 제품이나 서비스에 대한 구체적인 정의가 도출되지 않은 상태이며, 제품·서비스가 속하는 업종 중심으로 외부환경분석과 내부역량분석을 통한 **예비 사업타당성 분석**을 진행한다.

외부환경분석

거시환경 분석과 미시환경 분석으로 구분된다. 거시환경 분석은 트렌드분석 도구로서 PEST분석을 실시하며, **미시환경 분석**은 해당 사업 아이템의 주요 수요자, 공급자, 제조업자와 제조 및 서비스 아이템에 대한 항목별 비교를 통하여, 강점과 약점, 시장매력도, 제품수명주기를 도출한다. 내부환경분석은 창업자가 동원할 수 있는 모든 자원에 대한 분석을 통하여 비용을 최소화하는 방안을 모색하는 단계이다. 설득력 있는 미션과 비전을 갖추었는가? 창업 성공을 위해 동원 가능한 인적·물적 자원, 마케팅 역량은 어느 정도이며, 약점을 보완할 수 있는 협업 가능한 범위는 어느 정도인지 점검하는 단계이다. 외부환경 분석과 내부환경 분석의 결과를 취합하여 **예비 사업타당성 분석**을 진행한다. **예비 사업타당성 분석**단계에서 업종과 대한 대략적인 현황 파악을 하는데 비즈니스모델캔버스 프레임을 적용할 수 있다.

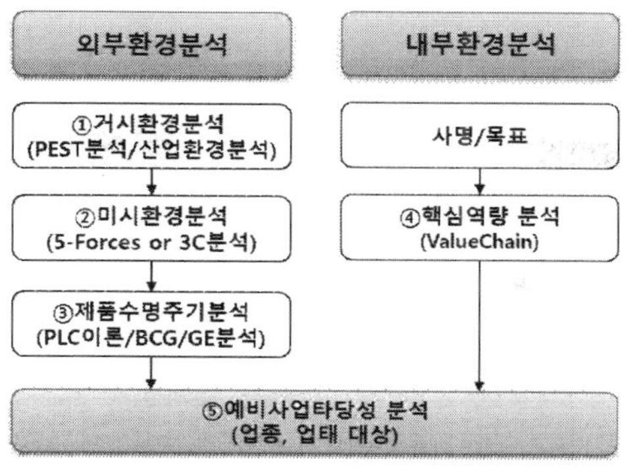

예비사업타당성 분석 프로세스

© 2020 박남규 copyright

예비 사업타당성 분석에 사용되는 비즈니스모델캠버스

예비 사업타당성 분석단계에서는 시장성, 기술성, 수익성을 포함하는 사업성에 중점을 둔다. 어느 업종에 사업의 포커스를 맞출 것인지에 대한 사업의 방향성을 모색하는 단계이다.

예비 사업타당성 분석단계에서는 제품·서비스에 대한 구체적인 사양 정의를 하기보다는 **방향성에 초점을 맞춘 정성적인 제시를 하는 과정**이다. 외부환경분석과 내부환경분석의 결과를 토대로 예비 사업타당성 분석을 하게 되며, 다양한 접근 방법 중 **도식화된 표로 분석하는 방법이 비즈니스모델캔버스**이다.

비즈니스모델캔버스란?

비즈니스모델캔버스의 나인블록(9-Block)은 **알렉산더 오스터왈더**가 지은 **비즈니스 모델의 탄생**(Business Model Generation)에서 소개되었다. 캔버스는 9개의 구역으로 이루어져 있다.

중간의 노란색 부분은 고객가치이며 4P에 해당한다. 우측 빨간색 부분은 누구를 대상으로 할 것인지?, 좌측의 파란색 부분은 고객가치를 어떻게 구현할 것인가로 구성된다.

수익원은 총매출액이며, 비용구조는 총비용에 해당한다. **총매출액 - 총비용 = 순이익**으로 **사업타당성**을 나타낸다. 비즈니스모델캔버스는 업종에 대한 사업성을 간이로 검토해볼 수 있는 **간이 사업타당성 분석** 방법이다.

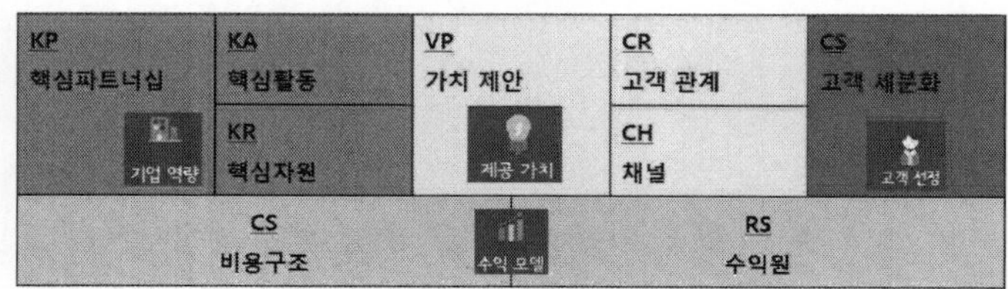

비즈니스모델캔버스, 9블록

© 2020 박남규 copyright

비즈니스모델캔버스의 활용

비즈니스모델을 표로 도식화하여, 한눈에 파악할 수 있는 장점이 있다. 간이 사업타당성 분석에 적합하며, 비즈니스모델을 최적화하거나 아이디어를 도출하기에 편리하다.

고객세분화는 STP에 해당하며, 가치제안과 고객 관계 및 채널은 4P에 해당되며, 핵심활동, 핵심활동, 핵심자원은 4M에 해당한다. 여기에 수익과 비용을 통해 이익 창출 가능 여부를 간략히 요약할 수 있다.

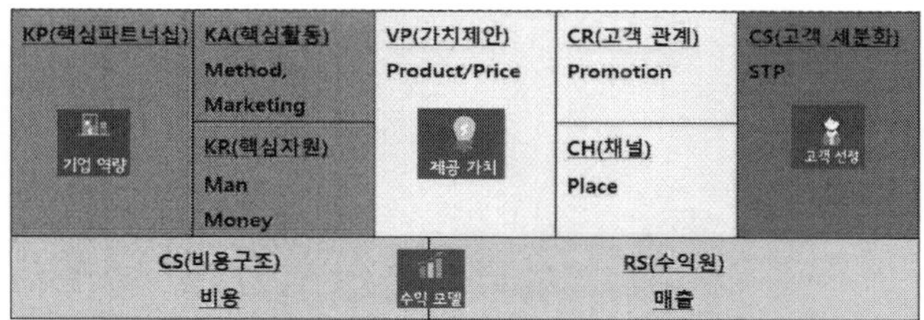

비즈니스모델캔버스과 비즈니스모델(STP, 4P, 4M)

© 2020 박남규 copyright

비즈니스모델 사례분석

맥도널드

모든 매장에서 동일한 맛의 품질(Product), 동일한 가격(Price), 편하게 방문할 수 있도록 도로 옆(Place) 위치, 선택의 어려움이 없는 최적의 획일화된 메뉴(Promotion), 동일한 맛(Physical Evidence)과 친절한 종업원 서비스 제공(People, Process)

월마트

많은 물건(Product), 저렴한 가격(Price), 충분한 주차공간(Place)에 할인(Promotion), 물건진열대 및 계산대(Physical Evidence), 유통판매관리시스템(People, Process)

페덱스

전세계 어디에나 익일배송(Place), 항공기 및 물류창고(Physical Evidence), 유통관리시스템(People, Process)

델

고객맞춤형 컴퓨터(Product), 중간상 마진 없는 저렴한 가격(Price), 택배배송(Place), 할인행사(Promotion), 고객대응 생산조립시스템(Physical Evidence), 유통관리시스템(People, Process)

✓ 맞춤형 컴퓨터 판매

이베이

고객맞춤 제품 리스트 제공(Product), 중간상 마진 없는 저렴한 가격(Price), 택배배송(Place), 할인행사(검색광고, 홍보, 할인행사), 온라인 쇼핑몰 구축(Physical Evidence), 유통관리시스템(People, Process)

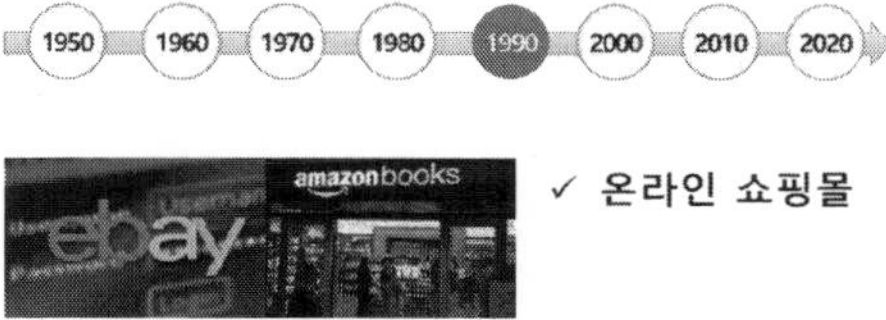

✓ 온라인 쇼핑몰

페이스북

SNS소통서비스(Product), 서버구축(Physical Evidence), 정보처리(People, Process)

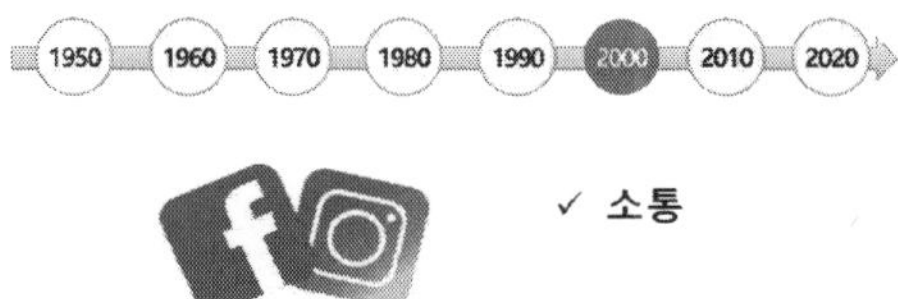

✓ 소통

에어비앤비

공유서비스(Product), 저렴한 가격(Price), 검색 및 결재 편의성(Place), 체험평가시스템(Promotion), 서버구축(Physical Evidence), 정보처리(People, Process)

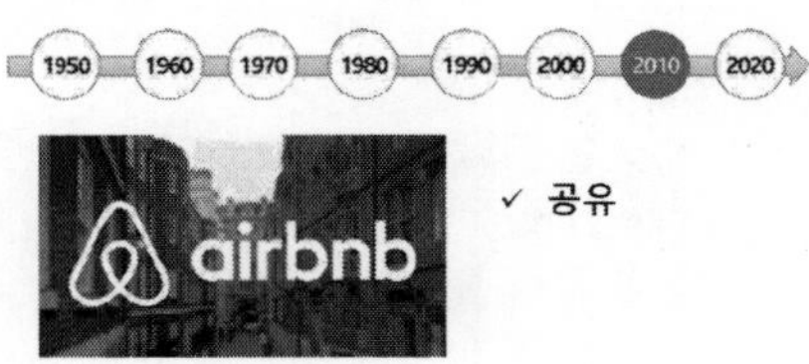

쿠팡

모든 제품 쇼핑(Product), 구매에서 배달까지 편의성(Place), 물류시스템 구축(Physical Evidence), 정보처리(People, Process)

미래의 비즈니스모델캔버스

비즈니스모델캔버스 상의 어느 부분을 강조할 것인가에 따라 새로운 문화를 제시하는 혁신 비즈니스모델이 도출된다.

그러므로 비즈니스모델캔버스에 미래 기술트렌드를 대입해 봄으로써 미래의 트렌드를 예측해 볼 수 있다.

미래의 비즈니스모델은 다음과 같다.

비즈니스모델캔버스에 빅데이터를 통한 고객발굴, 3D프린팅을 통한 프로슈머를 만족시키는 맞춤형 제품, App 설치만으로도 용도가 변하는 로봇플랫폼, IoT를 통한 고객정보 수집 및 모니터링, 온라인 쇼핑, 드론을 이용한 무인 택배, SNS를 통한 판매, 지식제조 등 미래 기술트렌드를 대입시키면 다음과 같다.

Supplier 플랫폼 재생에너지 신소재	Marketing SNS Method 지식제조 / Man 스마트워크 Money Cloud Funding	Product /Price (자급자족) 3D Print Prosumer 서비스로봇	Promotion (소통) IoT / Place (편의) 온라인 드론택배	Customer →STP (즉시 맞춤) 빅데이터
Cost 한계비용 제로			Benefit Market 3.0	

4차산업혁명 비즈니스모델캔버스

© 2020 박남규 copyright

SWOT 분석의 이해

예비 사업타당성 분석결과 사업성이 있다고 판단되면 다음 단계인 전략 수립 단계로 넘어간다.

전략을 수립하는 대표적인 프레임은 SWOT 분석 도구이다.

외부환경분석에 대한 기회(O, Opportunity)와 위협(T, Treat)과 내부환경분석에 대한 강점(S, Strength)과 약점(W, Weakness)을 참조하여 기회와 강점을 살린 OS 전략으로서 현금화 전략, 기회와 약점을 보완한 OW 전략으로서 오픈이노베이션 전략, 위협에 대한 강점을 활용하는 TS 전략으로서 시장개척 전략, 위협에 대한 약점을 보완하는 TW 전략으로서 미래준비 전략이 있다.

총 4개 범주에서 전략을 도출하며 단기전략과 장기전략으로 구분할 수 있다.

SWOT 전략의 종류
(출처: 창업에듀 박남규)

전략의 종류	전략의 개요
OS 전략	경쟁자 대비 자신의 강점을 활용하여 매출을 일으키는 방법으로, 내부 핵심역량을 중심으로 사업을 진행하는 방식
OW 전략	경재자 대비 자신의 약점을 보완하기 위하여 외부로부터 보완하는 방법으로 외부로부터 핵심역량을 조달하는 오픈이노베이션(Open Innovation) 방식
TS 전략	외부환경의 불확실성에 대비하기 위하여 자신의 강점을 활용하여 포트폴리오 전략으로 핵심역량을 분산시켜 확률적으로 사업 성공률을 높이는 사업화 전개 방식
TW 전략	외부환경의 불확실성에 대비하여 자신의 약점을 보완하기 위한 생존전략으로 창업자들은 자원이 없는 상태에서 어려운 상황을 타계하기 위한 생존전략

기회를 살리는 단기전략, OS 전략 & OW 전략

OS 전략은 동원 가능한 자원을 **최대한 활용하여 시장에서 최소비용으로 매출과 수익을 올리는 전략**이다.

OW **전략**으로는 **시장은 있으나 동원 가능한 자원을 소유하고 있지 않을 때 사용하는 전략**이다. 소통·공감과 협상력을 발휘하여 조인트 형태의 협업을 통하여 수익을 올리는 **오픈이노베이션 전략**이다. 물고기가 많으나 그물이 없는 경우, 그물을 대여하여 물고기를 잡고, 대여비를 지불하거나, 물고기를 잡아서 비율로 나누는 방법이 있다.

OW 전략이 중요한 이유

급변하는 기술변화에 능동적으로 대응하기 위해서는 내부의 자원으로는 최신의 기술에 대응하기 어렵다. 이를 보완하기 위해서 **해당 분야 외부 전문가를 활용하는 지혜**가 중요하다.

시장에 파급효과가 큰 혁신제품 및 서비스를 제시하기 위해서는 기술개발을 통한 기능, 성능, 디자인에 대한 완성도를 높여야 하며, 품질 완성도 확보를 위한 TFT 형태의 프로젝트 기반 상호협력이 필요하다.

OW 전략의 종류

OW 전략의 종류는 아웃소싱, 프랜차이즈, 협동조합, 조인트벤처, 기업 인수 합병, 인력 영입, 엔젤투자유치, 클라우드펀딩, 벤처투자유치, 정책자금유치가 있다. 각각은 사람, 기술, 자본, 판매 관점에서 부족한 부분을 보완하는 오픈이노베이션의 방법을 취하고 있다.

협업수단	조달대상항목			
	사람 (Man)	기술 (Method)	자본 (Money)	판매 (Marketing)
외주 생산(OEM)	O	O	-	-
외주 설계(ODM)	O	O	-	-
프랜차이즈	O	O	-	O
협동조합	O	O	O	O
조인트벤처	O	O	O	O
기업 인수 합병	O	O	-	O
인력 영입	O	O	-	O
엔젤 투자 유치	O	O	O	O
클라우드 펀딩 유치	O	-	O	O
벤처 투자 유치	O	-	O	O
정책 자금 유치	-	-	O	O

〈OW전략, 오픈이노베이션의 종류〉

© 2020 박남규 copyright

대한민국 K-뷰티산업 사례

대한민국의 K-뷰티 산업은 한류를 주도하고 있다. 태평양, LG 생활건강, 다페이스샵, 코리아나가 대표적인 브랜드이다. 그러나 이 업체들이 생산하는 제품은 **코스맥**TM(**주**)라는 생소한 업체에서 개발/생산하고 있다. 이러한 **외주용역개발 생산방식을 생산자 개발방식**(ODM-Original Design Manufacturing)이라고 한다.

코스맥스가 ODM으로 화장품을 개발 공급하는 곳은 국내뿐만이 아니다. **로레알**, **존슨앤존슨**, **포에버**21, **유니레버**, **샐리** 등 해외 유명 화장품 회사도 상당수가 코스맥스에서 제품을 받아 자사 브랜드로 판매하고 있다. **애플**의 **아이폰** 제품은 **폭스콘**이라는 업체에서 개발되고 생산된다. 애플은 설계도면을 폭스콘에 넘기면

폭스콘에서는 EMS(Electronics Manufacturing Services)방식으로 시제품 개발에서 양산까지 책임지고 개발한다. **폭스콘**은 **애플 아이폰**뿐만 아니라 **마이크로소프트 엔박스**, **소니 플레이스테이션**, **닌텐도 위**, **소프트뱅크 페퍼로봇**을 양산하고 있다.

외부업체가 제품의 개발 및 양산을 분담함으로써 창업기업은 개발 및 양산의 전문성 결여로 인한 초기 제품개발 및 양산 실패위험을 최소화하고 외부전문업체는 여러 곳의 거래처를 확보함으로써 포트폴리오에 의한 수익구조가 실현되는 구조이다.

비즈니스모델의 구체화 단계, S-T-P, 4P or 7P

사업의 방향성이 결정되고, 전략이 수립되면 다음 단계로 구체화된 제품·서비스 개발목표를 도출하게 된다. 타겟고객을 발굴하고 선정하며 구체적인 수요를 수치화하여 사양으로 정리한다. 사양으로 정리된 개발목표가 KPI(Key Performance Index)이며, 4P 또는 7P 관점으로 제시된다.

S-T-P 과정을 거쳐 4P 또는 7P로 도출되는 단계는 기술사업화(TRL, Technology Readiness Level)의 1단계에 해당한다.

1단계는 경쟁력 있는 아이디어 수립 단계이다. 일반적으로 아이디어 수립 단계에서는 단순 아이디어라고 오해할 수 있다. 그러나 1단계의 사업아이디어 수립 이전에 많은 준비과정을 통해 아이디어가 도출되었으며, 이를 **기술사업화수준(TRL) 0단계**로 정의한다.

0단계는 해당 분야의 전문가로서 퍼스널브랜드 창업의 결과이다. 1인 창직을 시작으로 다양한 경험의 축적과 통찰력을 바탕으로 외부환경분석, 내부환경분석, 비즈니스모델캔버스 등 약식 **예비 사업타당성 분석, SWOT 분석**을 통한 전략 수립을 통한 방향성 도출의 결과물이다.

프로토타입 제작과 사업타당성 분석

프로토타입 제작은 비즈니스모델을 구체화하는 단계이다. 기술사업화수준(TRL) 3단계에서 프로토타입 제작을 통한 기술 가능성을 검토한다.

프로토타입 제작이란? 아이디어가 기술적으로 실현 가능한지 연구개발하는 과정으로 프로토타입 제작을 통하여 **제품이나 서비스가 잘 작동하는지 기술 가능성을 확인하는 단계**이다.

프로토타입은 다양하게 구현된다. 아파트의 조감도나 컴퓨터로 가상실험을 하는 것, 기존 제품 요소품을 활용하여 개발하고자 하는 아이디어를 구현해 보는 것, 연구실에서 실험을 통하여 이론적으로 내용을 검증하는 것, 캡스톤, 해커톤, 메이커톤 등이 아이디어를 기능적으로 구현해 보는 것이다.

프로토타입 제작을 위한 **연구실험 단계는 기술사업화수준(TRL) 2단계**에 해당하며, **프로토타입 제작은 기술사업화수준(TRL) 3단계**에 해당한다.

프로토타입 제작을 통한 압축경험

1단계 아이디어단계에서 3단계 프로토타입 제작까지 기술적 가능성을 확인하는 연구개발은 창업자에게 압축 경험을 제공한다. 실제 고객이 원하는 조건을 만족시키는 제품·서비스를 구현하는 과정에서 **예상치 못한 다양한 문제점을 발견**하게 된다. 다양한 문제점을 **해결하는 과정에서 핵심기술이 도출되며, 발명·출원하게 된다.**

연구개발 단계에서 제품·서비스의 **원가구조를 파악하게 되며, 기술적 관점에서 비용 절감 방안에 대한 구체적인 안의 도출이 가능하게 된다.**

프로토타입 제작단계에서 사업타당성 분석 및 사업계획서

기술사업화수준(TRL) 3단계의 프로토타입 제작과정을 통해 구체적인 핵심기술 확보와 제품·서비스를 위한 투자계획 수립이 가능하다. 이를 기반으로 **사업타당성 분석과 사업계획서를 준비**한다.

사업타당성 분석이란?

사업타당성 분석은 수익성을 예측하는 것이다. 미래의 수익을 현재의 가치로 환산하여 합한 것이 기업가치가 된다. 수익은 매출에 비용을 차감한 것이다.

매출은 시장성 분석을 통하여 도출된다. 타겟고객의 시장크기, 시장성장률, 시장성숙도, 시장점유율을 예측하여 년도별 매출을 추측한다.

비용은 기술성 분석을 통하여 도출된다. 제품·서비스 개발 및 양산을 위한 투자비용을 도출하는 것으로 요소품 또는 요소기술의 구매비용과 제품 가공품 또는 UI 디자인 개발비용 산출을 통하여 투자할 총비용을 산출한다.

수익은 미래의 매출에 비용을 차감한 것으로, 미래의 수익을 현재가치로 할인하여 모두 합한 금액이 기업가치가 된다. 투자한 금액 대비 기업가치를 고려하여 투자 여부를 판단하는 것이 사업타당성 분석이다.

10장
사업계획서 작성

사업계획서란?

사업계획서는 사업에 대한 계획을 문서로 표현한 마스터플랜이다. 아이디어를 손에 잡히도록 하는 실체화시킨 문서이다.

사업계획서는 시간을 자본화시키는 과정에서 신뢰를 쌓는 로드맵을 제시한다. 사업은 시간과 노력에 체계적인 계획이 결합하며, 신뢰를 얻고 투자자는 사업계획서를 통하여 자본을 투자한다. 그러므로 사업은 신뢰를 쌓아서 시간을 자본화하는 과정이다.

사업계획서 매개효과

© 2020 박남규 copyright

사업계획서의 역할

실천력이 뒷받침되지 않으면 평범하게 살아가게 된다. 똑같은 일을 하더라도 사업계획서를 만들고 계획대로 실천하려고 노력하는 것과 그렇지 않은 것은 차이가 크다. **8대2의 법칙**을 적용하면 8은 장사를 하지만, 2에 해당하는 사업계획서를 작성하고 실천하는 사람은 사업을 한다.

사업계획서는 목표를 달성하도록 로드맵을 제시하고 기회를 추구하는 성공적인 삶으로 이끈다.

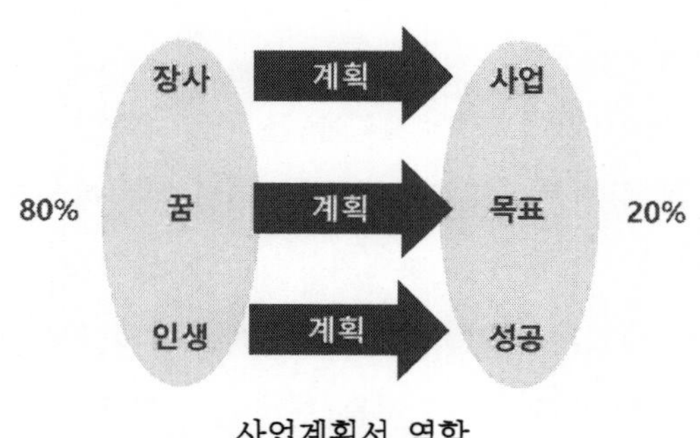

사업계획서 역할

© 2020 박남규 copyright

사업계획서는 **기술사업화수준(TRL) 3단계**까지 이루어진 결과물을 기반으로 실행계획을 정리한 마스터플랜이다. 마스트플랜은 많은 준비가 필요하다. 완성된 사업계획서 이전에 기술사업화 수준(TRL) 기준으로 0단계부터 3단계까지의 준비과정이 필요하다.

기술사업화수준(TRL) 0단계

해당 분야 전문가로서 안목을 가지는 것이다. 퍼스널브랜드 창업을 통하여 1인 **창직**을 한다. 1인 **창직**을 통해 활동하면서 해당 분야에서 문제점을 발견하고 해결 수단으로서 사업아이디어를 도출하게 된다.

아이디어의 사업성을 확인하는 과정이 **예비 사업타당성 분석**으로 비즈니스모델캔버스 등을 통해서 약식 사업타당성 분석을 진행한다. 사업성이 확인되면 SWOT 분석을 통해 전략을 도출한다.

기술사업화수준(TRL) 1단계

사업아이디어 도출단계이다. 구체적인 시장조사를 통해 타겟고객을 발굴하고 수요에 맞는 4P 또는 7P 형태의 비즈니스모델을 도출한다.

기술사업화수준(TRL) 2단계

기술의 구현 가능성을 검토하게 되는데, 이 과정을 **연구개발단계 또는 R&D 과정**이라고 한다. 실험실에서 기술적 시행착오를 거치면서 최적화된 솔루션을 찾게 되며, 모순 관계를 해결하는 혁신기술이 탄생하기도 한다. **특허출원 및 지식재산권 보호를 위한 조치**를 기술사업화 2단계에 진행하는 이유가 여기에 있다.

기술사업화수준(TRL) 3단계

실제로 컨셉이 적용된 시작품을 제작한다. **프로토타입**(prototype)이라고 하며, **컨셉 디자인**(concept design)이라고도 한다. 컴퓨터로 가상설계를 하여 시뮬레이션을 하기도 하며, 실제 기능만이 구현된 제품이나 서비스를 만들기도 한다.

캡스톤디자인, 해커톤, 메이커톤 프로그램이 이 과정을 지원한다. 실제로 요소품과 요소기술을 적용하여 구현해 본 경험을 기반으로 제품 및 서비스 제품의 예상 제조원가 및 서비스단계를 계산할 수 있게 되며, 구체적인 타겟시장 추정을 통하여 재무적 성과로서 매출액, 당기순이익, 현금흐름을 추정할 수 있으며, 이를 기반으로 가치평가를 통한 사업타당성 분석을 진행한다.

사업계획서 이전 단계와 이후 단계

사업계획서 이전단계는 사업 아이템을 준비하는 단계라면, 사업계획서 이후 단계는 투자를 받아 사업 아이템을 구현하고 시장에서 고객 반응 및 매출을 통해 실제 검증하는 단계이다.

완성된 사업계획서를 작성하는 시점은 기술사업화 3단계로 예비창업자는 해당 분야에서 전문성을 확보한 상태이다.

1단계 아이디어 도출에서 3단계 프로토타입 제작까지 아이디어를 프로토타입으로 구현하기까지 기술적인 연구를 진행하게 된다. 이 과정에서 아이디어의 기술 가능성을 확보하기 위하여 연구개발 과정에서 확보한 지식재산권을 특허출원하게 된다. 프로토타입 제품·서비스 제작을 통한 시뮬레이션이 가능하게 되며, 예상되는 기술적인 문제점과 해결방안에 대한 아이디어를 확보한 상태에서 사업계획서를 완성한다. 완성된 사업계획서를 통하여 기술사업화 5단계의 시제품 개발을 위한 자금을 조달한다.

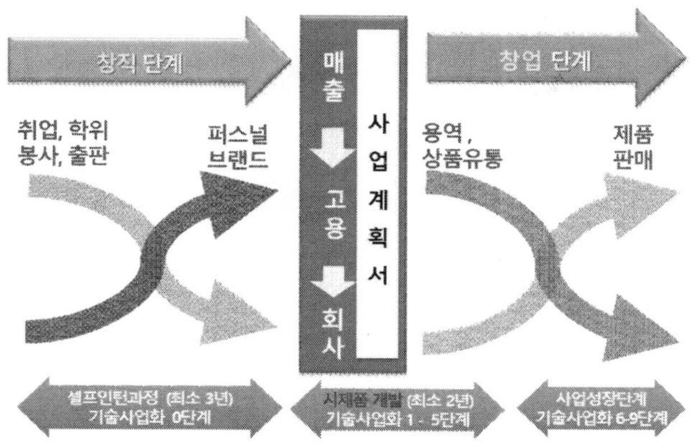

사업계획서를 중심으로 창직-창업로드맵

© 2020 박남규 copyright

셀프인턴(Self-Intern) 과정이란?

해당 분야 전문가가 되기 위해서는 경험을 축적할 필요가 있다. 신규분야의 경우 스스로 셀프인턴 과정으로서 **퍼스널브랜드 창업**을 하면서 새로운 업종에서 경험을 쌓는 **1인 창직** 과정을 거친다. **1인 창직**은 새로운 시장을 만드는 과정으로 해당 분야에 대한 이론적 배경을 만들기 위하여 **강의**, **출판**, **컨설팅**, **멘토링**을 통하여 업력을 쌓는다.

인턴과정은 기존 회사에서 실무를 통해 일을 학습하게 되나, 새로운 직종에서 스스로가 만든 직업을 경험하기 위해서는 스스로를 채용하는 셀프인턴 과정이 필요하다.

사업계획서의 필요성

사업계획서는 목표 매출을 조기에 실현하고 비용을 감소시킨다. 사업계획서는 사업을 체계적으로 진행하도록 함으로써 시행착오에 따른 투자 리스크를 최소화하며, 제품·서비스 출시 시기(Time to Market)를 앞당긴다.

제품·서비스 개념 설계단계인 컨셉(concept) 개발부터 시제품 제작과정과 판매까지 단계별 다수의 방향전환(Pivoting)이 발생하게 된다.

기술성숙도 관점에서 1단계 아이디어 수준에서 3단계 기술의 가능성을 구현하는 기술사업화까지 프로토타입 개발이 진행된다. 이 과정을 시작품 제작단계 또는 연구·개발 과정(R&D)이라 한다. 기술적으로 실현 가능성을 높이기 위해 의도적인 시행착오를 만드는 과정이다. 이 과정에서 사업계획서의 목표는 개발 방향을 명확히 함으로써 시행착오를 최소화 시킨다.

5단계 시제품 제작단계에서는 시제품(Working Mock-up)을 통하여 시장반응을 확인하고 개선사항을 반영하여 완성도를 높인다. 이 과정에서 제품 컨셉 수정을 통한 방향전환(Pivoting)이 발생하며, 사업계획서는 안목을 제시하고 사업성을 확보할 수 있는 로드맵을 제시한다.

7단계 생산을 위한 인프라구축 단계를 엔지니어링(Engineering) 단계라 한다. 생산설비 구축도 생산시설을 대상으로 하는 일종의 연구개발 과정이다. 시제품 개발은 제품·서비스 샘플만 개발하면 되지만, 생산시설을 개발하고 구축하는 것은 인프라 전체를 개발하는 만큼 많은 자금이 소요된다. 사업계획서는 아이디어 기획 단계부터 미리 생산 인프라 개발 시 예상되는 문제점까지 고려하도록 함으로써 시행착오를 사전 예방한다.

1단계 아이디어 기획에서 7단계까지 시제품 제작을 통한 인프라 구축하는 엔지니어링 단계까지, 일련의 제품화 과정을 신제품 개발 프로세스(NPDP, New Product Developing Process)라 한다. NPD 프로세스는 제품 및 서비스 모두에 공통적으로 적용되는 **프레임워크(Framework)**[28]이다. 사업계획서는 NPD 프로세스와 프레임워크 역할을 한다.

사업계획서 효과

완성도를 갖춘 사업계획서는 신제품개발 과정에서 문제점을 대비하게 하고 시행착오를 최소화하여 개발 일정을 단축하며, 투자비용을 줄이고, 시장수요를 반영한 제품·서비스 개발을 가능하게 하여, 매출을 높인다.

매출액 곡선과 비용(고정비+변동비)곡선이 만나는 지점이 손익분기점(BEP, Benefit-Even Point)이다. 손익분기점이란 기간 **총수익과 총비용이 같아서 이익도 손실도 생기지 않는 시점**이다.

이윤 극대화를 목적으로 하는 기업은 경기침체나 경쟁회사 등장 등 어떠한 경영환경 변화에도 손익분기점 이상의 매출액을 달성해야 장기적으로 유지될 수 있다.

---

28) 반복적인 일은 정해진 표준화된 매뉴얼에 따라 진행할 수 있도록 기본적인 골격이 되는 프로세스

사업계획서는 제품·서비스 **출시 시기**(Time to Market)를 앞당겨 판매 시기를 앞당기고, 비용(고정비+변동비)를 낮추어 총투자비를 감소시킨다. 그러므로 **손익분기점**(BEP, Benefit-Even Point)를 조기에 달성하여 기업의 수익성, 안전성을 높이며, 기업가치를 높이는 데 기여한다.

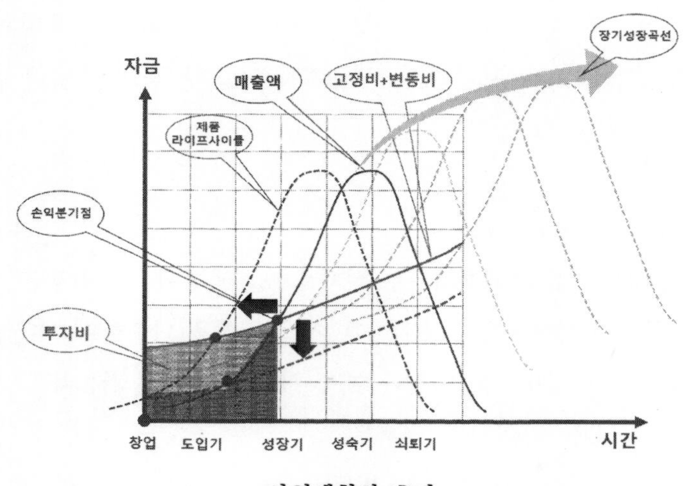

사업계획서 효과

© 2020 박남규 copyright

사업타당성 분석이란?

손익분기점(BEP, Break Even Point)은 총매출액과 총비용이 일치하는 시점이다.

기술사업화 단계(TRL, Technology Readiness Level)관점에서는 매출이 발생하는 9단계 이전까지는 연구개발 및 시제품 제작, 시설 투자 등 투자비용이 발생한다. 매출이 일어나더라도 고정비와 변동비가 지속적으로 발생한다.

제품·서비스의 성장주기 곡선(PLC, Product Life Cycle)에서 도입기와 성장기 초반까지는 총투자비가 총비용보다 많은 상태이며, 매출이 일어나더라도 투자금을 회수하지 않은 상태이다.

성장기 중반에 총비용과 총매출액이 일치하는 손익분기점이 발생하며, 이후에는 순이익이 발생하며 **사업가치**(Business Value)가 발생한다.

순현재가치(NPV, Net Present Value)는 기업가치를 반영하며, 미래의 순이익을 현시점에서의 가치로 **현금할인률**(DCF, Discounted Cash Flow)을 적용하여 평가한 금액이다. 이를 사업타당성 분석(사업성 분석)이라고 한다.

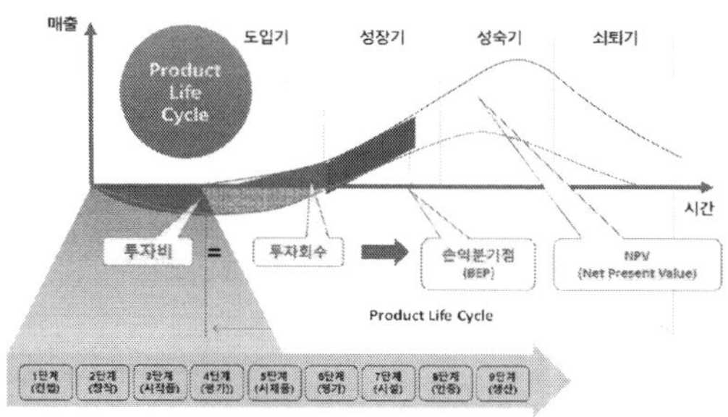

제품·서비스 성장주기곡선(PLC) & 손익분기점(BEP) &기업가치(NPV)의 관계

© 2020 박남규 copyright

사업계획서는 비즈니스 네비게이션이다.

사업계획서는 사업을 점검하고 미래의 장기계획을 세우는 토대를 제공한다. 사업 현황을 파악할 수 있는 체크리스트 역할을 하며 전문가의 도움을 받을 수 있는 커뮤니케이션 도구이다.

사업계획서는 전문가의 점검을 받게 되며, **기술성숙도(TRL, Technology Readiness Level)별 준비사항에 대하여 누락 되지 않도록 하는 체크 리스트 기능을 한다.**

사업계획서는 장기적인 성장 로드맵를 제시한다.

사업계획서는 계획을 세우면서 장기적인 안목을 갖도록 돕는다. 사업이 성장단계에 들어서면 매출이 증가하고 투자가 따른다. 회사의 규모가 커지며 책임지는 직원이 늘어나게 된다.

문제는 이때부터 발생한다. 매출이 늘어나면 세금폭탄이 기다린다. 세무당국은 황금알을 낳는 거위를 타겟으로 세금을 부과하려고 한다. 그러므로 세금을 고려하여 매출과 비용을 년도별로 분산시켜야 한다.

인력관리에서 문제가 발생한다. 명확한 직무에 따른 목표설정과 보상체계가 필요하게 된다. 이를 BSC[29]라 한다.

일을 배운 직원은 핵심기술을 가지고 나가서 경쟁자로 변신한다.

사업에 돈이 잠기는 현상이 발생한다. 규모의 경제를 실현하기 위

---

29) Balanced Score Card, 명확한 목표설정과 보상체계이다. 조직의 비전과 전략목표 실현을 위해 핵심목표(KPI), Key Performance Index)는 4가지(재무, 고객, 내부프로세스, 학습과 성장) 관점에서 성과 기준이 된다. BSC는 종합적인 성과관리 시스템이다.

하여 선투자가 먼저 이루어져야 하는 상황이 발생하며 자금조달을 위한 준비가 필요하다.

마지막으로 가장 중요한 것은 기업이 성장함에 따라 후속 사업 아이템이 개발되지 않으면 매출절벽이 다가올 수 있다. 삼성전자가 가장 위험한 이유는 반도체와 스마트폰 매출이 기업 전체 매출의 50%를 차지한다. 현재의 제품이나 서비스를 대체하여 매출을 일으키고 수익을 발생하지 못하면 위기에 처할 수 있다.

용도에 맞는 사업계획서

사업계획서는 용도에 따라 내부운영을 위한 사업계획서와 투자유치를 위한 사업계획서로 구분한다.

구분	주요작성항목	내부 운용용	자금 신청용	투자 유치용	사업 재휴용	IR용	입찰 제안용
시장성	외부환경분석	●	●	●	●		
	고객분석	●	●	●	●		
기술성	경쟁자분석	●					
	내부역량분석	●					
수익성	ROI, ROE	●					
사업개요	KPI, 4P-mix	●	●		●	●	●
사업성	회사개요	●	●	●	●	●	●
	제품 및 기술현황	●	●	●	●	●	●
	투자계획 및 조달계획	●	●	●			●
	마케팅계획	●	●	●	●		●
전략	SWOT, 전략, 자금조달	●		●			
실행계획	세부실행계획	●		●			

용도에 맞는 사업계획서 주요구성내용

© 2020 박남규 copyright

내부운영용 사업계획서

계획했던 사업이 예정대로 진행되는지 확인할 수 있는 체크 리스트 역할을 한다. 그러므로 모든 내용이 포함되는 분량에는 제한이 없다. 책 한 권 분량이 될 수도 있다. 내구 이해관계자 간에 사업계획서로 소통이 가능하며, 사업계획서는 실시간으로 업데이트가 필요하다.

자금 신청용 사업계획서

채권자의 관점은 자금 회수 가능성이다. 시장성과 사업성을 중심으로 안정적으로 대여금을 회수할 수 있는지를 판단하려 할 것이다. 창업기업의 경우 기술보증기금, 중소기업진흥공단, 신용보증기금으로부터 저리 이자로 자금을 조달하기 위하여 작성한다. 기술평가용 사업계획서는 자금융자를 목적으로 기술보증, 은행권으로부터 보증용으로 사용하게 된다. 기술의 관점에서 명확한 비교우위를 통한 차별성과 독창성, 기술개발전략, 기술개발 로드맵이 강조된다.

투자유치용 사업계획서

연구개발 및 시제품 제작을 통한 시장반응 확인이나 창업기업과 동반성장이 가능한 **투자자로부터 주식형태의 자기자본 조달을 목적으로 한다.**

창업지원자금, R&D정부출연자금, 엔젤투자, VC투자가 대표적인 투자자금이다. 기업과 같이 성장할 목적으로 자금을 조달하기 때문에 마케팅전략 사업실행계획이 주요하다.

주당 수익률(PER, Per share Earning Ration)이 어느 정도이며, 손익분기점(BEP, Break Even Point) 달성 시점이 언제인지? 기업가치(NPV, Net Present Value)가 얼마인지? 에 대한 준비가 필요하다. 투자 대비 수익성이 중요하다.

사업제휴용 사업계획서

OW전략 실현을 목적으로 한다. 매출의 기회를 살리기 위하여 자사의 단점을 조인트벤처를 통하여 파트너의 장점으로 상쇄하기 위한 사업계획서이다. 그러므로 파트너사의 관심 사항을 중심으로 사업계획서를 작성한다. 특히 두 회사가 공동으로 사업 진행 효과와 예상되는 문제점 및 협업 방안에 대하여 상세하게 작성한다.

IR용 사업계획서

외부의 불특정 다수를 대상으로 사업을 알리는 것을 목적으로 한다. 팸플릿(Pamphlet) 수준의 사업내용이 포함된다. 제품이나 서비스의 특징과 효과, 회사소개와 기술 수준을 통한 차별성 위주로 작성한다. 기술이 외부에 노출되는 것을 방지하기 위하여 핵심기술은 블랙박스로 처리할 필요가 있다.

입찰 제안용 사업계획서

발주사로부터 수주를 받기 위한 제안서 형식의 사업계획서이다. 발주사의 입장에서 관심 있는 부분은 사업개요와 사업성이다. 사업의 실현 가능성 중심으로 기술한다. 예전에 입찰한 경력·이력이 중요할 수 있다. 레퍼런스(Reference)를 통해서 사업을 잘 수행할 것인가? 어느 제품이나 서비스가 가장 효용 가치가 높은가? 에 대한 솔루션을 제시한다. 평가자는 직접 제품이나 서비스는 접할 수가 없다. 기존 해왔던 레퍼런스를 가지고 판단할 수밖에 없다.

사업계획서과 타보고서와의 차이점

시장조사 보고서, 개발 계획서, 마케팅 기획서와 차별화되는 부분은 시장성, 기술성, 수익성, 사업성에 중점을 두고 있다는 점이다. 다음의 그림은 이를 잘 표현하고 있으며, 사업계획서 작성 시 도움이 될 것이다.

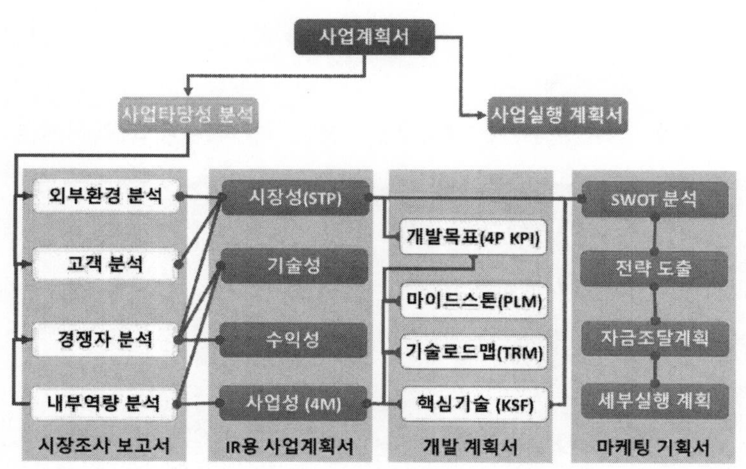

목적에 맞는 사업계획서 구성요소

© 2020 박남규 copyright

사업계획서의 구조

사업계획서는 크게 3가지 요소로 구성된다. **①사업의 필요성, ②사업 개요 및 특징, ③사업 계획**이다.

①사업의 필요성

외부환경분석을 통하여 사업의 기회를 탐색하는 단계이다. 구체적인 제품이나 서비스는 도출되지 않더라도, 해당 업종에서 유망업종 발굴을 위하여 시장 매력도를 검토한다. **시장 매력도란 시장성장률, 시장크기, 시장점유율, 시장성숙도를 종합한 것**이다.

외부환경분석은 크게 거시환경 분석과 미시환경 분석으로 구성된다. 거시환경 분석은 시장매력도 분석을 통하여 유망업종을 발굴한다. 미시환경 분석은 유망업종 내의 경쟁자 분석을 통한 틈새시장을 발견할 수 있으며, 장단점 분석을 통한 강점과 약점을 도출한다. **밸류체인**(value-chain)은 공급자와 소비자, 대체재, 대체자와의 관계분석을 통하여 유망업종 내의 사업환경을 분석한다.

②사업 개요 및 특징

STP-4P-4M **관점에서 구체적인 비즈니스모델에 대하여 기술**한다. **누구를 대상으로 어떤 고객가치를 어떻게 구현할 것인가**에 대하여 기술한다. 제품의 용도는 무엇이며, 제품의 특징으로서 강조하고자 하는 부분을 4P 또는 7P 관점에서 설명한다.

③사업계획

기술과 경영의 관점에서 기술한다. 기술적으로는 **고객가치를 구현하기 위한 핵심기술과 극복기술이 어떤 것이 있으며, 실행에 옮기기 위해서는 어떤 개발과정이 필요한지**에 대하여 기술한다. **기술사업화수준(TRL) 3단계**까지 진행하면서 파악하게 된 문제를 극복하기 위해서는 핵심 솔루션과 구체적인 해결책에 대한 일정이 4M 관점에서 **칸트차트**[30]의 형식으로 표현이 된다.

4M이란 사람(Man), 기술(Method), 자금(Money), 마케팅(Marketing) 관점에서 세부항목에 대한 시간 계획을 표시한다. 경영적 관점에서는 제품 또는 서비스를 개발하기 위하여 자금투자 계획과 조달계획 및 판매를 위한 마케팅계획이 구체적으로 작성된다.

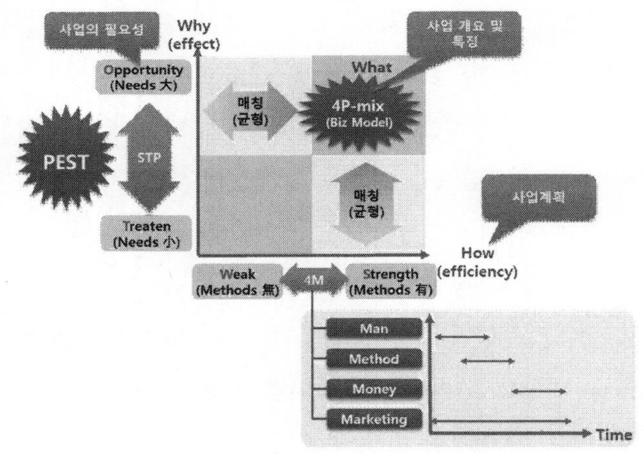

사업계획서 구조도

© 2020 박남규 copyright

30) 목적과 시간의 두 기본적 요소를 이용하여 만드는 그래프로, Henry Gantt에 의해 고안되었다. 공정(工程) 관리 등에 쓰인다.

사업계획서 목차

사업계획서는 누구(Who)를 대상으로 어떤 비즈니스 모델(What)를 통하여 어떤 고객가치(Why)를 제공하며, 이를 어떻게(How) 진행할 것인가로 구성된다.

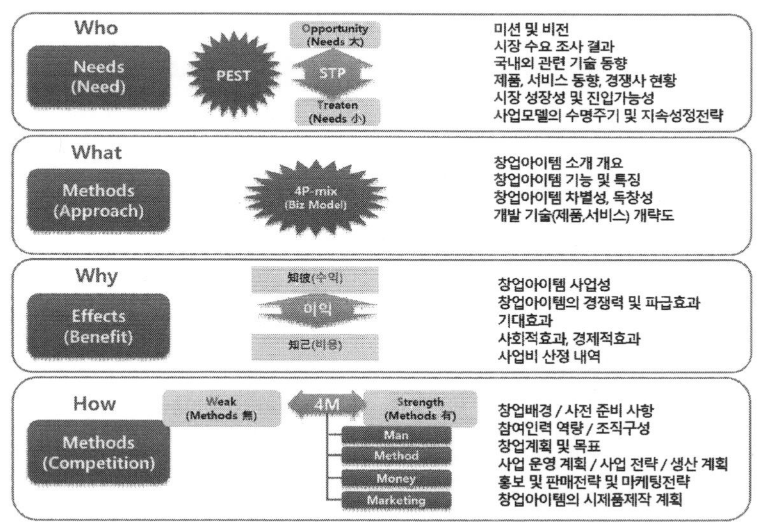

사업계획서 NABC

© 2020 박남규 copyright

미션과 비전

미션(mission)과 비전(vision)은 추진력이며 기업가정신을 구성하는 진취성이다. 세상이 원하는 것이 미션(mission)이며, 내가 원하는 것은 비전(vision)이다. **미션을 만족시키는 비전을 찾는다면 나의 비전은 세상으로부터 지지를 받을 것이다.**

미션(mission)이란?

미션은 세상이 나에게 필요로 하는 것이다. 반대로 **세상에 내가 해야만 하는 소명의식(召命意識)이다. 불편한 점, 편리하게 하는 것이 미션이다.**

미션은 하루아침에 발견되지 않는다. 자신이 처한 환경에서 오랫동안 경험적 노출되어야만 미션에 대한 안목이 생긴다. 세상이 원하는 것이 무엇인지? 불편한 것이 무엇인지? 세상은 말해주지 않는다.

진취적인 사람은 새로운 관점에서 세상을 해석하려고 노력한다. 다양한 시각에서 문화의 관성을 벗어나 세상을 바라본다. 경쟁자와 비교하며, 불편한 점을 찾아내고 더 나은 것을 찾아 세상의 욕구를 찾아낸다.

인간은 의식적인 시간보다 무의식적인 시간에 더 노출되어 있다. 항상 주의력을 유지할 수 없기 때문이다. 새로운 것에 익숙해지면 무의식적으로 하던 대로 행동한다. 운전이 익숙해지면 주의를 기울이지 않아도 몸이 알아서 운전한다. 자동차 문을 잠그는 일이 반복되면 몸이 기억하고 행동한다. 주의를 기울이지 않는 상태가 무의식 상태이다. 무의식 상태에서 인간의 욕구가 나타난다. 불편함을 감수하는 이유는 문제의식이 없는 무의식 상태에서 행동하기 때문이다. 스마트폰 사용은 새로운 스마트폰 문화를 만들었다. 이제는 당연히 스마트폰 문화를 통해 모든 일상을 해결한다.

주의력을 가지고 문제가 없는지 바라보면 불편한 점, 가치 있는 점이 보일 것이다. 세상의 불편한 점 해결하고 혜택을 주는 가치있

는 것이 미션이다.

비전(vision)이란?

비전은 4가지 종류가 있다. 미션 고려 여부와 실현성 여부에 따라 **가능한 비전, 버킷리스트, 허황된 비전, 꿈**으로 구분된다.

구분 항목		미션	
		포함	미포함
실현성	높음	가능한 비전	버킷리스트
	낮음	허황된 비전	꿈

비전의 종류

© 2020 박남규 copyright

가능한 비전은 **사회가 요구하는 문제점을 해결하면서 수익을 가능하게 하는 실현성 모두를 만족시킨다.** 영리활동을 하면서 세상이 필요로 하는 가치를 제공함으로써 사회적 역할을 한다. 예를 들면, 사회적기업은 사회적 약자의 고용문제 해결, 새로운 혁신 아이엠을 통한 고용 창출, 국가의 주거문제 해결, 수출에 기여한다.

버킷리스트는 자신이 하고 싶은 희망 사항이다. 자신이 평소 하고 싶은 내용으로 사회적 요구사항과는 거리가 있다. 버킷리스트와 가능한 비전을 혼동하는 경우가 많다 사회에 도움이 되는 소명이 없는 단순히 개인적으로 해보고 싶은 목표이다.

시장수요 조사

고객의 욕구를 파악하기 위해서는 어떻게 하면 좋을까? 예를 들어서 설명해 보자. 여러분은 사업 아이템이 떠올랐을 때 가장 먼저 무엇을 하는가? 다음은 저자의 시장수요조사에 대한 노하우를 소개한다.

1. 쇼핑몰에서 아이템을 검색해 본다.

시장에 판매되는 제품이 있는지 검색한다. 검색범위를 넓혀서 아마존, 알리바바, 타오바오, 클라우드펀딩 사이트까지 검색하면 다양한 제품에 대한 검색이 가능하다. 서비스 앱의 경우 앱 쇼핑몰인 구글의 Play Store나 애플의 App Store에서 관련 서비스 앱을 검색해 본다. 제품이나 서비스를 쇼핑몰이나 스토어에서 검색해 보는 것만으로도 검색된 제품이나 서비스의 소개는 물론 경쟁자의 사양까지 친절히 설명하고 있다.

2. 특허기술에 대하여 검색해 볼 것이다.

특허 검색 사이트인 키프리스(www.kipris.or.kr)에서 키워드 검색을 통하여 제품과 서비스의 특징 및 핵심기술에 대하여 정확히 파악할 수 있다. 특히 제품 및 서비스의 혁신성에 대하여 쉽게 파악할 수 있다.

3. 증권사이트를 추천한다.

포털사이트에서 제공하는 증권정보만으로도 많은 시장정보를 파악할 수 있다.

4. 기업공시정보를 확인한다.

대한민국 전자공시시스템 DART를 추천한다. 금융감독원에서 운영하는 기업정보전자공시시스템이다. 단점도 있다. 대한민국에 존재하는 주식회사 중 코스피나 코스닥에 상장된 기업은 공시의무가 있으나 소규모 법인의 정보는 DART시스템에서 조회할 수 없다. DART시스템으로 인해 기업에 연락하지 않고도 기업 정보를 손쉽게 얻을 수 있다.

5. 해당 제품이나 서비스와 관련된 협회에서 발간한 백서나 보고서 및 논문를 검색한다.

구글 고급정보 검색에서 시장조사 키워드 검색을 통하여 기존 발간된 유료사이트나 공공기관에서 발간한 통계정보를 검색할 수 있으며, 구글스칼라 학술검색사이트 및 RISS, DBpia, KCI 사이트에서 검색한다.

6. 기관 자료 검색사이트

기관		사이트
통계	통계청	www.kostat.go.kr
통계	국가통계포털	www.kosis.kr
통계	통계뉴스	www.datanews.co.kr
통계	산업통상자원부	motie.go.kr
무역	관세청	www.customs.go.kr
무역	코트라	www.kotra.or.kr
무역	한국무역협회	www.kita.net
창업	창업진흥원	www.k-startup.go.kr
창업	소상공인시장진흥공단	www.semas.or.kr
금융	한국은행 경제통계시스템	ecos.bok.or.kr
금융	한국금융연구원	www.kif.re.kr

법률	법제처	www.moleg.go.kr
법률	대법원	www.iros.go.kr
논문	국회도서관	www.nanet.go.kr
논문	구글스칼라	scholar.google.co.kr
논문	국가과학기술전자도서관(NDSL)	www.ndsl.kr
특허	특허검색	www.kipris.or.kr
특허	지역지식재산센터	www.ripc.org
정보	공공데이터포털	www.data.go.kr
기술	국가기술은행	www.ntb.kr
기술	국가과학기술지식정보서비스	www.ntis.or.kr
기술	한국산업기술진흥원	www.kiat.or.kr
기술	중소기업기술로드맵	https://www.smtech.go.kr/front/ifg/tr/tecRoadmap_list.do
시장조사	글로벌 인포메이션	www.giikorea.co.kr
시장조사	벨류	www.valueadd.co.kr
시장조사	DATAMONITOR	www.datamonitor.com
시장조사	FROST & SULLIVAN	www.frost.com
시장조사	Survey Sampling International	www.surveysampling.com
경제	KDI	www.kdi.re.kr
경제	세계경제연구원	www.igenet.com
경제	한국경제연구원	www.keri.org
경제	LG경제연구원	www.lgeri.com
경제	삼성경제연구소	www.seri.org
경제	대신경제연구소	www.deri.co.kr
경제	현대경제연구원	www.hri.co.kr
경제	포스코경영연구소	www.posri.re.kr
경제	자본시장연구원	www.ksri.org
기업정보	NICE평가정보	www.kisline.com
기업정보	금융감독원 전자공시시스템	dart.fss.or.kr
원자재정보	부품소재종합정보망	www.mctnet.org
원자재정보	한국물가정보	www.kpi.or.kr
원자재정보	해외물가정보	www.globalspec.com
소비자정보	한국소비자원	www.kca.go.kr
소비자정보	인터넷마케팅통계센터	www.marketcast.co.kr
광고	한국광고총연합회	knp.advertising.co.kr
산업전망동향	전국경제인연합회	www.fki.or.kr
산업전망동향	산업연구원	www.kiet.re.kr
산업전망동향	한국과학기술정보연구원	www.kisti.re.kr

사업계획서 양식

사업계획서를 구성하는 핵심 양식은 다음과 같다.

거시환경분석(양식) - 트렌드분석

환경요인	기회요인	위협요인	시사점 (도출)
정치			
경제			
사회			
기술			

미시환경분석(양식) - 사업별 경쟁자분석

평가항목	a社	b社	c社	d社	개발목표 (도출)
대상고객					
개발목표					
고객가치					
실행방법					

내부역량분석(양식) - 사업별 경쟁자분석

평가항목	a社	b社	c社	d社	자사 (강점/약점)
인적자원					
기술자원					
재무자원					
영업자원					

시장성분석(양식) - 사업별 성장률 분석

원/$

구분	2017	2018	2019	2020	2021	2022	2023	성장률(%)
국내시장								
국외시장								
합계								
출처 및 산출근거								

시장성분석(양식) - 사업별 PLC분석

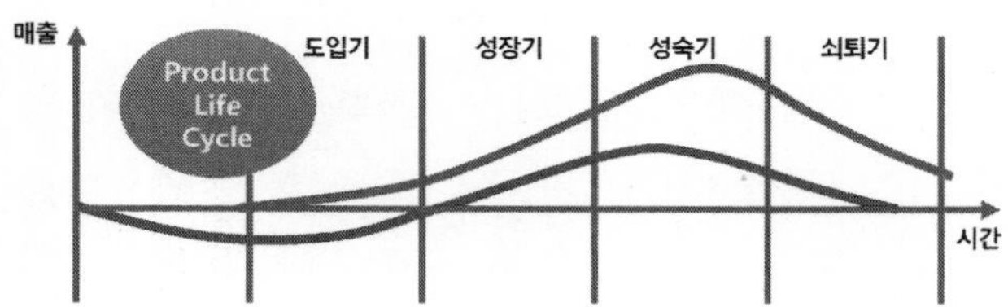

간이 사업타당성 분석 - 종합평가

사업구분	시장매력도			내부역량					종합평가	사업 우선순위
	성장성	시장규모	수익성	구매	생산	유통	판매	서비스		
A사업										
B사업										
C사업										
D사업										
작성방법: 리커트척도로 표시										

SWOT분석

구분		S(강점)	W(약점)
O(기회)		OS전략	OW전략
T(위협)		TS전략	TW전략
단기	OS전략	현금창출을 통한 생존	
	OW전략	협업을 통한 매출창출	
장기	TS전략	혁신제품서비스로 시장개척	
	TW전략	핵심역량 개발을 통한 미래대비	

마케팅전략 수립

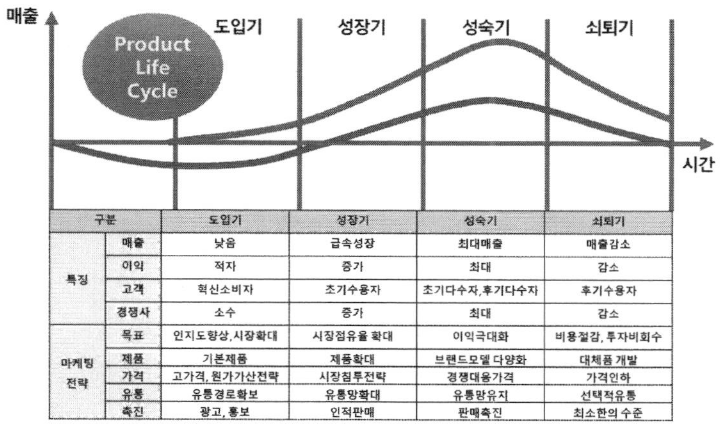

구분		도입기	성장기	성숙기	쇠퇴기
특징	매출	낮음	급속성장	최대매출	매출감소
	이익	적자	증가	최대	감소
	고객	혁신소비자	초기수용자	초기다수자,후기다수자	후기수용자
	경쟁사	소수	증가	최대	감소
마케팅 전략	목표	인지도향상,시장확대	시장점유율 확대	이익극대화	비용절감, 투자비회수
	제품	기본제품	제품확대	브랜드모델 다양화	대체품 개발
	가격	고가격, 원가가산전략	시장침투전략	경쟁대응가격	가격인하
	유통	유통경로확보	유통망확대	유통망유지	선택적유통
	촉진	광고, 홍보	인적판매	판매촉진	최소한의 수준

Segmentation - Targeting

평가항목	1시장	2시장	3시장	4시장	5시장
인구통학적 특성 (나이/성별/세대/신체적 특징)					
지리적 특성 (거주지역/거주형태)					
접근특성 (SNS거리/물리적거리)					
행동특성 (구매기준/구매형태/구매후행동)					
심리적 특성 (개성/경험/라이프스타일)					
점수합계					

Positioning

7P	개발목표(KPI)
Product (기능,성능,디자인)	
Price	
Place	
Promotion	
People	
Physical Evidence	
Process	

핵심기술

핵심기술	구성요소	기술확보 방안
A기술		
B기술		
C기술		
D기술		

자금계획

소 요 자 금			조 달 계 획		
용 도	내 용	금 액	조달방법	내 용	금액
연구개발			자본금	자기자본	
				지원자금	
시제품개발				출연자금	
				투자자금	
시설자금			융자자금		
운전자금					
합 계			합 계		

사업타당성분석

년도	2020	2021	2022	2023	2024	2025	2026	2027
매출액								
매출원가								
판매관리비								
영업이익								
영업외 손익								
법인세								
당기순이익								
현재가치(PV)								
사업가치(NPV)								

실행일정(양식)

세부사업화내용	M1	M2	M3	M4	M5	M6	M7	M8	M9	M10	M11	M12	비고

© 2020 박남규 copyright

NABC 사업계획서 요약

- NABC 방식을 사용하여 1장의 사업계획서로 요약할 수 있다. Needs는 문제점이나 개선점을 설명하여 사업계획서의 필요성을 강조한다.
- Approach는 문제점이나 개선점에 대한 해결책을 설명한다. 고객가치제안은 4P 또는 7P 형식으로 설명한다.
- Benefit은 해결책이 제공할 혜택과 효과를 설명한다.
- Competition은 경쟁자와 비교하여 강점과 약점이 무엇인지 요약하고, 차별성에 대하여 기술한다.

NABC 사업계획서 작성법

© 2020 박남규 copyright

구분	항목	상세소개
Needs	수요, 필요성	목표시장이 필요로 하는 것
Approach	문제해결 접근방식, 솔루션	고객에게 제공할 솔루션
Benefit	고객효용	고객이 얻을 편리한 이익(편익, 효용)
Competition	경쟁우위, 핵심역량	경쟁자 대비 차별화 역량

사업계획서의 평가요소

사업계획서 평가요소는 시장성, 기술성, 수익성, 사업성, 사회공헌으로 구성되어 있다.

시장성

누구를 대상으로 얼마만큼 판매가 가능할 것이가에 대하여 사업계획서 내용이 제시하고 있는가를 평가한다. 시장의 트렌드 변화에 적합한지? 성장하고 있는 시장인지 정체된 시장인지? 메인 플레이어는 몇 명이고 시장점유율을 높일 수 있는지에 대하여 평가한다.

기술성

경쟁자대비 차별화된 핵심역량이 무엇인가에 대하여 평가한다. 핵심기술을 객관적으로 증명할 수 있는 특허나 논문이 있는지? 인적 경험에서 나오는 기술은 있는지? 고객가치를 구현할 수 있는 선행 경험이 있는지? 문제점은 무엇이고 이를 해결할 수 있는 해결책은 있는지? 무엇보다 가격 경쟁력을 확보할 수 있는 산업생태계에 대한 솔루션은 있는지? 등 기술과 비용관점에서 실현 가능성을 평가한다.

수익성

시장성과 기술성을 고려한 미래의 현금흐름을 평가한다. 총매출액과 총비용이 만나는 손익분기점은 언제인지?, 미래 현금 흐름의 현재가치를 합한 **순현재가치**(NPV, Net Present Value)는 얼마인지? 에 대하여 평가한다.

사업성

사업의 실현가능성을 평가한다. 창업자의 기업가정신 준비 정도, 마케팅전략과 실행 일정, 자금계획, 인력관리계획 등, 전반적인 내용으로 판단한다.

사회공헌

기업의 사회적 요구사항을 반영하고 있는가에 대하여 평가한다. 기업의 미션과 비전과 사업 아이템이 사회적 문제해결에 도움이 되는지 평가한다. 사회공헌을 하는 기업이어야 정부나 소비자로부터 호의적이며, 성장 가능성이 높다.

기업이 성장하기 위해서는 사회적으로 도움이 되는 비즈니스모델을 가진 기업이다. 사회적 문제로는 고용 창출, 가치 창출, 수입대체, 사회적 약자 보호, 지역사회 활성화가 대표적이다.

사업계획서 평가요소

© 2020 박남규 copyright

평가항목	평가내용
시장성	시장규모, 성장률, 시장점유율, 경쟁강도
기술성	독창성, 진입장벽 존재여부,(특허, 개발시간격차)
수익성	고부가가치, 비용절감, 잉여현금 흐름
사업성	창업자의 창업동기, 의지, 역량, 자금조달
사회공헌	고용창출, 수출, 수입대체, 사회문제 해결

사업계획서 심사표(예시)

© 2020 박남규 copyright

순서	평가항목	세부평가내용	배점	점수
1	사업의지 및 마인드	창업동기	5	
		창업의지 및 역량	10	
		예상 문제점에 대한 대처능력	5	
2	아이템 및 기술성	아이템 독창성	10	
		아이템 파급효과	5	
		아이템 향후 발전가능성	5	
3	사업계획	사업아이템의 필요성	5	
		제품 생산 또는 상품화 가능성	10	
		사업 성공가능성	5	
4	시장성	시장매력도	10	
		매출실현 가능성	10	
5	파급효과	새로운 시장창출 및 개척 가능성	5	
		고용 유발 효과	5	
		경제 활성화 효과	5	
6	자금조달	조달계획 및 손익분석의 적정성	5	
합계			100	

잘 작성된 사업계획서란?

사업계획서는 **용도에 적합하도록 작성한 사업계획서**이다. 사업계획서의 구성형식은 목적에 따라 다양하며 내용도 다양하다.

사업계획서는 **내용과 형식을 모두 갖추어야 한다.** 내용이 좋아도 형식이 부족하거나, 형식은 갖추었으나 내용이 부실하면 좋은 사업계획서가 될 수 없다.

좋은 사업계획서란 어떤 것인가? **내용과 형식의 조화를 통해 진정성 있는 사업계획서이다.** 사실에 기초하여 작성하되, 맥락에 맞게 내용을 갖추며, 사업계획서 목적에 맞는 형식을 갖추었을 때 신뢰가 생긴다. 신뢰는 사업계획서를 접하는 사람의 마음을 움직이는 강력한 수단이다.

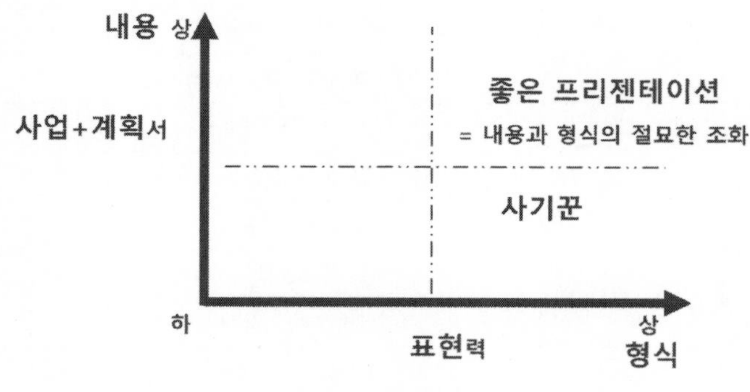

사업계획서의 내용과 형식
© 2020 박남규 copyright

맥락에 맞는 내용 전개

사업계획서의 내용은 목적에 맞는 구성이 필요하다. 사업계획서의 목적에 맞도록 내용의 흐름과 배치를 통하여 스토리텔링을 한다. 흐름이 예측될 수 있도록 사업계획서를 설명해야 한다.

호기심을 자극하고, 필요성을 설명하기 위하여 문제점을 제기하고 효과를 설명한다. 다음으로 필요성을 해결할 솔루션을 제시하고, 구현방법에 대하여 구체적으로 설명한다. 이처럼 생각의 흐름에 맞도록 사업계획서를 작성하는 것이 중요함을 강조하고 싶다.

Needs-Method-Effect 전개

수요(Needs), 수단(Method), 혜택(Effect) 관점에서 설명한다면 경쟁력 있는 사업계획서가 된다.

1단계 수요(Needs) 환기

Why 관점에서 기술한다. 사업을 해야만 하는 이유에 대하여 설명한다. 사업목적을 명확히 하는 과정이다.

2단계 수단(Method)관점에서 설명

솔루션으로서 What 관점에서 기술한다. 수요(Needs)를 만족시켜주는 수단(Method)를 제시하는 단계이다.

3단계 효과(Effect)관점에서 설명

수요에 대한 솔루션으로 비즈니스모델 실현 시에 얻게 될 혜택

(Benefit)에 대하여 기술한다.

Needs-Method-Effect 기술은 논문이나 연구보고서에서도 적용

연구보고서의 경우 서론 본론 결론으로 기술한다. 서론은 보고서 필요성에 대하여 기술한다. 본론은 하고자 하는 내용를 설명을 하고, 결론은 자료조사를 통해서 얻고자 하는 부분에 대해서 설명한다.

논문도 마찬가지이다. 1장에서는 필요성에 대해서 기술한다. 2장에서는 이론적 배경과 3장에서 연구 모형을 제시한다. 4장에서는 통계분석 내용과 결과를 정리한다. 5장에서는 시사점, 효과에 대해서 기술한다.

사업계획서의 스토리텔링

시장성은 타겟고객과 브랜드포지셔닝을 통해 설명한다. 사업성은 KPI, 비즈니스모델, 현금흐름 및 가치평가를 통해 설명한다. 기술성은 대표자의 미션과 비전, 인적구성과 이력, 품질 확보 방안과 염가화 방안, 자금 투자계획과 조달계획, SWOT 분석을 통한 사업화 전략 도출 및 간트차트로 정리, 판매촉진 전략을 통해 기술한다.

사업계획서 구성내용

© 2020 박남규 copyright

목적	개념	내용	프레임	사업계획서 내용
시장성	Whom	판매전략	STP	• 타겟고객 • 브랜드포지셔닝
사업성	What	고객가치	4P·7P	• KPI • 비즈니스모델 • 현금흐름 및 가치평가
기술성	How	실현가능성	4M	• 미션,비전/사업에 맞는 인력과 이력 • 품질확보/염가화 방안 • 자금투자계획/조달계획 • SWOT분석,간트차트,판매촉진전략

목적에 맞는 형식

사업계획서 페이지 수는 용도에 맞도록 조절한다. 마스터 사업계획서는 장수에 제한이 없다. 100페이지 이상이 될 수 있다. 반면 엘리베이터에서 60초 안에 내용을 전달할 수 있는 1페이지 사업계획서도 있다.

IR용 사업계획서는 초기 IR과 최종 IR에서의 페이지수에서 분량의 차이가 있다. 초기 IR을 불특정다수를 상대로 IR을 진행하므로 10페이지 내외로 전달하고자 하는 내용 위주로 편집한다. 반면 최종 투자유치 단계에서 IR은 투자자가 판단할 수 있도록 상세한 사업계획서를 작성한다. 그러므로 사업계획서 분량은 목적에 따라 다양하다.

좋은 구성의 사업계획서 작성을 위한 팁(TIP)

✓ 내용의 일관성 유지

내용의 처음과 끝이 같은 일관성을 유지하는 것이 중요하다. 사업계획서의 전반에서는 숫자가 100이었는데 뒤에 가면 그 숫자가 100이 아닌 50으로 된다든지, 150이 되어 있을 때 어떤 느낌이 드는가?

✓ 데이터에 대해서는 출처나 계산 근거를 표시할 것

사업계획서를 작성할 때 중요한 것은 객관적인 근거에 기반한 신뢰성를 확보하는 것이다. 데이터 인용 시 출처 표기를 통해 신뢰성을 갖춘다.

창의적 있고 차별화된 내용으로 작성하였다 하더라도 객관적인 사실에 근거한 기술이 중요하다. 객관적인 자료출처와 근거자료를 확보하는 것이 사업계획서 작성의 핵심이다.

✓ 형식이 내용을 지배

보기 좋은 음식이 먹기에 좋다. 형식적으로 잘 표현되었을 때 가독성이 향상되어 의도한 내용이 잘 전달된다.

좋은 내용의 비즈니스모델이라도 긴 문장으로 두서없이 기술된 내용은 무슨 말인지 파악하기 위해 노력이 필요하며, 상대방에 대한 배려가 없다는 인상을 줄 수 있다. 좋은 사업계획서는 한눈에 파악이 될 수 있도록 도식화된 사업계획서이다.

✓ 핵심을 강조하는 설명방식과 압축표현

시각적 화려함과 세련됨은 구별된다. 시각적인 화려함은 투자자나 심사자에게는 관심 사항이 아니다. 화려하진 않지만 세련되게 표현할 것을 강조하고 싶다. 글자체라든지 화려한 장식이 오히려 사업계획서 본질을 흐릴 수 있다. 핵심만 표현이 잘 되면 좋은 사업계획서이다.

글자체는 **맑은 고딕, 휴먼명조, 바탕체**를 추천한다. 신뢰를 주면서 호환성이 있는 글자체이기 때문이다. 특정 환경에서는 특정 글자체는 폰트 지원이 없어 깨져 보일 수 있다. 반면에 가장 기본적인 글자체로 간단명료하게 표현하는 것이 사업계획서를 작성하는 기본태도이다.

✓ 한 줄에 7단어의 법칙

심리학적 관점에서는 소비자의 정보처리 과정으로 설명할 수 있다. **정보의 단위를 청크(chunk)**라고 하며, 일반적으로 **의미의 최소 단위인 단어(word)에 해당한다. 단어는 개념의 최소 단위**이다. **단어의 개수는 7개를 넘지 않는다.** 외부정보에 대한 첫 단계는 뇌의 **해마**에서 담당한다. 해마는 컴퓨터의 램(RAM)과 같은 일시적 기억장소로 **7개의 단어까지 한 번에 처리 가능**하며, **7개의 단어가 모여서 문장을 통해 하나의 의도(주제)**를 만든다.

그러므로 **한 줄에 7단어를 넘지 않아야 한다.** 지금 읽고 있는 책에서도 한 줄에 10단어를 넘지 않음을 알 수 있을 것이다. 이것을

7X7 법칙이라고 정의한다. **일곱 개의 단어로 일곱 개의 문장을 제시하는 것이 가장 효과적인 정보전달 방법**이다.

고객의 인식 체계를 보면 결국은 정보처리 관점에서 많은 정보가 입력되고 선택적 지각(Selective Perception)에 의하여 선별되고 처리 가능한 문장은 한 번에 49개의 단어가 최대이다.

작성 시 키워드 단어들을 추려내서 한 문장에 7개를 넘어서지 않도록 한다. 단어나열과 단어들의 관계를 격조사를 통해서 부드럽게 만들어내는 카피라이터의 관점이 중요하다.

✓ 키워드만으로도 내용이 전달되는 원리

일상에서 장황한 내용을 듣게 되면 무슨 말인지 알 수 없다. 다양한 단어들을 듣게 되면 맥락을 잡기 어렵게 된다. 반면에 전달할 내용을 압축해서 핵심단어만 표현하더라도 오히려 어떤 주장을 하려는지 명확하게 파악하게 된다. **시적 표현은 선별된 단어만으로 표현하는 사례**이다. 마찬가지로 사업계획서도 시를 작성하듯이 단어의 조합을 통해 문장을 작성한다.

✓ 정보를 그림화시키는 인포그래픽스

인포그래픽스란(Infographics)는 어휘 자체는 정보를 나타내는 Information과 그림을 나타내는 Graphic의 합성어이다. 뉴스나 광고, 홍보자료에서 쉽게 찾아볼 수 있다. 제품이나 서비스의 특징을 설명할 목적으로 적용한다.

사업계획서의 말하고자 하는 내용을 도식화하는 것이 중요하다.

정보전달력은 문자보다는 그림이 전달력이 높다.

문자는 7개의 단어로 이루어진 문장을 읽은 후에 뇌에서 이미지화시키는 과정을 가진다. 문자를 도식화시키는 과정에서 정보의 왜곡이 생긴다. 읽는 사람의 관점에 따라 다양한 해석이 가능하다.

그림은 **이미 이미지화된 내용을 전달하므로 해석의 과정이 필요없이 직관적으로 전달된다. 정보의 왜곡이 최소화되며, 투자자나 심사자 관점에서 정보를 해석하여 도식화시켰기에 호의적인 감정을 가지게 된다.**

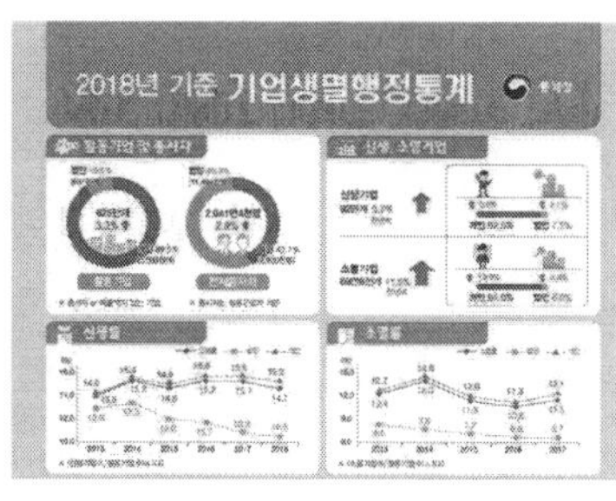

인포그래픽스 예시

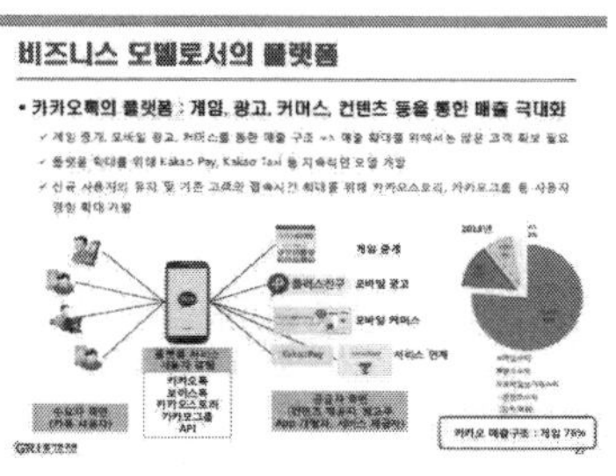

인포그래픽스 예시

✓ 글자를 그림으로, 타이포그래피

타이포그래피란(Typography)는 서체를 나타내는 typo와 그림을 나타내는 graphy의 합성어이다. 문자 또는 기호를 그림화시켜 정보전달력을 높이는 방법이다.

정보전달 이상의 개념을 뛰어넘어 감성적인 부분까지 전달이 가능하다. 그림에 들어가는 글자체 하나로도 지식뿐만이 아니고 감성을 자극하면서 판매까지 일어난다. 단순 지식을 전달해서 브랜드 파워만 전달하기보다는 타이포그래피로 브랜드의 스토리텔링까지 그림 한 장으로 가능하다.

✓ **정확한 철자 사용**

오타나 띄어쓰기 오류가 없어야 한다. 철자가 틀리거나 숫자의 단위가 다른 경우, 정성이 부족하다는 이미지를 준다. 그러므로 사업계획서는 철자 하나하나를 퍼즐 맞추듯 작성한다. 한글이나 MS 워드 프로그램의 철자 맞춤 기능을 활용하면 도움이 된다. 오타나 띄어쓰기 잘못이 빨간 밑줄로 표시된다.

네이버 검색기능을 활용하는 것도 추천한다. 판단이 안 되는 문장을 네이버에 검색해서 예시 문장을 참조한다. 단어를 포함한 문법에 맞는 다양한 표현들이 검색된다. 아는 범위에서 하는 것보다는 워드에서 제공하는 철자법 체크기능, 네이버검색 기능을 이용하면 맞는 용어선택과 문장 띄어쓰기 실수를 줄일 수 있다.

✓ **명사형 어미를 사용한 간결한 표현**

-음, -ㅁ 등의 정확한 명칭은 명사형 어미이다. 명사형 어미는 용언의 어간에 붙어 명사와 같은 기능을 수행하게 하는 어미를 말한다. 이러한 명사형 어미를 사용함으로써 간결하고 절제된 이미지를 준다.

✓ **상황에 맞는 문단 번호와 글머리표의 사용**

문단 번호는 위계 상황, 차례 순서, 중요도 순서를 표현할 때 사용한다. 글머리표는 대등한 관계(•), 순서 관계(①), 체크 항목(✓)을 표현할 때 사용한다.

✓ **생각의 다양성을 끌어내는 팁**

처음에 사업계획서를 작성하려면 어디서부터 어떻게 작성해야 하는지 막연하게 느껴진다. 저자의 경험을 알려 준다.

노트북에 두 개의 창을 오픈한다. 왼쪽은 한글이나 MS워드를 띄워 놓고 오른쪽은 PPT를 띄워 놓는다.

1단계는 파일을 **파일명_(V1.1).hwp**로 저장한다. 워드에는 조사한 자료조사와 생각을 기록하며, 그림 위주의 자료는 PPT에 정리한다. 조사된 자료는 Copy&Paste로 저장을 하는 과정에서 생각이 확장된다. 인용 자료는 출처를 기록하여 근거자료 제시할 때 출처가 된다.

2단계는 **파일명_(V2.1).hwp**로 저장한다. Sorting과 Layering을 통해서 비슷한 것끼리 모으는데 Copy&Paste 기능을 이용해서 편집한다. 워드에서 조사한 자료를 **Sorting이나 Layering을 통하여 내용을 구조화**시킨다. **그림으로 표현할 수 있는 부분은 PPT로 도식화한다. 타이포그래픽이나 수치적인 부분은 인포그래픽스 방식으로 작성**한다. 아이디어가 필요한 경우는 구글에서 키워드로 이미지 검색을 통하여 힌트를 얻는다. 구글이나 네이버에서 검색하면 자료가 나온다. 이미지에 들어가면 다양하게 표현한 **인포그래픽스나 타이포그래픽 자료들을 통해 표현 방법에 대한 힌트를 얻는다.**

3단계는 **파일명_(V3.1).hwp**를 만들어서 사업계획서 양식을 띄워 놓는다. 사업계획서에 기초적인 Sorting과 Layering된 파일명_(V2.1).hwp의 자료를 **사업계획서 양식에 배치**한다. 사업계획서에 집어넣을 때 글자를 먼저 넣지 않는다. **구조화되고 정리된 PPT의 그림이나 도식을 사업계획서 양식에 먼저 배치**를 한다. 다음으로 그림이나 도식으로 커버하지 못하는 부분은 글자나 문장으로 설명한다. PPT **상에서는 그림의 우측이나 위에 단어를 7X7 형태로 배치한다.**

인간은 좌에서 우로, 위에서 밑으로 이렇게 훑는 그런 어떤 경향이 있습니다. 그러므로 그림은 좌측이나 위에 배치하고 부가적인 설명은 우측이나 밑에 이렇게 배치를 한다. 그림을 먼저 좌나 위에 배치하고, 다음에 우측이나 밑에는 글자를 배치해서 시각적 효과를 극대화한다.

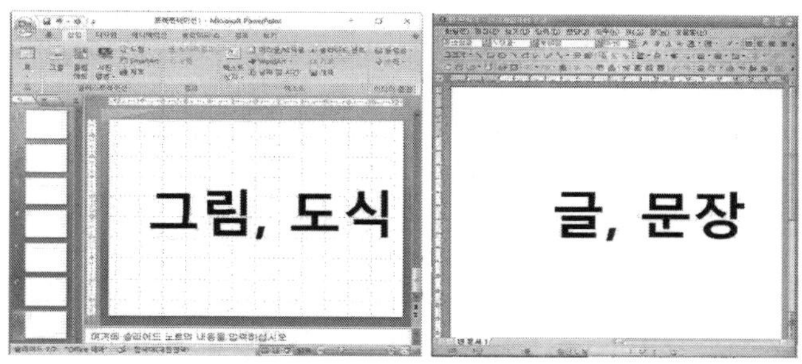

사업계획서 작성 도구

© 2020 박남규 copyright

PPT 사업계획서 발표 요령

사업계획서의 발표 요령은 제시된 사업계획서를 투자자는 이미 보고 있다. 투자자의 관점에서 어떤 것이 가장 중요할까? 발표자료에는 **심사자 관점에서 궁금해할 부분을 앞으로 배치하고 발표하지는 못하더라도 PPT를 후반에 첨부자료를 배치하는 것 요령이다.**

정해진 발표시간에 뒷부분은 발표하지 못하더라도 Q&A 시간에 발표할 수 있다. Q&A 시간에 심사자의 관점을 잘 파악을 하고 적절한 발표를 하는 것이 굉장히 중요하다. IR **참가자 중 대다수는 Q&A 단계의 실수로 투자유치에 실패하는 경우가 많다.**

발표 시에 핵심 내용을 강조하고 나머지는 최대한 간결하게 발표한다. 질의응답 시간에 투자자의 질문에 대해서 투자자의 의도를 정확하게 파악을 해야 하는데, 혹시나 긴장하거나 해서 질문에 대해서 잘 파악을 못 했을 때, 그냥 넘어가지 말고 한 번 더 **이런 식으로 질문하셨습니까?** 하고 확인 후에 다시 거기에 대해서 정확하게 이렇게 답변을 하는 것이 중요한 팁이라고 할 수 있다.

사업계획서 발표 시 약점이나 단점을 숨기는 것보다는 적절한 해결방안을 준비하고 있다는 것을 어필하는 것이 중요하다. 비즈니스 모델이나 제품의 단점을 지적하게 되면 거기에 대해서 방어적일 필요는 없다. 질문자의 의도는 **그것에 대해서 앞으로 어떻게 할 것인가**에 대한 질문이라고 파악을 하고, **나도 그 부분에 대해서 인지하고 있고 그래서 그런 부분을 만약 투자를 해 주신다면 같이 해결해 나갈 수 있다**고 설명하는 게 오히려 더 긍정적인 신뢰를 줄 수 있다.

사업계획서는 맥락을 설명하는 것이며, 스토리텔링이 중요하다. 발표내용의 핵심은 발견한 문제점을 통해 아이템의 필요성을 제기하고, 해결할 방법을 제시하며, 해결방법을 실현할 수 있는 핵심역량이 무엇인가를 입증하고. 설명하는 것이 스토리텔링이다.

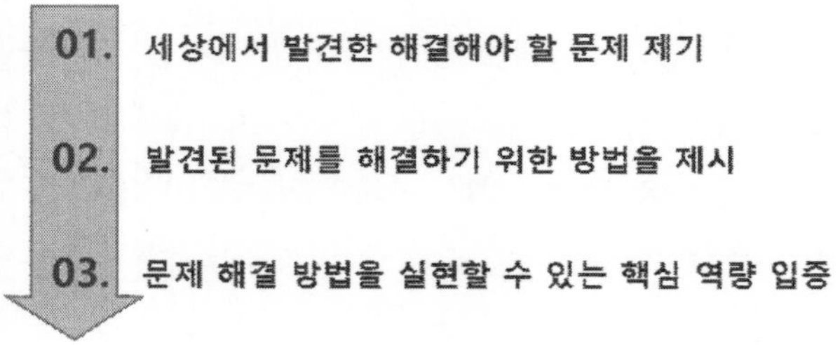

01. 세상에서 발견한 해결해야 할 문제 제기

02. 발견된 문제를 해결하기 위한 방법을 제시

03. 문제 해결 방법을 실현할 수 있는 핵심 역량 입증

11장
지식제조업

미래의 선호직업, 창의적인 문화콘텐츠 직업

자동화 대체가 높은 직업군 20개와 자동화 대체가 낮은 직업군 20개를 알아본다. 당장 없어질 직업도 있고, 미래에 사라질 직업도 있다. 앞으로 더 선호하는 직업군도 있다.

자동화 대체가 가능한 직업으로 **콘크리트공, 정육원, 도축원, 고무·플라스틱 제품조합원, 조립원, 청원경찰, 세무회계 관련된 직업, 환경미화원**이 있다. **반복적인 일을 하는 분야**는 대부분 4차 산업 혁명 시대에 인공지능과 로봇에 의해 대체될 것으로 예측한다.

반면에 자동화로 대체가 어려운 창의적인 직업으로 **화가, 조각가, 사진작가, 사진사, 작가 및 관련 전문가, 지휘자, 작곡가, 연주가, 애니메이션을 만드는 만화가, 애니메이터, 안무가, 가수, 성악가는** 창의성을 바탕으로 문화콘텐츠를 만드는 직업군임을 알 수가 있다. 지식을 확대·재생산하는 분야가 미래의 직업이 될 것이다.

미래의 직업 특징은 창의성과 소통·공감 능력을 요구

문화콘텐츠창작 관련 직업은 창의성과 소통·공감이 가장 많이 요구되는 분야로 로봇이 대체할 수 없는 분야이다. 정보통신과학기술 분야에서 4차산업혁명에 관련해서 직업별 취업자 수 전망을 한 번 살펴보았다. 고용노동부에서 조사한 자료에 의하면, 정보통신전문가, 공학전문가, 과학기술전문가, 보건사회복지 전문직과 의료보험 보조직, 교육전문가, 문화, 예술, 스포츠 분야에서는 2030년까지 92만 명의 일자리가 늘어날 것으로 전망하고 있다. 반면 매장판매직, 운송, 청소 등 노동집약적인 직업군에서는 약 80만 명의 일자리가 감소할 것으로 전망하고 있다.

반복적인 정신적 노동이라든지, 육체적 노동보다는 앞으로 창의적이고 인간과 소통할 수 있는 역량이 있는 직업군이 미래의 직업이 될 것이다.

자동화 대체 확률 높은·낮은 직업

자동화 대체 확률 높은 직업 상위 30개		자동화 대체 확률 낮은 직업 상위 30개	
순위	직업 명	순위	직업 명
1	콘크리트공	1	화가 및 조각가
2	정육원 및 도축원	2	사진작가 및 사진사
3	고무 및 플라스틱 제품조립원	3	작가 및 관련 전문가
4	청원경찰	4	지휘자·작곡가 및 연주가
5	조세행정사무원	5	애니메이터 및 만화가
6	물품이동장비조작원	6	무용가 및 안무가
7	경리사무원	7	가수 및 성악가
8	환경미화원 및 재활용품수거원	8	메이크업아티스트 및 분장사
9	세탁 관련 기계조작원	9	공예원
10	택배원	10	예능 강사
11	과수작물재배원	11	패션디자이너
12	행정 및 경영지원관련 서비스 관리자	12	국악 및 전통 예능인
13	주유원	13	감독 및 기술감독
14	부동산 컨설턴트 및 중개인	14	배우 및 모델
15	건축도장공	15	제품디자이너
16	매표원 및 복권판매원	16	시각디자이너
17	청소원	17	웹 및 멀티미디어 디자이너
18	수금원	18	기타 음식서비스 종사원
19	철근공	19	디스플레이어디자이너
20	도금기 및 금속분무기 조작원	20	한복제조원

출처: 한국고용정보원

잡코리아와 알바몬은 현실적으로 가장 직업을 구하는 사람에 있어서는 실질적인 접점이 되는 창구이다. 직장인, 취준생 4,147명 대상으로 미래 사라질 직업과 살아남을 직업에 대해서 한 번 설문조사를 하였다. **번역가, 환전 캐셔, 경리, 공장 근로자, 비서**는 사라질 직업으로 조사되었으며, 살아남을 직업으로는 **연예인, 작가, 영화감독, 운동선수, 화가, 조각가**로 조사되었다.

미래의 살아남을 직업의 특징은 창조적이고 창의적이고 커뮤니케이션이 중요시되는 직업이라고 볼 수가 있다.

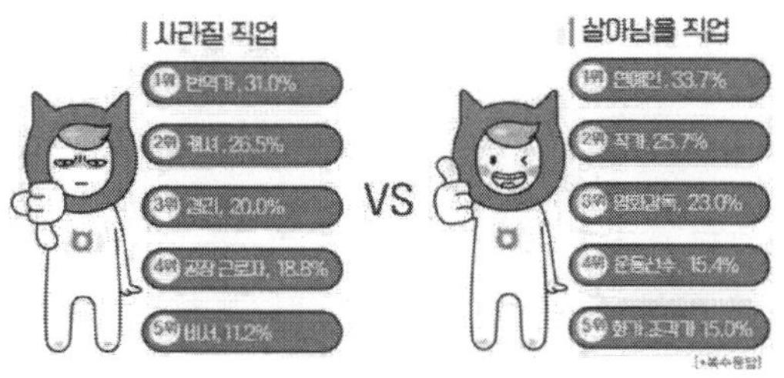

서울산업진흥원이 미래 경쟁력 있는 신직업 40개를 선정하였다. **미래를 여는 새로운 직업**에서 기술과 혁신 분야, 인간과 행복, 창의와 비즈니스, 이 세 가지 분야로 해서 40개의 직업을 예측하였다. 3개의 분야로 나누어 선정하였다.

분야	유망직업
기술과 혁신	VR에듀크리에이터, 가상현실을 통해서 교육콘텐츠를 만들어내는 직업, 머신러닝 엔지니어, 자율비행드론 개발자, 스마트팩토리 코디네이터
인간과 행복	LED 식물공장 개발자, 메디컬투어 컨덕터, 동물매개 심리사, 간편대용식 개발자
창의와 비즈니스	소셜미디어 컨설턴트, 크리에이터 매니저, 지역 콘텐츠 창작자, 디지털 카토그래퍼

미래를 여는 새로운 직업

출처: https://sbasncc.tistory.com/1478 [SBA 아카데미]

IBM의 인재개발 전문가인 **에이미 라이트**라는 기술교육은 시작과 끝이 분명해서 목표를 가진 체계적인 교육이 가능하지만, 미래의 **핵심역량인 창의성과 소통·공감 능력을 얻는 데는 커뮤니케이션 학습과 팀워크 경험이 필요하며 시간이 오래 걸리고 복잡한 훈련이 필요하다.**

특히 팀워크와 커뮤니케이션, 창의성, 공감 능력을 포괄하는 행동기술은 단순히 웹이나 화상 세미나와 같은 구조화된 교육 방법으로는 한계가 있으며, 사람과 대면 경험을 통해서 발달시킬 수 있다고 하였다.

강사, 교과서, 학비가 없는 에꼴42

미래에 가장 선진적인 교육을 실시하고 있는 **에꼴42**는 프랑스의 혁신교육센터를 통해 미래교육의 방향을 가늠해 볼 수 있다. **에꼴42**는 것은 **3무(無)** 교육프로그램으로 유명하다. 강사도, 교과서도, 학비도 없이 주체적이고 협업능력이 뛰어난 IT 인재를 양성하는 걸 목적으로 프랑스에서 만든 교육기관이다.

에꼴 42

매년 천 명 정도를 선발해서 **에꼴42**에서 인재교육을 하고 있는데, 무려 약 7만 명이 지원한다. 7만 명을 4주간, **라 삐씬**이라는 과정을 통해서 선발하는데, **라 삐씬**은 말 그대로 수영장이란 의미가 있다고 한다. **수영장에 빠뜨려놓고 살아남는 사람**이라는 의미가 있다. **에꼴42**에서 테스트 4주간 집중적이고 강도 높은 과제를 제시한다. 과제를 1단계부터 13단계까지 미션을 수행해서 단계적으로 살아남는 최종 선발자를 1년 동안 천 명 정도를 양성한다.

4주 동안 진행되는 **라 삐씬**은 7월에서 9월에 걸쳐 매년 3회씩 선정하여 프로그램을 진행하게 된다. 코딩을 전혀 해본 적이 없는 자도 지원할 수가 있다고 하며 그 과정에서 비용은 모두 무료로 진행된다. 매일 14시간 이상 강도 높은 코딩을 통해서 처음 만난 동료와도 컴퓨터 옆에서 숙식하며, 0에서 13까지 레벨의 미션을 수행하게 되는데, 후보생은 배정받은 컴퓨터를 통해서 로그인과 암호로 접속해서 과제를 풀어간다.

정해진 답이 없는 이곳의 미션을 해결하는데, **일명 P2P 방식**, 즉 **서로가 인터넷에서 지식을 찾고 머리를 맞대면서 프로젝트를 하는 과정에서 창의성과 커뮤니케이션 능력이 검증**되고 길러지며, 최종적으로 7만 명 중에 천 명이 선정된다.

선정된 천 명의 핵심역량은 커뮤니케이션과 소통능력, 창의성을 가지고 문제를 해결하는 능력이다. 무엇(What)을 하느냐가 아니고 How 관점에서 솔루션을 제시하는 능력이 뛰어나다. 지원 조건에서도 알 수 있듯이 학교에서 정형화된 교육을 받은 사람 외에도 준비되지 않는 컴퓨터 언어에 비전문가도 지원해서 문제를 헤쳐나갈 수 있는 능력만 있으면 얼마든지 도전할 수 있는 곳이 **에꼴42**이다.

문제를 해결하는 과정에서 자신의 한계에 도전해 보는 좋은 경험을 했다고 한다. 후보생들이 한 달 동안 쉬지 않고 이 과정을 달리다 보면 수면 부족을 겪는 건 기본이고 심지어 환청에 시달리기까지 한다. 이렇게 최종 합격 여부를 떠나서 후보생 모두 한 달 동안 정말 많은 걸 했고 온전한 자기 경험을 했다고 만족을 한다.

에꼴42 설립자, **니꼴라 사디학**이 끈기라는 덕목이 여기서는 또한 가지의 중요한 요소라고 한다. 불확실한 환경에서 성장해나가는 인재상에서는 문제해결 능력 외에도 끈기가 중요하고 그 과정에서 즐거움을 찾고, 실패하더라도 다시 시작하는 것을 두려워하지 않는 인재가 앞으로 미래의 인재라고 강조를 한다.

하버드보다 입학이 어려운 대학, '미네르바 스쿨'

미래 대학의 대안으로 떠오르고 있는 교육기관이다. 2014년에 설립되었다. 재학생은 현재 470여 명이며, 샌프란시스코, 베를린, 부에노스아이레스, 서울, 하이데라바드, 런던, 타이베이 등 세계 7개 도시에 기숙사를 두고 있다. 학생들은 4년간 도시들을 돌며 현지 문화와 산업을 학습한다.

미네르바 스쿨

미래학자는 2030년대에는 세계 대학 절반이 사라질 것으로 전망하고 있다. 졸업장이 취업이라는 공식이 깨지면서 대학의 위기는 **미네르바 수업**을 통해서 돌파구를 찾고 있다. 온라인 토론, 현장실습, 전 세계의 돌아다니면서 하는 산업체험이 학생들에게 창의성과 소통·공감 능력을 키워준다는 것이 이 프로그램의 핵심이다. 1년에 학비가 약 3,100만 원 정도 되며, 학비가 저렴한 이유는 타대학은 하드웨어에 투자를 많이 해서 상대적으로 학비가 비쌀 수밖에 없지만, **미네르바 대학**은 **온라인상에 존재하기 때문에 저렴한 운영비로도 고품질의 교육**이 가능하다.

수업은 월요일에서 목요일까지 진행이 되며, 카페든, 도서관이든 노트북을 켜는 곳이 강의실이 되는 노마드적인 마인드를 가지고 있는 학생들로 구성이 되어 있다.

전 세계에 흩어져 있는 교수와 학생들이 시간에 맞춰 노트북을 펴고 영상 강의를 통해서 **미리 강의를 듣거나 논문이나 책을 읽고 와서 진행하는 온라인상의 플립러닝**은 질문 중심의 토론 수업이 가능하게 되어 더 창의적이고 소통·공감 능력이 확대되는 수업방식이 미래의 인재상을 기르는 데 가장 최적화된 커리큘럼을 가지고 있다고 볼 수 있다.

미네르바 학생들은 인문학부터 코딩에 이르기까지 전 분야를 통섭적으로 학습한다. 3학년 때 선택할 수 있는 전공도 사회과학과 뇌신경학, 컴퓨터와 데이터베이스과학으로 모든 과목이 2개에서 3개의 세부 전공이 융합되며, 다학제로 앞으로 미래 인재상에 중요한 덕목이 될 것이다.

그러므로 **미래의 직업 역량은 소통과 공감, 창의성, 끈기이다.** AI가 만든 콘텐츠가 작품이 될 수 있을까? **AI와 차별화된 인간만**

의 능력이 과연 창의성과 소통이라고 할 수 있을까? 현재까지는 **그렇다**이다. 특정 시간, 특정 장소에 인간으로서 경험적 공감, 소통이 희소성이기 때문에 대량으로 만든 작품은 '희소성'이란 관점에서 아직은 작품으로서 인정받기 힘들다.

지식 기반의 콘텐츠에서 언어는 중요하지 않다.

언어는 인공지능(AI)이 통·번역을 대신하며 인간은 자기의 언어로 소통과 공감을 통해서 스토리를 창작하게 되며, 결과물로서 콘텐츠가 지식제조업의 핵심이 된다.

디지털 콘텐츠 크리에이터 직업의 출현

디지털 콘텐츠 크리에이터는 문화 창업, 아니면 문화 창직·창업의 또 다른 이름이라고 표현을 할 수가 있다. 차별화된 브랜드로, 스토리를 가지고 활동하는 **블로거**라든지 **브이로거, BJ(broadcasting jackey)가** 지식 기반의 **디지털 콘텐츠 크리에이터**이다. 이들은 창의적이며 소통·공감 역량으로 무장하고 있다.

디지털 콘텐츠 크리에이터의 시작, 블로거

블로거는 인터넷상에서 블로그 계정을 생성하고 블로그를 개설해서 다양한 주제에 대해 자신만의 관점에서 글, 그림, 사진, 음악, 동영상, 웹링크 등을 활용해서 콘텐츠를 작성하고. 작성된 콘텐츠를 블로그에 게시해서 다른 사람과 공유를 하게 된다.

페이스북, 인스타그램, 트위터, 카카오스토리를 통해 확산시킨다.

블로거를 통해 세상과 커뮤니케이션을 하게 된다. 댓글이나 공감, 이웃 맺기 등의 기능을 통해서 블로그의 존재감이 확인되고, 방문자의 통계, 페이지뷰, 검색엔진 최적화 등의 방법으로 블로그를 활성화시킨다. 전문분야에서 지식과 경험을 바탕으로 활동을 하는 분들이 대부분 더 인정을 받게 돼 있고, 댓글이나 좋아요, 페이지뷰, 구독자수 정보가 SNS 상에서 커뮤니케이션의 하나의 수단으로 활용이 된다. SNS상에서 영향을 미치는 **인프루언서**로서 활동하게 된다. 블로그는 자신의 **랜딩페이지**가 된다.

영상 디지터 콘텐츠 크리에이터, 브이로거(VLOG)

브이로그(VLOG)는 비디오(Video)+블로그(Blog)의 융합 신조어이다. 개인이 SNS에 글을 쓰듯이 영상으로 기록을 남기는 것을 의미한다. 이제는 동영상 기반의 **브이로거(VLOG)**, 또는 BJ(Broadcasting jackey)라 한다.

인터넷 방송에서 실시간으로 스트리밍이라는 기술을 통해서 본방송을 보듯이 BJ에 의해서 영상을 유통하는 형태의 콘텐츠 크리에이터가 대거 출현하고 있다. **차별화된 브랜드와 스토리를 중심으로 자신만의 전문성을 가지고 활동하는 사람들이 점점 자신의 얼굴만큼이나 다양한 창직·창업을 하게 된다.**

동영상 기반의 스마트폰 출현

스마트폰의 영상촬영 기능의 성능향상은 새로운 문화를 만들고 있다. 누구나 영상을 편집할 수 있는 환경이 가능하게 됨으로써 블로그에서 유튜브 영상 기반의 **브이로그**가 트렌드를 주도하고 있다.

스마트폰의 영상촬영 기능향상은 디지털카메라 시장을 위축시켰다. 디지털카메라 시장은 호황기이던 2010년(1억 2146 만대)에 비해 8분의 1 수준으로 급격히 축소됐다. **올림푸스·캐논·니콘** 등 카메라 빅3는 신사업을 중심으로 품목 다변화를 시도하거나 사업 전환을 추진하는 등 카메라 시장의 3빅 체제도 소멸과정을 밟고 있다[31]. 고기능 카메라가 장착된 스마트폰 확산으로 카메라 수요가 급감하는 등 카메라 소비트렌드가 달라졌기 때문이다.

전문적으로 영상을 만들던 동영상 전문가들보다는 일반인들도 자신의 앱을 가지고 자신의 영상을 어느 정도 수준까지는 만들어 낼 수가 있는 환경이 되었다.

브이로거는 자신만의 관점에서 창의적이며 소통·공감할 수 있는 영상 정보를 유튜브에 게시하거나 실시간 온라인 스트리밍 함으로써 **인플루언서**로서 활동한다.

영상이 주는 장점은 그림이나 글보다는 메시지 이해 효과가 크다, 영상의 특성상 진정성은 소통·공감을 할 수 있는 매체로서 최적화되었다.

영상 기반의 개인방송 BJ의 활동

이제는 MC 역할을 하는 BJ(broadcasting jackey) 활동이 방송 MC를 위협하고 있다. BJ 활동 시초는 아프리카TV에서 방송하는

---

31) 크로아츠. '카메라의 눈물' 소니·캐논·니콘 등 카메라 빅3 체제 붕괴. www.clien.net

인터넷 방송인들이 만든 신조어다. 원래는 broadcasting jackey가 아닌 **방장**의 알파벳을 줄여서 BJ라고 하였다. **방장**의 BJ가 broadcasting jackey로 발전하였다.

BJ는 카카오TV(kakaoTV)에서는 **PD(play director)**, 유튜브에서는 **크리에이터** 또는 **유튜버**, 트위치TV에서는 **스트리머(streamer)**라고 한다. 외국에서는 **브로드캐스터(broadcaster)**라고 한다.

디지털 콘텐츠 크리에이터의 지식기반 문화콘텐츠창업이 미래의 창직·창업의 롤모델이 될 것이다. 그 중심에는 브이로거 또는 BJ가 대세가 될 것이다.

디지털 창직-창업 환경 도래

디지털 시장에서 소비자를 움직이는 가장 강력한 콘텐츠는 동영상이 될 것이다. 동영상 전달력이 전체 매체에서 차지하는 비율이 45.4%를 차지하고 있다.

PC 기반 환경에서는 텍스트, 오디오 기반의 매체가 중심이었다면 현재는 스마트폰 기반의 모바일 환경에서는 언제 어디서나 1인 미디어로서 활동할 수 있는 동영상 콘텐츠가 중심이 되고 있다.

스마트폰의 작은 화면에 최적화된 유튜브

스마트폰으로 작은 화면에서는 동영상이 유리하다. 스마트폰의 화면에서 글자를 읽는 것보다는 동영상을 시청하는 것이 편리하다. 음악을 들으면서도 영상을 볼 수가 있고, 영상을 보지 않더라도 소리로서 학습도 가능하기 때문이다.

이제는 음악을 듣고 싶을 때 음악 다운로드 사이트가 아닌 유튜브에서 음악을 검색하고 영상은 보지 않더라도 음악만 청취한다. 모바일 환경에서는 동영상 기반의 콘텐츠가 대세가 되어가고 있다.

스마트폰 환경에서 유튜브가 가장 최적화된 모바일 환경에서의 매체라고 볼 수가 있다.

미래의 시장, 유튜버

연령대로 보면 10대의 경우는 86%가 유튜브를 통해서 정보를 취득하고 있다. 20대에서 60대에서도 유튜브가 무려 79%를 차지한다. 압도적인 사용률을 자랑하는 동영상 기반의 유튜브가 대세임을 알 수 있다.

데스크탑으로 유튜브 접속자가 1,366만 명이며, 스마트폰으로 유튜브 접속자가 2,566만 명이다. 스마트폰 모바일 환경에서 최적화된 매체가 유튜브이다.

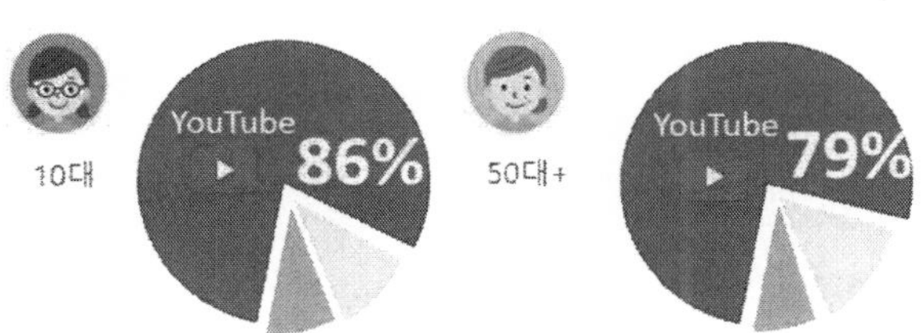

유투브 사용자 비율

© 2020 박남규 copyright

검색시장에서 유튜브의 부상

검색 환경에서도 검색량이 가장 많은 곳은 네이버이다. **동영상 기반의 유튜브가 검색 순위에서도 2위로 올라섰다.** 네이버 또는 구글을 통해서 검색했지만, 이제는 유튜브 검색을 하는 비율이 높아졌다는 것은 **유튜브가 포털화되어 간다**는 의미이다. 검색 플랫폼의 변화에서 콘텐츠 **신뢰도에서 네이버나 구글보다 유튜브가 압도적으로 높음**을 알 수가 있다.

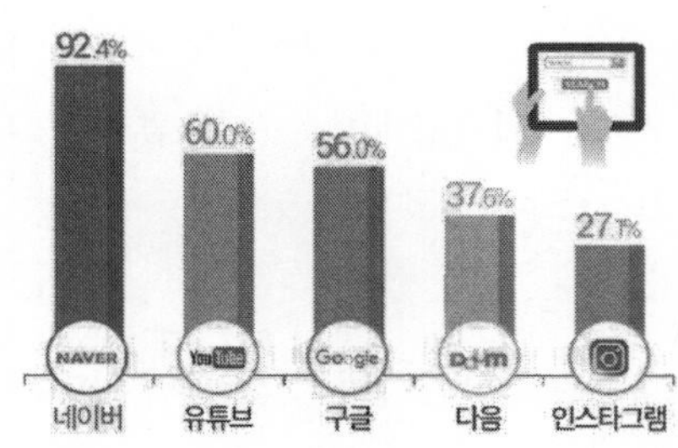

인터넷 이용자 조사

출처: 나이스미디어(2019)

블로그를 대체하는 유튜브

유튜브 트렌드 2020이라는 책의 내용에 의하면, **유튜브가 모바일 시대 포털로 도약한다**는 주장이다. 검색기능도 유튜브가 2위에 있으며, 음악 산업에서 보면 신흥강자로 떠오르는 것은 물론이고 **영상 소비의 핵심 미디어로 떠오르고 있다**는 내용이다.

유튜브가 검색기능 및 블로그를 대체하고 있다. 블로그에서 커뮤니티가 확산이 됐다면, **동영상 기반의 유튜브가 역할을 커뮤니티**

역할을 대신하고 있다.

유튜브에 영상 콘텐츠를 올렸을 때, 게시된 콘텐츠마다 고유의 링크 주소가 생성된다. 링크를 복사해서 페이스북, 트위터, 인스타그램, 카카오스토리에 공유할 수 있다. 블로그와 같은 링크 주소가 생성된다. **유튜브는 구조화를 시킬 수 있는 링크 기능이 있다는 것이 차별화된 부분이다.**

유튜브 링크사이트

동영상 콘텐츠 비즈니스 환경을 제공하는 유튜브

동영상을 따로 보관할 수 있는 클라우드 기반의 서버가 마땅치가 않은 상황에서 유튜브는 대용량 동영상 저장서비스를 충실히 제공한다. 300MB 이상의 데이터는 카카오톡에서는 용량초과로 전송할 수 없다. 한정된 데이터 서버로 인해 대용량 자료공유 서비스가 제한된다.

유튜브는 동영상 압축·편집·전송 기능에 특화되어 있다. 기가급의 데이터를 업로드할 수 있다. 유튜브에서는 압축 코딩·디코딩 기술을 통하여 영상정보를 처리한다.

영상정보 처리에 최적화된 유튜브는 대용량의 동영상 자료 관리를 위해 특정 유료 서버 이용하지 않더라도 편리하게 관리할 수 있도록 해 준다. 유튜브는 디지털 콘텐츠 비즈니스에 기회를 제공한다.

요약된 동영상 정보를 제공하는 유튜브

동영상으로 설명된 콘텐츠는 정보전달력이 높다. 같은 주제에 대하여 다양한 시각으로 설명된 동영상은 핵심을 정확히 파악할 수 있게 한다. 관심 분야에 대한 키워드 검색을 통하여 다양한 유튜버들의 요약된 콘텐츠를 참조할 수 있으며, 다양한 관점에서 설명한 유튜버의 콘텐츠를 통해 어려운 내용도 쉽게 이해할 수 있도록 한다. 학습에 있어서 효율적으로 접근을 할 수 있게 된 것이다.

미래의 VR·AR과 결합하는 유튜브

소통·공감의 중심에는 경험이 있다. 창의력의 원천도 경험적 자산에서 나온다. 기술은 경험의 또 다른 표현이다. 코로나 시대 비대면으로 경험을 정보화시키고 전달하는 곳에 비즈니스가 열릴 것이다.

경험 정보는 오감을 통해 전달된다. 오감을 만족시키는 **가상현실**(VR, Virtual Reality)와 **증강현실**(AR, Augmented Reality)은 동영상 영상 콘텐츠 저장소인 유튜브와 결합하여 가상경험을 전달한다.

가상현실(VR, Virtual Reality)이란? 가상의 세계에서 사람이 실제와 같은 체험을 할 수 있도록 하는 최첨단 기술이다. VR 시뮬레이터가 대표적이다. 가상체험 분야로 게임과 의료실습 프로그램, 비행시뮬레이터가 있다.

VR게임

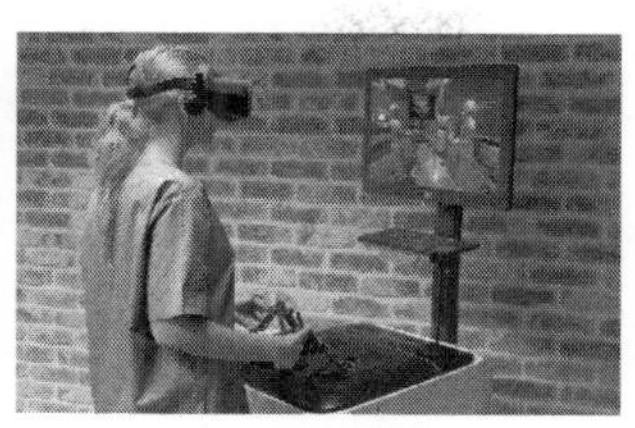
VR 의료실습

증강현실(AR, Augmented Reality)은 현실 이미지에 컴퓨터가 만들어낸 영상을 겹쳐서 보여주는 기술이다. 전방 표시 장치(HUDs)가 대표적이다. 포켓몬스터 게임은 대표적인 증강현실 게임이다.

AR HUDs

AR 포켓몬스터 게임

스마트폰을 대신할 AR글라스

포켓몬스터가 흥행을 일으키면서 증강현실이 미래 유망산업으로 부각 되던 2016년, **구글 글라스**(Google Glass)는 300g에 달하는 무게와 배터리 문제로 시장진출에 실패하였다. 그러나 2020년 **애**

플 글라스(Apple Glass)는 완성도 있는 제품으로 AR글라스를 출시한다.

스마트폰의 가장 큰 단점은 작은 화면으로 인한 유저인터페이스(UI, User Interface) **문제이다. 유저인턴페이스**란? 입력과 출력 수단으로 PC에서는 모니터와 키보드, 마우스를 말하며, 스마트폰에서는 터치스크린을 말한다.

스마트폰의 한정된 스크린은 화소수를 최대한 높이면서 글자나 그림은 선명하지만 작은 글자로 가독성에는 한계가 있다. 앞으로 비즈니스 신세계는 유저인터페이스(UI, User Interface) 분야가 1순위가 될 전망이다.

시장수요에 가장 가까운 킬러 어플리케이션(Killer Application)[32]**으로 AR·VR글라스 분야이다.** 인간이 세상과 소통하는 정보의 90%는 시각정보이다. 외부로부터 받아들이는 오감 중에 **눈으로부터 받아들이는 정보가 90%를 차지**한다. 태어나서 다양한 경험을 통한 선행학습으로 정보가 축적되어 있기에 가능하다.

예를 들면, 소리만 들으며 어디서 어떤 상황인지 판단하기 쉽지 않다. 시각정보가 있기에 정확한 최종 판단을 할 수 있다. 저자의 로봇개발 경험으로는, 로봇이 외부로부터 받아들이는 정보 중 비전정보 비중은 90%라고 예상한다.

인간을 닮은 로봇을 만드는 것이 로봇개발의 지향점이다. 인간을 대신하여 위험한 일, 힘든 일을 하는 로봇이다. 그러므로 인간의

32) 대박상품, 등장하자마자 경쟁 제품을 몰아내고 시장을 재편할 수 있는 상품이나 서비스

신체와 똑같은 사이보그 로봇을 개발하는 것이 목표가 된다. 저자는 2003년부터 2010년까지 **국가로봇플랫폼 개발사업** 과제 연구원으로 참여하면서 로봇설계에 참여하였다. 인간을 대상으로 생체모방을 기반으로 하는 휴머노이드 로봇개발을 진행하면서, **CCD카메라를 통한 비전 정보가 로봇을 움직이는데 가장 중요한 정보**임을 알게 되었다.

2010년 애플 아이폰이 등장하면서 개인이 만들어내는 음성과 결합된 비전 정보는 빅데이터의 원천이 되었다. 매시간 양산되는 영상정보를 정리하는 것은 불가능하다. 비전 정보 처리 알고리즘을 개발하고 유아에게 그림책을 보여주듯, 그림에 라벨링 처리하여 알고리즘을 모델링(Modeling)하고, 알고리듬에 학습을 시켰다. **알고리즘에 지능이 생기면서 스스로 빅데이터 처리를 위한 딥러닝이 가능해진 것이 인공지능(AI) 단계이다.**

비전 정보만으로도 인간이 판단하는 대부분을 처리할 수 있는 인공지능(AI)를 구현하고 있다. 테슬라의 자율운전 기능은 순수하게 비전만으로 이 기능을 구현하는 것을 목표로 한다. 레이저 빛을 이용한 **라이다**[33]는 안전을 위한 보조 기능이다. 라이다는 비용이 소

---

33) 레이저 펄스를 발사하고, 그 빛이 주위의 대상 물체에서 반사되어 돌아오는 것을 받아 물체까지의 거리 등을 측정함으로써 주변의 모습을 정밀하게 그려내는 장치이다. 라이다는 영어로 LIght Detection And Ranging의 약자로 풀이되기도 하지만 그 이름의 기원을 따지면 'light"와 'radar(radio detection and ranging)"를 혼합하여 만든 합성어이다. 즉 라이다라는 명칭은 전파 대신에 빛을 쓰는 레이다를 뜻하는 것으로, 라이다는 전통적인 레이다와 원리가 같다.

형차량 가격만큼 고가여서 자동차에서 장착 시 배보다 배꼽이 더 크게 된다. 그러므로 테슬라는 군더더기 센서를 제거하고 순수 비전만으로 인간의 눈을 대신한 운전시스템을 구현하며 가격 경쟁력을 확보하는 노력을 하고 있다.

GXWM(Get X with me.)

나와 함께 해보자. 무엇이든지를 의미한다. 사람은 경험 기반의 공유를 하게 되는데, 예전에는 책을 통해 상상력을 동원한 간접경험을 했다면, VR(virtual reality), AR, (artificial reality) **기술과 결합된 유튜브는 이제는 경험을 더 강화를 시킬 수가 있게 되었다.** 정보전달 효율이 비약적으로 높아지게 된 것이다. 유튜브가 VR·AR과 접목이 되면 유튜브의 콘텐츠를 가상으로 체험을 할 수가 있다. **동영상 기반의 가상현실과 증강현실은 새로운 마케팅 플랫폼으로 성장할 것이다.**

밀레니얼 세대의 바보상자, 스마트폰

유튜브가 TV를 대체하며, 바보상자가 되었다. 1990~2000년대 태어난 밀레니얼 세대는 스마트폰을 통해서 동영상을 보고 자란 세대이다. 특히 유튜브가 TV이자 검색 포털이 되었다.

밀레니얼 세대에게 유튜브는 대중매체이다. 모바일 환경에서 동영상 기반의 플랫폼인 유튜브를 통해서 고객을 발굴하고 고객을 모으며, 콘텐츠 마이닝이 이루어지는 시대가 되고 있다.

유튜브 생태계 탄생, MCN

창작자에게 리워드 시스템이 되면서 유튜브가 수익을 창출할 수 있는 역할을 하게 되었다. 유튜브는 콘텐츠를 올렸을 때 광고수익이 따라붙는다.

다양한 형태의 생태계가 구성되면서 유튜브 기반의 **동영상 콘텐츠 크리에이터**가 활동을 하게 되면서, UCC(User Created Contents)를 통해서 영향력 있는 **인플루언서**가 다수 배출되었다. **아프리카TV에서 활동했던 유튜버가 영향력을 키우면서 마케팅 회사를 결성한 것이** MCN, (Multi Channel Contents Network)의 **시작이다.** 1세대 MCN은 영향력 있는 유튜버들이 모여서 매니지먼트 회사를 설립하고 종편 방송미디어를 상대로 공동마케팅을 진행하게 되었다.

브이로거들이 서로 콘텐츠를 공유하고 유통하면서 파급력이 더 확대되었다. 협업을 통해서 각자가 가지고 있는 영상 콘텐츠를 공유함으로써 다양한 마케팅 활동이 가능하다. 한국의 K-컬쳐, 뷰티, 게임, 뮤직, 엔터테인먼트, 푸드, 라이프스타일, 어린이용 키즈 콘텐츠들이 다양하게 융합이 되면서 다양한 역할을 하게 되는 것이다.

발전하는 2세대 MCN

대기업 자본이 유입되어 유튜브 크리에이터를 관리·지원하는 전문 에이전트 회사로서 발전하였다. 넷플릭스나 **트레져헌터**가 대표적이다. MCN이 자본력을 가지고 마케팅을 기획하고 동영상 콘텐츠를 만들어가는 단계까지 왔으며, 이를 **셋톱박스를 대신하는 모바일에 최적화된 VoD 콘텐츠 플랫폼을** OTT라고 하며, 종합적인 인프라를 제공하는 에이전트 역할을 한다. 브이로거와 같이 1인 방송 진행자, BJ(broadcasting jackey)를 전문적으로 발굴하고 영입한다. BJ를 양성하는 인큐베이팅 프로그램이 제공되고, 방송제작 인력, 인프라를 붙여서 제공한다. 법률 서비스라든지, 콘텐츠 유통 채널을 발굴하며 피드백하는 시스템까지 구축하게 되었다.

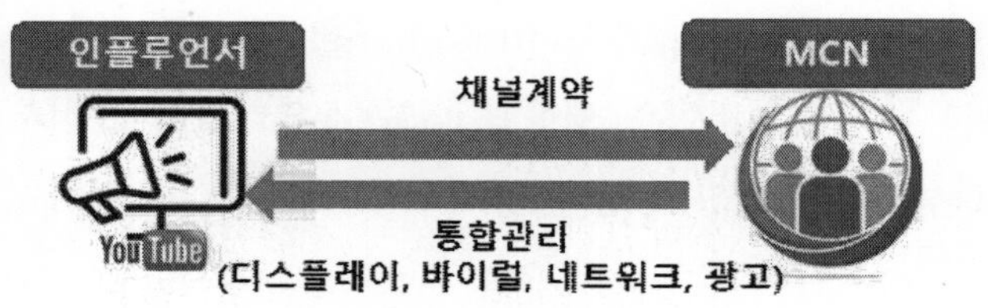

유튜버와 MCN의 관계
© 2020 박남규 copyright

공중파 TV는 시청률을 높이기 위해 인플루언서를 적극 활용하고 있다. MCN과 계약을 맺고 유튜버 스타와 방송 콘텐츠를 공급받게 되었다. 아프리카TV에서 VJ로 활동하던 **대도서관, 신사임당**이 대표적인 VJ이다. 콘텐츠 크리에이터로서 활동하면서 퍼스널브랜드를 갖게 되고, 토탈 마케팅 서비스 회사인 MCN에서 활동하면서 공주파까지 진출하고 있다. 디지털 창직·창업 환경에서 이제는 유튜브 기반의 디지털 콘텐츠 크리에이터 시대가 되고 있다.

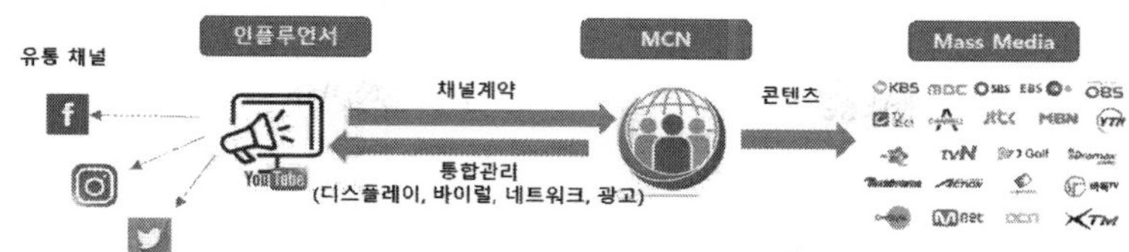

유튜브 생태계

© 2020 박남규 copyright

MCN에서 OTT의 등장

OTT란? **유명 유튜브를 거느린 MCN의 발전된 것이** OTT(Over The Top)이다. TV의 **셋톱박스를 넘어서는 클라우드 상에서 인터넷 기반의 모든 콘텐츠를 공급하는 플랫폼이다.** 공중파를 통해서 콘텐츠가 만들어지는 형태가 아닌, 온라인 인터넷과 무선인터넷 모바일 환경에 최적화된 모든 기획된 콘텐츠를 제공한다.

가장 대표적인 **VoD 플랫폼은 인터넷TV인 넷플릭스**이다. 이제는 요구하면 동영상을 언제 어디서나 시청할 수 있는 VoD(Video on Demand) 환경이 되었다.

콘텐츠를 시리즈로 제작하여서 유저를 고정시청자로 만들기도 한다. VR이나 AR을 통해서 시청자들에게 유튜브를 통해서 간접경험이 아닌 직접 경험과 간접경험의 그 중간 영역인 체험 경험을 선사하는 영역까지도 갈 것으로 예상한다.

MCN 생태계

창작자가 어떻게 수익을 창출할 것인가?. 유튜브에서 무료로 콘텐츠를 배포하면서 수익은 어디서 나는가? 역사상 단기간 내에 유튜브에서 억 단위 조회 수를 달성한 강남스타일 같은 경우에 콘텐츠에 있어서 콘텐츠 지식재산권을 포기하는 대신 콘텐츠 조회 수를 높이고 수익을 극대화한 사례이다.

강남스타일의 수익구조는 공연 콘텐츠, 디지털 음반, 광고수익, 제휴서비스, 관련 상품들을 파생적으로 만들어서 수익을 창출하였다. 높은 조회 수는 광고단가를 높이며 광고가 더 많이 붙을 수 있다. 광고가 수익의 50% 정도 차지하고 파생적으로 캐릭터 사업과 문화상품 개발사업을 통하여 수익을 창출한다.

공연 콘텐츠
디지털 음반
광고수익
제휴서비스
관련 상품

강남스타일 수익 구조

MCN을 통해서 콘텐츠 네트워크 미디어 리워드 시스템 생태계를 알아본다. 스타일을 통해서 수익이 창출되는 리워드 생태계에 대해서 한 번 알아보도록 한다.

MCN 역할

MCN들이 UCC를 기획하고 마케팅한다. MCN은 브이로거들의 영상 속에 광고 수입을 유치해서 그것을 PPL 또는 프리롤 형태로 수익을 올리고 브이로거와 수익을 7대3으로 배분한다.

MCN이 앞으로는 유통채널까지도 진출해서 IPTV[34), SO[35)] **사업자, 위성 사업자,** OTT[36)] 사업자들과 연합해서, 기획된 콘텐츠에 브이로거를 출연을 시키고, 방송 PD의 역할까지 한다.

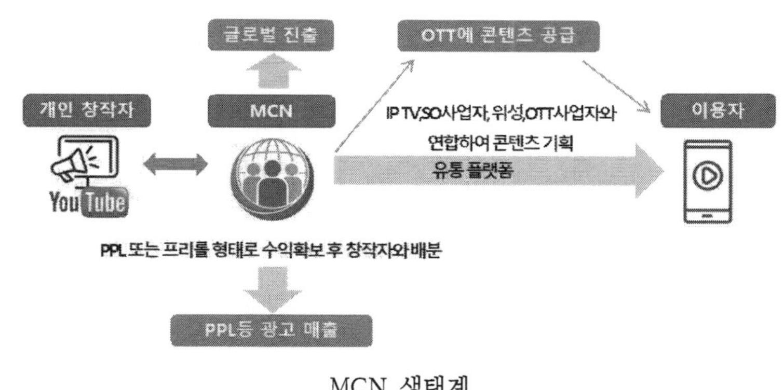

MCN 생태계

© 2020 박남규 copyright

34)Internet Protocol Television, 인터넷 프로토콜 기반의 텔레비전 방송, VOD 및 인터넷 서비스, 셋톱박스 서비스 제공하는 사업자

35) System Operato, 종합유선방송국

36) Over The Top Service, 모바일까지 확대된 미디어 콘텐츠를 제공하는 서비스, IPTV의 세톱박스를 넘어서라는 의미로 사용됨

MCN 현황

2009년에 설립된 **메이커스튜디오**가 가장 MCN의 초기 기업이라고 볼 수가 있다. 현재는 다양한 형태의 MCN이 출현하고 있다. **풀스크, 머시나마, 어섬니스TV**이 있으며, 한국에서는 2013년에 CJE&M에서 **다이아TV**가 최초의 MCN이다. 기획자가 나와서 **트레저헌터**를 만들었다. 2015년도에 나와서 왕성한 활동을 하고 있다.

유튜버의 3가지 수익 모델

① UCC 광고수익

UCC는 User-Created Content**라고 한다. 유튜버가 손수 만든 동영상, 글, 사진이다. 또한** UGC(User-Generated Content)**라고도 한다.** 이미 **만들어져 있는 콘텐츠는** RMC(Ready-Made Contents)**라고 하며 제작비를 줄이기 위하여 활용한다.**

MCN에서는 특정 제품을 홍보하는데 재미있는 콘텐츠를 가미해서 소비자들은 광고이지만 하나의 콘텐츠로서 가치를 느끼게 한다.

광고 금액은 채널의 시청자와 동영상 수, 영상의 길이, 좋아요 수에 따라 달라진다. 5초 후 건너뛰기가 가능한 **인스트림 광고**는 영상 1회 재생 시 30원으로 설정돼 있다.

건너뛰기가 불가능한 **범퍼애드**의 단가는 1,000회 노출당 3,500원 수준이다[37]. 범퍼애드 광고는 프리롤 광고와 미드롤 광고이다. **프리롤(Pre-roll)광고**는 UCC재생 전에 자동으로 재생되는 광고이

37) 전성기. 월1000만원은 거뜬히 번다고? 유튜버는 어떻게 돈을 버나?

며, 영상 중간에 재생되는 광고는 **미드롤(Mid-roll) 광고**라 한다. 이러한 프리롤는 15초, 30초, 60초 정도 분량이다.

UCC생태계에서 수익 배분은 유튜브나 페이스북은 광고수익의 45%를 가져가고, MCN기획사와 유튜버가 55%의 수익을 7대3의 비율이다. 그러므로 **MCN기획사는 전체 수익의 3~40%를 차지하고 유튜버는 11~16%의 수익**을 갖는다.

유튜브 수익구조

© 2020 박남규 copyright

② 협찬수익(PPL)

유튜버가 영상에 특정 브랜드 제품을 노출하는 조건으로 협찬을 받는다. **협찬수익은 100% 유튜버의 몫이다**. 실제로 유명 유튜버는 협찬수익이 광고수익보다 높은 것으로 알려져 있다. 유튜브 채널의 협찬 금액은 건당 수천만 원에 이른다.

③ 실시간 방송 후원금 수익(수퍼챗)

유튜브가 운영하는 팬 후원금 시스템이다. 아프리카TV의 별풍선과 같다. 유튜브 라이브 방송에서 시청자들이 실시간으로 유튜버에게 보내는 후원금으로, 최소 1000원에서 최대 50만 원까지 보낼 수 있다. **후원금 배분은 유튜버가 70%를 가진다.** 아프리카TV의 별풍선이라든지 이런 것들을 적극적으로 활용해서 채널을 이용해서 별풍선이라는 가상수익구조를 창출하였다.

고수익을 올리는 시니어 유튜버

시니어 유튜버가 유튜브 디지털 콘텐츠 크리에이터로 부상 중이다. 유튜브에서 가장 많은 시간을 보내는 세대는 10대가 아닌 50대라는 분석결과도 있다. 박막례 할머니의 **코리아 그랜드마**부터 신인균의 **군사**TV까지 다양한 주제로 영역을 넓히고 있다. 수익은 미국의 유튜브 분석 사이트 **소셜블레이드**가 추정한 예상 수치이다. 조회수에 광고 단가를 곱한 추정치이며 실제와 다를 수 있다.

박막례 할머니의 Korea Grandma

구독자 132만 명에 동영상 335개로 일 평균 조회수 약 31만 회이며, 예상 월 광고수익은 270만 원 ~ 4,400만 원으로 예상된다. 73세 크리에이터 박막례 할머니의 무한도전 인생에 대하여 하루하루 기록한 영상이다. 데뷔 1년 만에 100만 명을 넘겼다. 현재 방송, 출연, 광고 촬영, 출간 등 활발히 활동하고 있다.

김영원 할머니의 영원씨01seeTV

사이트는 구독자 33만 명에 동영상 212개로 일 평균 조회 수 약 7만 회이며, 예상 월 광고수익은 62만 원 ~ 1,000만 원으로 예상된다. 82세 김영원 할머니는 손녀 하늘 씨가 할머니와 추억을 남기기 위해 시작했다. 할머니는 영상에서 다양한 음식에 도전하며 솔직한 평을 남기는데, **지그젤리 먹방**은 조회 수 515만 회를 넘길 정도로 큰 인기를 끌었다[38].

Imaginative Guy

구독자 144만 명으로 일 평균 조회 수 약 25만 회에 예상 월 광고수익은 230만 원 ~ 3,600만 원으로 예상된다. 나이 미상의 남성 시니어 유튜버가 운영하는 채널로, 영상 콘텐츠 제목, 설명 등이 기본적으로 영어이며 주 시청자가 해외 유저이다. 다양한 물건을 뚝딱 만들어내는 DIY 콘텐츠를 다루는데, 못 만드는 게 뭘까 싶을 정도로 놀라운 수준을 자랑한다. 페트병으로 쥐덫을 만드는 영상은 조회 수만 8.200만 회를 넘었다.

박막례 할머니의
Korea Grandma

김영원 할머니의
영원씨01seeTV

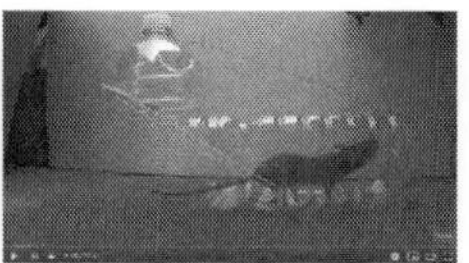
Imaginative Guy

성호육모장 두더지 UCC

성호육모장의 안성덕씨가 올린 두더지 영상은 고구마밭에서 잡은 두더지를 찍은 영상을 유투버에 그대로 게시하였다. 610만 명의 조회에 구독자가 31만 명에 달한다. 두더지 영상이 인기를 끌자

38) 전성기. 월1000만원은 거뜬히 번다고? 유튜버는 어떻게 돈을 버나?

시골에서 접할 수 있는 일상적인 동물 관찰 영상을 업로드하고, 김장이나 요리 등 일상적인 동영상도 종종 업로드한다. 농사 노하우도 게시하는데 구독자의 반응이 좋다. 인위적 편집이 거의 가해지지 않은 영상미와 아저씨의 시골 농부의 과장되지 않은 설명이 결합되어 젊은 층에서 인기가 높다. 천안지역의 충청도 억양에 선한 인품이 매력을 더한다. 동영상에 출연할 때 아내 분이 간간이 훈수를 두는 소리가 진정성을 더한다.

성호육모장 두더지 영상

인플루언서, 유투버의 특징

조회수가 높은 유튜버의 특징은 세상이 궁금한 것을 찾아서 자신만의 잘할 수 있는 것과 결합시켜 창의적인 문화콘텐츠를 창조한다.

누구나 공감할 수 있는 스토리를 가지고 있다. 손자나 딸이 할머니의 치매를 걱정하여 영상기록물을 남기는 것에서 시작하거나 취업의 어려움을 극복하기 위하여 노력하는 과정에서 취미로 시작한 영상 업로드가 대박을 터트리는 경우이다. 진정성이 시청자의 마음을 움직인다.

다양한 창직이 가능한 UCC 크리에이터

누구나 **콘텐츠 크리에이터**가 될 수 있다. 세상이 원하고 내가 잘하는 분야를 찾는다. 세상이 궁금해할 만한 것을 찾아서 내가 잘하는 분야와 결합시키는 것이 성공한 유튜버의 특징이다. 이들은 연예인이 아닌 아주 평범한 일반인이다. 이들이 이렇게 인기 유튜버로서 활동할 수 있는 이유가 무엇일까?

UCC의 특징, 비언어 커뮤니케이션

동영상의 특징은 **비언어적이면서 영상으로도 충분히 내용이 전달된다**는 것이다. 영상을 찍어서 올리면 된다. 나의 영상이 가치가 있는지 없는지는 내가 판단할 필요가 없다. 세상이 판단해 준다. 이제는 30억 명 이상이 보는 유튜브는 롱테일법칙이 적용된다.

롱테일법칙이란? 미국 IT 잡지 편집장이었던 크리스 앤더슨이 처음 발견한 법칙으로 온라인에서는 시간, 장소적 제약이 없고, 검색기능이 제공되기에 언제, 어디서나 수요자는 특정 제품이나 서비스를 찾아내고 이용할 수 있게 되었다. 그러므로 **전시되지 않은 80%의 상품이나 고객들이 상위 20%에 비해 더 큰 매출을 가져온다**는 것이다. 이제는 세상을 상대로 무엇이든 게시할 수 있는 플랫폼 시대이다.

스마트폰 이전에는 파레토 법칙이 지배하였다. 사회경제학자인 파레토가 1896년 발표한 이론으로, 전체 소득의 80%는 상위 20%의 고객에 의해 발생한다는 이론이다. 2:8 법칙이라고 불리기도 한다. 백화점에 전시되는 20%와 방문고객 20%가 매출의 80%를 차지한다. 눈에 보이는 위주로 구매가 일어난다. 그러나 세상이 바뀌었다. 무엇이든 지역적이나 특이하면 관심을 가지는 세상이 되었다.

초보자도 강사가 되는 시대

명강사도 초보자의 시간을 보낸다. 무엇을 하든 처음 시도할 때 시행착오를 거치게 마련이다. 학습 분야에서 자신이 시도하는 학습을 영상으로 올려도 비슷한 처지에 있는 초보자들에게 도움이 된다. **꼭 전문가가 콘텐츠를 올려야 한다는 선입견은 버리길 바란다. 세상의 누군가는 나의 콘텐츠를 필요로 한다.**

책을 내기 어려우면 UCC로 시작

영상의 장점은 출판과 같은 과정이 생략된다. 영상 자체가 전달력이 있기에 스마트폰을 촬영하여 게시하면 된다. 스마트폰에서 기본적으로 제공하는 동영상 편집 프로그램을 활용하여 영상을 다듬을 수 있다. 특이하고 일상적이지 않은, 지나치기 쉬운 순간을 찍어서 올려보면 된다. 낚시에서 미끼로 반응을 보는 단계와 비슷하다.

창업 프로세스의 린스타트업과 비슷하다. 가볍게 최소요건제품(MVP, Minimu Viable Product)을 통해 시장반응을 먼저 확인하면서, 고객의 요구사항을 반영하는 방식이다. 해보기 전에는 누구도 시장의 반응을 예측할 수 없다.

UCC도 린스타트업 과정이 필요하다. 시행착오를 겪으면서 감을 익힌다.

UCC로 퍼스널브랜드 창업에 도전

유튜브 환경와 SNS는 퍼스널브랜드 창업에 유리한 환경이 되었다. 누구나 1인 미디어로서 활동할 수 있게 되었다. 스마트폰만으로도 모든 것이 가능한 세상이 되었다.

세상에 어떤 사람으로 기억되길 원하는가? 앞으로 세상에 어떤 사람이 되고 싶으며, 어떤 비전이 있으며, 어떻게 기억되길 원하는가? 이러한 관점에서 큰 밑그림을 그려야 한다.

전문분야는 어떻게 정하지? 나는 내세울 것도 없으며, 전문성도 없는데! 여러분은 전문성이 없으며, 내세울 것도 없다. 그런데 잘 생각해보자. 여러분은 아르바이트 경험이 있는가? 누구나 한 번쯤은 편의점에서 아르바이트 경험이 있을 것이다. 이러한 경험으로도 전문가가 될 수 있을까? **여러분은 생각의 한계에 갇혀 있을 뿐이다. 누구나 전문가가 될 수 있다.**

나는 알바로 세상을 배웠다.

27세 청년이 책을 출간하였다. 베스트셀러가 되었으며, 기업강연이 쇄도한다. **자신의 7년의 알르바이트 경험을 자신만의 시각으로 해석한 책이다.** 알르바이트를 통해 흔히 만나볼 수 없는 조폭부터 성공한 기업인에 이르기까지 각기 다른 방식으로 살아가는 다양한 사람들을 만나면서 갑질을 온몸으로 경험하면서 세상 사람들의 이면을 보여준다.

새로운 사람을 만나고 새로운 경험을 해보는 것이 인생의 즐거움이며, 경험만큼 훌륭한 스승은 없다는 내용이다. 여러분은 27세의 알바 청년보다 더 다양하고 많은 경험을 하였다. 그래도 전문성이 없다고 할 수 있는가? **자신이 만든 시각에서 벗어나지 못하면 평생 실패자와 같은 인생을 살 수 있다. 세상을 바꾸기보다는 세상을 바라보는 마음의 렌즈를 바꿀 때 당장 전문성이 생긴다.**

스미녀(스마트폰에 미쳐버린 여자), 에듀큐레이터 박정옥 대표

2012년 **성공BizConsulting노트** 제목의 책을 시리즈로 3권을 공동 출간하였다. 저자가 맡은 사업계획서 작성법 내용을 보고 사업컨설팅을 받고 싶다고 한 분이 찾아왔다. 경력단절 여성으로 본인은 창업을 하고 싶은데 특별한 재주가 없다고 하였다. 학위는 전문대 졸업으로 전공과는 무관한 일을 해왔다. 현재 직업은 스마트폰 유통을 하고 있다고 하였다. 그동안 자신의 전문적인 일을 찾기 위해 방송에 출연한 유명한 사람들을 만나왔으나 별 소득이 없었다고 하였다. 자신이 할 수 있는 일을 찾으려는 절박함이 느껴졌다. 다음에 창업 강의가 있으면 들어보라고 조언하였다.

2012년 11월 7일 신용보증기금 본점 19층 강당에서 예비창업자를 대상으로 사업타당성 분석 및 사례 강의에 참여하고 수업 후기로 보여준 것은 자신의 블로그에 올린 저자의 강의에 대한 후기였다. 진정성이 느껴졌다. 당장 내일부터 **강의지원전문가**로 활동해 달라고 부탁하였다. 수중에 5만 원이 있어서 선금을 지급하였다.

강의가 있는 날, 개인비서처럼 카메라부터 장비를 가지고 와서 촬영뿐만 아니라 오랜 직원처럼 강의를 빛내 주었다. 그 이후에 2년 동안 **강의지원전문가**로서 자신의 직업을 만들며 전문성을 쌓았다.

정확히 2015년 11월 13일 **창직리포터 직업의 발견**에서 창직 성공사례로 1시간 방송을 하였다. 저자가 배출한 창직1호 **에듀큐레이터** 박정옥 대표를 통해 새로운 창직의 가능성을 보았다. 나의 가설이 증명되는 순간이었다.

에듀큐레이터1호로서 **에듀큐** 회사를 설립하고 **강의지원전문가 자격** 과정도 개설하여 전문가를 양성하고 있다. 현재는 **한국열린사이버대**에서 **창업경영컨설팅학과** 겸임교수로서 활동하며, **호서대학교 벤처대학원** 박사과정에 재학 중이다. 현재는 **한국1인미디어창직창업협회**를 설립하고 **크리에이터 전문가 과정**을 운영하며 활발히 활동 중이다. 방송에도 출연하며 창직자의 롤모델이 되고 있다.

<2012년도 제2차 신용보증기금 창업스쿨>
(http://www.kodit.co.kr/work/start/start3.jsp)
• 일시 : 2012년 11월 7일 10:00 ~ 12:00
• 장소 : 신용보증기금 본점 19층 강당
• 강사 : 기술경영전문가 아톰로봇 박남규 대표
(park@atom-robot.com, http://blog.naver.com/kinetherapy)
• 강의 : 사업타당성 분석 및 사례
• 대상 : 예비창업자

에듀큐레이터 첫날
(2012.11.7.)

직업방송에 출연한 날
(2015.11.13.)

한국1인미디어창직창업협회
(2020.08.15)

글로벌셀러 최예성 대표

2017년 1학기 삼육대에서 교양 창업강좌에 참여한 말 없는 학생이 있었다. 어느 날 나를 찾아왔다. 자신이 USB **케이블 손목 팔찌**를 수작업으로 만들어서 판매하려고 하는데 사업성이 어떤지 판단해 달라고 하였다. 우리의 만남을 이렇게 시작되었다. 그리고 여름 인턴을 나의 사무실에서 시작하였다. 인턴과정을 통해 성실함과 인성을 아는 시간이 되었다.

그리고 2017년 2학기에 정부 과제를 수주하게 되면서 최예성 학생을 연구원으로 참여시켜서 나의 손발이 되어주었다. 삼육대 신학과 재학생으로 앞으로 목사가 되는 것이 로드맵이었다. 해병대 출신으로 시골에서 농기계부터 용접까지 다양한 경험을 가졌다. 전공은 신학이지만 조선소에서 아르바이트로 배운 용접 및 기계를 다루는 것이 수준급이었다. 과제를 진행하면서 3D 설계 교육에 참여하도록 하여 정식으로 설계기능을 학습하도록 하였으며, 설계방법에 대하여 기초를 전수하였다. 3D프린터를 다룰 수 있게 되면서, 자신이 생각한 아이디어를 능숙하게 손끝에서 만들게 되었다. 개인 도장도 3D프린터로 출력하여 해결하는 수준이 되었다.

2019년 정보과제가 마무리되면서 본인도 앞날을 고민하게 되었다. 그래서 유통을 통해 소비자 시장을 알도록 할 목적으로 글로벌셀러로 활동하는 안영신 대표에게서 정식으로 전문가 과정을 배우도록 하였다. 그리고 현재는 직원 4명의 회사 대표로서 예비창업패키지 지원사업 과제를 통해 시제품개발과 인건비 도움도 받으면서 성공적으로 회사를 운영하고 있다.

글로벌셀러의 특성상 남들과 차별성 있는 제품소개 카드뉴스를 만들고, 영상을 다루어야 한다. 마케팅 생리를 학습하고 끊임없이 새로운 기법을 학습해야만 한다. 이것을 가능하게 한 것이 UCC이다. 글로벌셀러 유튜버의 콘텐츠 강의는 경쟁이라도 하듯 자신들의 노하우를 무료로 알려준다. 이제는 UCC로만 배워도 기본은 할 수 있는 세상이 되었다.

글로벌셀러 네이버쇼핑몰
(런투유)

2019년 학생창업보육실

2020년 김포 복층 사무실

누구나 3가지 이상의 할 말이 있는 분야가 있다.

여러분은 편의점에서 아르바이트한 경험이 있는가? 취미는 있는가? 취미는 없는데 시간 가는 줄 모르는 관심사는 있지 않은가? 그것도 아니면 부모님이 하는 직업을 보고 자라지 않았는가? 전공은 있지 않은가? 자격증은 있지 않은가? 지금 무엇을 배우고 있지 않은가?

한 사람은 알바로 세상을 바라본 것으로 베스트셀러가 되었고, 한 사람은 경단녀로서 현재는 교수이자 기업대표이며 예비박사이며, 한 사람은 신학생으로 제작전문가이며 글로벌셀러로 성공하고 있는 대표이다.

가장 전문성이 없을 듯한 세 명의 사례를 보면서 느낀 점이 없는가? 이제는 핑계가 통하지 않는다. 단지 여러분의 생각이 굳어 있음을 인정하고 겸손하게 창직·창업로드맵을 실천해 보길 바란다.

보통 본인의 전공과 본인의 직업 경험, 취미 경험 등 다양한 전문성 영역에서 관점을 찾았을 때, 남과 차별화된 여러분의 얼굴만큼이나 다양한 자신의 전문 브랜드 영역이 나오는 것이다. 이러한 퍼스널브랜드가 형성되기까지는 노력과 시간이란 숙성기간이 필요하다.

유튜브는 1인 미디어 창직·창업을 가능하게 한다.

남들에게 내가 어떤 사람인가를 끊임없이, 지속적으로 알리는 활동이 필요하다. 예전에는 PC 환경에서는 블로그라는 강력한 수단이 있었다면, 현재는 모바일 생태계에서는 동영상 기반의 브이로그가 핵심 플랫폼이다.

일상생활, 자신의 관심사를 비디오 편집을 통해서 끊임없이 확대재생산함으로 자신이 어떤 사람인가를 주변에 항상 알리게 되는 것이다. 많은 데이터 용량의 영상을 저장하고 처리할 수 있는 것은 유튜브밖에 없다.

브이로거는 실시간으로 현장 영상을 실시간으로 스트리밍 기술을 이용해서 보여준다든지, 생성된 데이터들이 유튜브의 서버에 저장이 되고 재가공 및 유통되면서 1인 미디어 시대를 열고 있다.

12장
문화창업마케팅 역량 I

문화로 창업하는 문화창업마케팅 역량은 다양하다. 앞으로 12장부터 14장까지는 문화창업마케팅을 위해서 필요한 핵심역량과 어떻게 준비할 것이가? 에 대한 방법론을 설명한다.

성공 콘텐츠 제작을 위한 필수역량, 생각 정리의 기술

처음부터 정리된 생각을 도출하기는 쉽지 않다. 사업계획서를 작성할 때 정해진 처음부터 양식에 따라 생각나는 대로 내용을 채워나간다면 내용이 빈약한 사업계획서가 된다. 그러면 어떻게 해야 내용이 알차고 풍부한 사업계획서가 될 수 있는가? 먼저 요리를 하려면 무엇이 준비되어야 할까? 재료가 다양하게 준비되어야 한다. 일단은 **다양한 재료가 있다면 다양한 음식을 만들 수 있다.** 다양한 조합이 가능하기에 다양한 결과를 도출할 수 있다. 글쓰기도 같은 원리이다. **평소 생각한 내용을 기록해 놓는다. 자료도 모아**

놓는다. 이렇게 모아 놓은 내용이 글을 쓰는데 재료가 된다.

콘텐츠가 좋다는 것은 체계적이면서 다양한 경우의 수를 모두 망라한다는 의미다. 먼저 다양한 경우의 수를 확보하기 위해서는 어떤 방법이 있는지 알아보자.

아이디어 생성 원칙

아이디어 도출방법은 4가지 경우로 구분할 수 있다.

접근방법	자유연상	강제연상
직관적	브레인스토밍	-
체계적	TRIZ	SCAMPER +-x÷

아이디어 접근방법

© 2020 박남규 copyright

브레인스토밍

브레인스토밍 발상법은 가장 자주 쓰이는 아이디어 발상법이다. **알렉스 오스본**(Alex Osborn, 1888~1966)은 광고회사 **비비디오**(BBDO) 창립자의 한 사람으로, 브레인스토밍의 아버지로 알려져 있다. 그는 평생 엄청난 시간을 창의성과 상상력을 연구하는데 몰두했다. 그는 브레인스토밍을 **머리를 써서 어떤 문제를 공격하는 것**(using the brain to storm a problem)으로 간단히 정리했는데, 이 개념은 회의실에서 신입사원들이 말을 꺼내지 못하는 것을 보고 생각했다고 한다.

오스본과 동료들은 1939년에 **브레인스토밍(brainstorming)기법**을 창안했고 이를 **크리에이티브 파워(Your Creative Power)**에서 소개했다(Osborn, 1949).

보통 5~7명으로 팀을 구성해 아이디어를 내고 더 좋은 아이디어로 발전시킴으로써 **두뇌 폭풍(brain storm)**을 일으킨다. 아이디어들이 확산되며 눈덩이 뭉쳐지듯 연쇄적으로 이어지기 때문에 눈굴리기(snow bowling) 기법이라고도 한다.

그는 남의 아이디어를 비판하지 말라고 강조하며 수돗물에 비유했다. 수도꼭지에서 찬물과 더운물을 동시에 틀면 미지근한 물밖에 얻을 수 없다는 것. **차갑게 비판받지도 못하고 뜨거운 아이디어를 얻지도 못하기 때문에 회의가 끝날 때까지 찬물이 나오는 수도꼭지(비판)를 잠가야 한다**는 것이다.

오스본은 브레인스토밍 과정에서 참여자가 지켜야 할 **네 가지 규칙**을 제시했다(Osborn, 1949).

첫째, **아이디어 비판 금지**다. 브레인스토밍에서는 타인의 아이디어를 절대 비판하지 말아야 한다. 세상에는 아이디어를 잘 내는 사람도 있고 못 내는 사람도 있다. 아무리 하찮은 아이디어라도 생각한 사람의 입장에서는 나름대로 이유가 있게 마련이다. 아이디어 비판을 받으면 분위기에 짓눌려 더 이상 아이디어를 내지 않기도 한다.

둘째, **자유로운 발표**다. 브레인스토밍에서는 아무리 하찮은 아이디어라도 망설이지 말고 발표해야 한다. 평가받는 두려움은 누구에게나 있다. 참여자는 좋은 아이디어가 떠오르지 않을 때마다 신은 왜 자신에게 놀라운 재능을 주지 않았느냐며 한탄할 수 있겠지만, 하찮은 아이디어라도 다른 사람에게 영감을 주어 놀라운 아이디어로 발전될 수 있다는 관점을 가진다.

셋째, **다량의 아이디어 창출**이다. 브레인스토밍에서는 아이디어의 질보다 아이디어의 개수가 중요하다. 한 연구에서는 대안의 숫자가 많을수록 좋지만 8~15개를 요구할 때가 가장 안정적이며, 1인당 25개를 요구할 때는 효과가 반감된다는 연구결과도 있다(Bergh, Reid, & Schorin, 1983). 초보자는 이런 연구결과에 연연해 말고 온갖 생각의 다발을 여러 각도에서 엮어 100개 이상의 아이디어를 내야 한다.

넷째, **아이디어의 확장**이다. 브레인스토밍에서는 기존의 아이디어를 결합해 새로운 아이디어가 나오도록 해야 한다. 아이디어란 낡은 요소들의 새로운 결합이듯이(Young, 1975), 처음에는 전혀 관계없어 보이는 개별 아이디어들이 이유 있는 기준에 따라 합쳐지면 엄청난 아이디어로 다시 태어나는 경우가 많다. 따라서 기존의 아이디어를 다각도로 검토해 새로운 의미로 확장하는 노력이 필요하다[39].

---

39) 김병희(2014). 오스본의 브레인스토밍 발상법 (아이디어발상법).

발명기법, TRIZ

트리즈(TRIZ)는 주어진 문제의 가장 이상적인 결과를 얻어내는 데 관건이 되는 모순을 찾아내고, 이를 극복함으로써 혁신적인 해결안을 얻을 수 있는 방법론이다.

발명 문제 해결이론의 러시아어 머리글자를 딴 이름으로 영어식 표현으론 TIPS(Theory of Inventive Problem Solving)라고 부른다.

기존의 브레인스토밍(Brainstorming)과 같은 아이디어 발상 기법 등은 **실제로 문제를 해결해 주는 것이 아니라 문제해결을 위한 아이디어만을 제공한다는 점에서 트리즈와 다르다.** 트리즈는 **무엇을 해결해야 하는가를 가르쳐 주는 것과 함께 어떻게 해결해야 하는지를 가르쳐 주는 기법**이다.

크레아트리즈(www.creatriz.net)는 전세계의 다양한 트리즈 관련 자료 및 사이트들을 링크시켜 놓은 사이트로, **TRIZ연구회**(www.triznik.com) 등이 활동하고 있다.

한국트리즈협회(www.triz.or.kr)는 대학교수, 과학발명교사, 산업강사와 기술 컨설턴트, 연구원, 기술자, 변리사, R&D 전문가 등 산·학계의 연구자와 실천가들이 지적 네트워크를 구성하고 있는 대표적인 커뮤니티다.

누구나 발명이 가능한 발명의 원리

알트슐러(Genrich Altshuller, 1926~1998)에 의해 개발된 체계적인 발명 방법론이다. **발명은 천재만이 할 수 있는 것이 아니며**

보편적인 발명원리를 찾아낸다면 누구나 발명을 할 수 있다고 생각했다.

알트슐러는 최소한 하나 이상의 모순을 갖고 있으며 그 해결안이 아직 알려지지 않은 문제를 **창의적 문제**라고 이름 붙였다. 주어진 문제의 가장 이상적인 결과를 얻어내는데 관건이 되는 모순을 찾아내고 이를 극복함으로써 혁신적 해결방안을 얻을 수 있는 방법론이다.

상충하는 두 변수 모두 Win-Win

모순이란? 창과 방패라는 뜻으로, 말과 행동이 서로 맞지 상태이다. 물리적으로는 상반되는 2가지 요인이 동시에 작용하여 그 효과를 상쇄시키는 관계이며, 의학적으로는 상호충돌(Contradiction)이란 의미로, 하나가 좋아지면 하나가 악화되는 길항작용(trade-off)의 관계를 의미한다. 협상에서는 양쪽 중 한쪽이 이득이 있으면, 상대편은 손해를 보는 제로섬 게임과 같다.

이러한 모순을 극복하는 것이 물리적으로 가능하려면 과학적인 방법 안에서 진행하거나 새로운 이론을 창출하여야 한다.

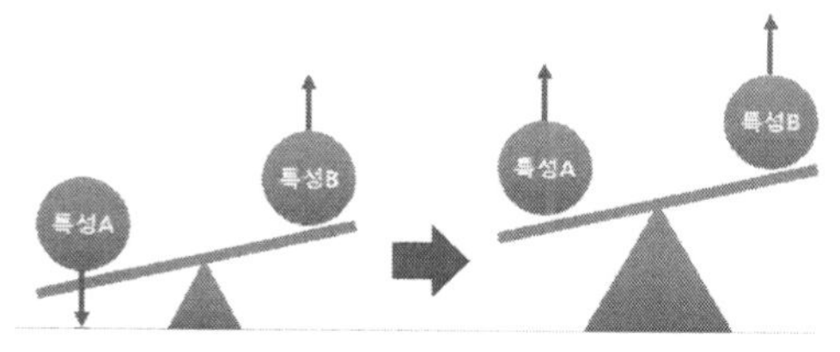

모순을 극복한 상생효과

© 2020 박남규 copyright

40가지 발명의 원리 탄생

모순을 해결하기 위한 발상의 방법론으로 40가지 관점을 제공한다. 인류는 도전과 응전의 역사이다. 모순을 극복하는 과정에서 혁신적인 제품이 탄생하였다. 러시아의 천재 과학자 알트슐러는 14세에 수중 잠수 장치 발명으로 처음 특허를 받았다. 15세 때는 **고장난 잠수함에서 잠수복 없이 탈출하는 방법**을 고안해 해군 특허부에 근무하게 된다. 특허심사관으로 근무하면서 수천 개의 특허를 분석하던 중 패턴을 찾아내 1946년 트리즈의 토대를 완성하였다. 1948년 해군 대위로 복무 중 스탈린에게 **혁신과 발명에 대한 정부의 접근방식이 혼란스럽고 무지하다**는 내용의 편지를 썼다가 25년형을 선고받고 50년에 구속됐다. 감옥 안에서 그는 과학자 법률가 건축가등 수용자들과 함께 공부하며 TRIZ이론을 다듬어갔다. 1954년 스탈린 사망 후 석방되었다.

그는 많은 논문과 책을 발간했으며 소련에서 수천 명의 제자를 배출하였다. 그의 제자들은 이후 20만 건의 특허를 분석해 1,500가지 모순이 존재한다고 결론지었다. **영감이 떠오를 때까지라면 수백 년을 기다려야 하지만 방법을 이용하면 15분 만에 새로운 발명을 해낼 수 있다**는 것이 그의 결론이었다.

트리즈 학교가 전국에 등장하자 74년엔 그와 그의 제자는 소련 중앙위원회의 감시를 받게 됐다. 그는 생계를 위해 **알토프**라는 필명으로 트리즈 개념을 활용한 공상 과학 소설들을 썼다. 61년 첫 번째 책인 **발명을 배우는 방법**을 썼다. 68년에야 조지아에서 그의 이론을 증명해 보일 세미나를 열 수 있었다.

69년엔 **발명의 알고리즘**을 출간했다. **페레스트로이카** 이후인 89년 그를 회장으로 한 러시아 트리즈협회가 설립됐다. 그러나 페레스트로이카까지 부루조아적인 속임수라고 탄압당했다. 그의 후계자들인 **키쉬네프 스쿨** 사람들 중 일부가 90년대 초 미국으로 이주해 서구에서도 트리즈가 꽃을 피우게 됐다. 국내에 도입된 것은 서방화된 트리즈인 셈이다.

1980년대 후반부터 미국에서 SW(소프트웨어) 개발도구로 상용화가 시작됐으며, 미국 · 일본 · 유럽 등 서방세계에 90년대 초반에 도입됐다. 미국에는 2개의 트리즈 관련 SW 회사가 있으며 컨설팅 회사는 다수가 존재하고 있다. 미국 · 일본 · 유럽의 주요기업에서 **테크옵티마이저**(TechOptimizer) SW를 이용한 트리즈 기법이 널리 도입돼 있는 상황이다.

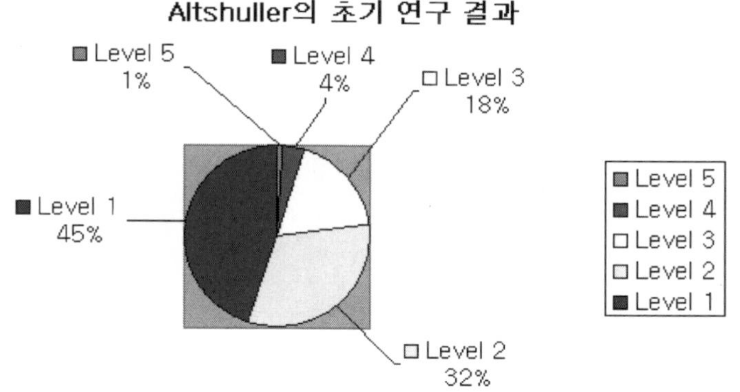

특허수준 5단계

특허수준

등급	설명
레벨 1	**간단한 해결방법, 정상적인 공학지식으로 해결** • 개인적인 지식 • 해당분야의 익숙한 방법을 이용한 해결
레벨 2	**시스템 개선** • 여러 가지 가능성 검토 • 동일한 패러다임 내에서 해결
레벨 3	**발명 문제 해결** • 동일한 패러다임 내의 해결 방법이기는 하나 타협(Compromise)없이 시스템을 현저히 개선 • 수백/수천개의 가능성 검토 • 해결 방법은 어느 한 공학 분야의 지식 범위 초과 • 토마스에디스이 사용한 방법
레벨 4	**중요한 발명** • 해결책은 현재의 패러다임 밖에 없음 • 수년의 노력 필요 • 공학적인 타협 없음 • 해결책은 물리, 화학, 기리고 기하학적인 분야 모두를 포함
레벨 5	**혁신** • 일생일대의 발명 • 새로운 산업의 시작 • 예: 레이져, 트렌지스터, X-Ray, 복사기등

물리적 모순과 기술적 모순

모순을 극복한 레벨 5(상위 1%) 특허 4만 건을 분석하여 **물리적 모순은 분리의 법칙과 기술적 모순에 대해서는 40가지 발명의 원리**에 대하여 정리하였다. 기존의 특허를 분석해 발명의 방향, 원리를 구현한 것이다. **모순을 극복하는 방법은 기존의 관점에서 벗어나 다른 관점에서 보는 지혜의 영역이다**. 예전에는 이러한 지혜를 얻는 방법이 수련, 명상을 통하거나 천재들의 전유물로 여겼으나 TRIZ원리는 지혜를 도출하는 생각의 방법론을 체계화시킨 것이다.

물리적 모순은 물리적 변수 자체가 모순을 가지는 경우이다. 단단해야 하면서 연해야 한다든지, 진동이 있으면서 진동이 없어야 한다든지, 시끄러워야 하면서 조용해야 한다든지, 무거우면서 가벼워야 하듯 변수 하나가 극단의 성질을 가져야 하는 경우이다. 이런 경우는 분리의 원리를 적용해 본다.

물리적 모순의 종류와 예시

분리방식	예시
시간에 의한 분리	비행기 날개, 이착륙시에는 날개가 넓게 펴지며, 순항시에는 저항을 줄이기 위하여 날개가 접힘
공간에 의한 분리	다초점 렌즈
전체와 부분에 의한 분리	자전거 체인, 부분적으로는 단단하지만 전체적으로는 유연
조건에 의한 분리	낮은 속도에서 입수 시 물은 부드럽지만 높은 속도로 입수 시 물은 딱딱하게 마찰이 생긴다.

변기 구조 변경

문제점: 기존 양변기의 13리터 물이 소비되면서 물이 내려갈 때 소음 발생

- 1단계 : 물을 절약하고 소음을 없애기 위해 물의 흐름이 좋게 하기 위해 트랩구조가 없어야 하나, 악취역류를 방지하기 위해 트랩구조가 있어야 한다.
- 2단계 : 분리의 원리 적용

물리적 모순의 종류와 예시

분리방식	예시
시간에 의한 분리	평소에는 트랩이 있으며, 물을 내릴 때는 트랩이 없는 구조
공간에 의한 분리	부분적으로는 트랩이 아니고 전체적으로는 트랩구조
전체와 부분에 의한 분리	부분적으로 트랩 구조가 아니고, 전체적으로는 트랩 구조
조건에 의한 분리	평소에는 트랩 작동하다가, 물을 내릴 때는 트랩이 없는 구조

- 3단계 : 평소에는 트랩 역할을 하다가 물을 낼 때는 트랩이 아닌 구조를 구현하기 위하여 호스를 이용한 트랩구조 구현

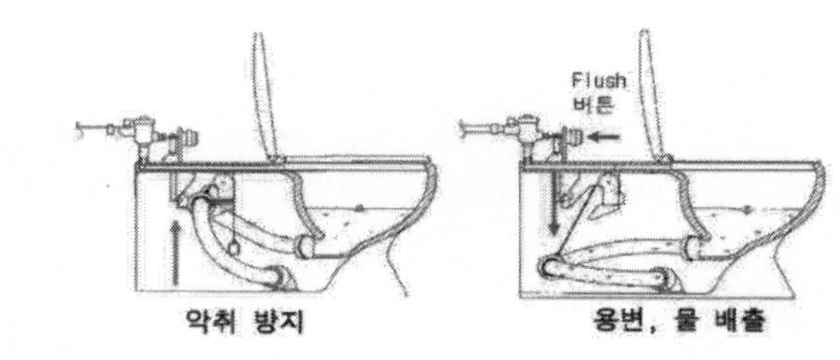

기술적 모순은 A변수(인자)를 개선하려고 시도하면 B변수(인자)가 약화할 때 A변수와 B변수는 기술적 모순 관계에 있다. 만약 제

품을 튼튼하게 만들려고 두께변수를 키우면, 반대로 무게변수가 무거워진다. 더 좋은 재료를 사용하면 비용이 증가한다. 이러한 모순을 해결하는 방법은 타협(Trade off or compromise)이다. TRIZ는 이러한 타협을 발명으로 여기지 않는다. **발명이란 모순을 극복하는 해결책이며 두 변수를 모두 만족시키는 것이다.**

TRIZ 적용 방법

TRIZ는 기술적 모순을 일으키는 39개의 변수를 정의하고 두 변수 간의 모순으로 정의하고, 두 변수 간의 모순을 해결하기 위한 40가지의 발명의 원리를 대입하여 해결책을 도출한다.

- 1단계 : 39개의 변수 중 해당 변수 정의
- 2단계 : 모순행렬을 활용한 발명의 원리 40가지 중 제시된 방법으로 해결책 도출
- 3단계 : 도출된 해결이 종속변수인 결과에 미치는 다중 공선성 검토 및 Pay-off Matrix상의 대안평가를 통한 최선의 솔루션 선택

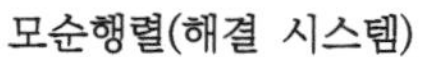

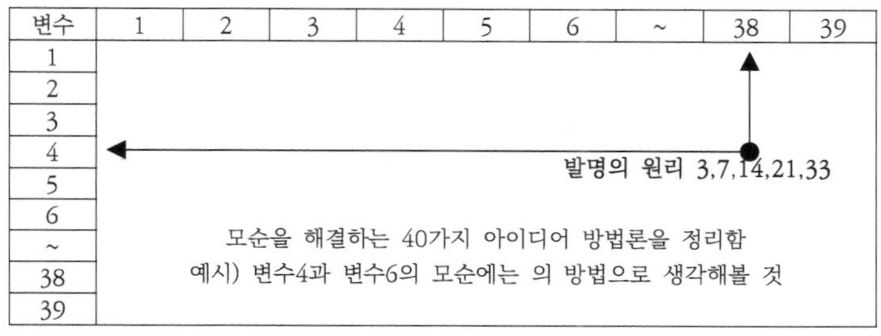

모순행렬를 사용한 사례(항공기)

항공기는 높은 상공에서 비행을 하기 때문에 무엇보다 강도가 중요하다. 하지만 강도를 높일 경우 무게가 무거워져 연료비가 많이 든다.

- 1단계 : 1- 무게, 14-강도
- 2단계 : 1, 8, 40, 15의 사례를 참조하여 아이디어 도출

순번	해결책	활용도	설명	사례
1	분할(Segmenation)	3위	• 대상을 부분화, 모듈화 시킨다. • 조합과 분해가 쉽도록 한다. • 대상의 분할 정도를 증가 시킴	• 모듈화된 조립식 가구 / 컴퓨터 • 분리하면 각가의 개체를 칼로 사용 • 접을 수 있게 된 줄자 • 정원의 호스를 원하는 길이만큼 이을 수 있음 • 시장세분화 • 단기 프로젝트에 임시직 고용 • **부분적으로 강도가 높은 재료를 적용한다.**
8	공중부양(Counterweight)	32위	• 상승력을 갖는 다른 것에 결합하여 활성화 • 양력을 가진 다른 대상과 연결시킴으로 보정 • 대상의 무게를 공기나 물에 의한 부력을 제공할 수 있는 환경과 상호작용을 하도록 함	• 경주용 자동차의 뒷날개 • 비인기 상품과 인기상품을 같이 판매 • PPL광고 • **항공기 날개가 양력을 더 받도록 설계한다.**
15	자유도 증가(Dynamicity)	6위	• 다른 상황에서도 최고 성능을 발휘하도록 바꿈 • 자유롭게 움직이게 함	• 굽힐 수 있는 구조로 되어 있는 후레쉬 라이터 • 3M의 15%규칙, 구글의 20% 규칙 : 업무시간에 직무과 관련 없는 자기시간 사용 • 전철의 연결부분을 유연하게 연결하여 곡선통과
40	합성재료(Composite material)	17위	• 재료를 합성하여 새로운 구조 • 균일한 재료를 합성재료로 교체	• 군용비행기 **날개는 고강도와 경량화를 위해 프라스틱과 탄소섬유의 합성재료로 만듬** • 화장품 냉장고/김치 냉장고 • 인터넷TV

- 3단계 : 고강도 경량화 소재를 부분적으로 적용하며, 늘어난 무게를 극복하기 위하여 양력 설계를 한다.

TRIZ 모순행렬 (모순테이블)

39가지 변수는 속도, 힘, 강도 등과 같은 39가지 공학적 변수이다.

39가지 변수

순번	해결책
1	움직이는 물체의 무게 (Weight of moving object)
2	고정된 물체의 무게 (Weight of non-moving object)
3	움직이는 물체의 길이 (Length of moving object)
4	고정된 물체의 길이 (Length of non-moving object)
5	움직이는 물체의 면적 (Area of moving object)
6	고정된 물체의 면적 (Area of non-moving object)
7	움직이는 물체의 부피 (Volume of moving object)
8	고정된 물체의 부피 (Volume of non-moving object)
9	속도 (Speed)
10	힘 (Force)
11	압력 (Pressure)
12	모양 (Shape)
13	물체의 안정성 (Stability of object)
14	강도 (Strength)

15	움직이는 물체의 내구력 (Durability of moving object)
16	고정된 물체의 내구력 (Durability of non-moving object)
17	온도 (Temperature)
18	밝기 (Brightness)
19	움직이는 물체가 소모한 에너지 (Energy spent by moving object)
20	고정된 물체가 소모한 에너지 (Energy spent by non-moving object)
21	동력 (Power)
22	에너지의 낭비 (Waste of energy)
23	물질의 낭비 (Waste of substance)
24	정보의 손실 (Loss of information)
25	시간의 낭비 (Water of Time)
26	물질의 양 (Amount of substance)
27	신뢰성 (Reliability)
28	측정의 정확성 (Accuracy of measuement)
29	제조의 정확성 (Accuracy of manufacturing)
30	물체에 작용하는 유해한 요인 (Harmful factors acting on object)
31	유해한 부작용 (Harmful side effect)
32	제조용이성 (Manufacturability)
33	사용편의성 (Convenience of use)
34	수리가능성 (Repairability)
35	적응성 (Adaptability)
36	장치의 복잡성 (Complexity of device)
37	조절의 복잡성 (Complexity of control)
38	자동화의 정도 (Level of automation)
39	생산성 (Productivity)

40가지 발명의 원리

순번	해결책	활용도	설명	사례
1	분할 (Segmenation)	3위	• 대상을 부분화, 모듈화 시킨다. • 조합과 분해가 쉽도록 한다. • 대상의 분할 정도를 증가 시킴	• 모듈화된 조립식 가구 / 컴퓨터 • 분리하면 각가의 개체를 칼로 사용 • 접을 수 있게 된 줄자 • 정원의 호스를 원하는 길이만큼 이을 수 있음 • 시장세분화 • 단기 프로젝트에 임시직 고용
2	추출 (Extraction)	5위	• 필요하지 않은 부분만 분리 • 필요한 특성을 추출	• 에어컨 모터 소음을 줄이기 위해 열교환기를 건물 밖으로 분리 • 줄없는 줄넘기 • 김치보관 기능만 추출한 김치냉장고 • 매장 없이 배달매출 올리는 피자집
3	국지적 품질 (Local Quality)	12위	• 여러 부분이 서로 다른 기능을 수행하가 한다. • 각 부분이 최상의 작동 조건이 되도록 한다.	• 고무가 결합된 연필 • 각기 다른 음식을 담게 여러 형태 모양을 갖춘 식판 • 냉장고의 홈바 • 제품에 대한 현지 전략 • 성과급 형태의 지급
4	비대칭 (Asymmetry)	24위	• 대칭형에서 비대칭으로 바꿈 • 이미 비대칭이면 비대칭정도를 증가시킴 • 기존과 다른 차별화를 만드어 낸	• 립스틱을 비대칭으로 만들어서 입술에 바르기 쉽게 한다. • 신흥시장과 성숙시장의 영업전략 차이 • 주식시장에 펀드 상품의 출시

			다	
5	통합 (Combining)	33위	• 동일, 유사, 연관 기능을 수행하도록 결합하거나 통합한다	• 스팀다리미 • 영화관 쇼핑몰이 모여 있는 멀티플렉스
6	다용도 (Universality)	20위	• 여러 용도의 기능을 장착	• 침대 겸 소파 • 맥가이버 칼 • 축구의 수비형 공격수(리베로) • 스마트폰
7	포개기 (Nesting)	34위	• 하나의 객체를 다른 객체속에 넣는다. • 하나의 객체가 다른 객체속을 통과하게 한다. • 포갤 수 있는 의자/Telescopic antenna/샤프	• 러시아 전통인형 마트로시카(인형속에 인형) • 샵인샵 • 마카오 베네시안 호텔의 카지노 구역
8	공중부양 (Counterweight)	32위	• 상승력을 갖는 다른 것에 결합하여 활성화 • 양력을 가진 다른 대상과 연결시킴으로 보정 • 대상의 무게를 공기나 물에 의한 부력을 제공할 수 있는 환경과 상호작용을 하도록 함	• 경주용 자동차의 뒷날개 • 비인기 상품과 인기상품을 같이 판매 • PPL광고
9	사전반대조치 (Prior counter-action)	39위	• 유해한 효과 제거를 위하여 미리 반대조치를 취해 놓는다. • 미리 반대의 응력을 준다.	• 겨울에 자동차 예열 • 특허, 저작권 등록으로 미리 보호조치 • 곡면 피자박스: 미리 처짐을 고려하여 처짐 방지 • 입금피크제
10	사전조치 (Prior action)	2위	• 요구되는 작용을 사전에 전부 또는 부분적으로 수행 • 대상이 시간낭비 없이 작업에 들어갈 수 있도록 준비(제일 편리한 위치 고려)	• 사전 예약자 항공탑승권 자동발급기 • 선불카드, 선불휴대폰 • 도심공항터미널 사전 출국 수속제도
11	사전예방조치 (Cushion in advance)	29위	• 미리 안전 및 예방조치	• 도난방지 태그 • 누전차단기 • 승용차 에어백 • 단시간 효과적인 미팅을 위한 의자를 없앤 회의실
12	등전위 (Equipotentiality)	37위	• 대상이 올려지거나 내려지지 않도록 작업조건 변경	• 자동차 리프팅이 필요없는 작업용 피트(Pit) • 등밀이 기계/ 바퀴의자 • 샘플제공으로 구매유도 • 찾아가는 자동차 세차 서비스
13	역방향 (Inversion)	10위	• 반대로 작동 • 움직이는 부분을 고정시키고 고정된 부분을 가동 시킴 • 대상을 꺼꾸로 돌림	• 연마제 대신 부품을 진동시켜서 연마 • 헬스장의 러닝머신 • 두바이 사막위 스키장 • 티저광고(상품을 숨겨서 호기심 유발)
14	곡선화 (Spheroidality)	21위	• 직선을 곡선, 평면을 곡면으로 변경 • 직선 운동을 회전운동으로 변경	• 방향 조절 파라솔 • 나선형 계단 • 두바이 인공섬 팜 아일랜드 해안선을 고면화해서 해안선 확대 • 컴퓨터의 마우스는 벡터의 두 선형 운동을 전달하기 위해서 공 구조 활용 • 잘되는 영업소와 부진한 영업소 책임자 순환근무
15	자유도 증가 (Dynamicity)	6위	• 다른 상황에서도 최고 성능을 발휘하도록 바꿈 • 자유롭게 움직이게 함	• 굽힐 수 있는 구조로 되어 있는 후레쉬라이터 • 3M의 15%규칙, 구글의 20% 규칙 : 업무시간에 직무과 관련 없는 자기시간 사용 • 전철의 연결부분을 유연하게 연결하여 곡선통과
16	초과나 과부족	16위	• 많거나 적게하여 문제해결	• 저장 상자로부터 금속분말을 일정하게

17	(Partial or overdone action)			내 보내기 위해서 흡파 내에는 일정한 압력을 가하기 위해 계속적으로 과다 충진되는 깔대기가 있음 • 포스트잇 • 가격 책정시 9원 단위로 책정
17	차원변경 (Moving to a new dimension)	19위	• 1차원에서 2차원으로, 2차원에서 3차원으로 변경 • 다른 차원에서 바라봄 • 단층대신 대상의 다층 조립이용 • 대상을 기울게 하거나 한편으로 돌려 누임 • 이미지를 주위의 면이나 대상의 반대면에 투영	• 정수기 판매에서 렌탈로 변경 • 회의시간을 비용으로 계산 • 오프라인 교육을 온라인으로 전환 • 2D프린터에서 3D프린터
18	기계적 진동 (Mechanical vibration)	8위	• 대상을 진동시킴 • 진동이 있는 경우에는 초음파까지라도 주파수를 증가시킴 • 공진주파수 이용 • 기계적진동 대신에 압전기 진동기(Piezovibrators)이용 • 전기자계와 연결하여 초음파 이용 • 고정된 상황을 바꿔본다 • 고정된 변수 및 요소를 바꿔본다	• 일반적인 손톱보다 진동하는 칼을 이용 • 베임 없는 진동과일칼 • 주물이 잘 흐를 수 있도록 주물틀을 진동시킴 • 조음파 해충 퇴치기 • 조직개편 • 방문학습지도
19	주기적 조치 (Periodic action)	7위	• 연속적인 작동(action)을 주기적 작동으로 변경 • 주기적 작용인 경우에는 이의 주파수 변경 • 추가작용을 가하기 위해 충격과 중단을 이용	• 충격렌치(impact wrench)는 계속적인 힘 보다는 충격을 이용하여 녹이 쓴 너트를 해제시킴 • 메트로놈 • 깜박이 경고등 • 호프집에서 점심 식사 판매 • 버스전용차로제 • 안식년 휴가제
20	유효 작용의 지속 (Continuity of useful action)	40위	• 중단없이 계속적으로 작동-대상의 모든 부분은 계속해서 최대능력으로 작동되어야 함 • 헛돌거나 중간 능력의 작동 배제	• 전진하거나 후진하거나 질삭을 할 수 있도록 되어 있는 드릴 • 업무가 중단된 경우 교육 실시 • 스키장의 여름 골프장 • 온라인 뱅킹 • 24시간 편의점
21	급히 통과 (Rushing through)	35위	• 유해하거나 위험한 작동을 배제하기 위하여 고속으로 진행	• 얇은 두께의 플라스틱 튜브 절단기는 초고속 절단을 함으로써 튜브 변형방지(튜브가 변형하기 전에 절단) • 고속도록 톨게이트 하이패스
22	유해 효과를 유효 효과로 전환 (Convert harm into benefit)	22위	• 유해인자에 다른 유해인자를 더해서 이를 제거 • 환경의 유해 인자나 유해효과를 활용하여 유효효과를 내도록 함 • 유해작용이 유해하지 않게 될 때까지 이를 증가시킴	• 모래나 자갈은 추운 지방에서 운반되는 동안 얼어서 굳어 짐. 과다냉동(액체질소 이용)시키면 얼음은 부서져서 다른 곳에 부어 넣을 수 있게 됨. • 고주파 전류로 금속을 가열하면 단지 외부층만 가열됨, 이 부정적인 효과는 추후에 표면 경화에 이용 • 산불을 막기 위한 맞불 • 발효식품/봉침/뱀독을 약으로 정제 • 계약시 가격을 낮추는 대신 장기 계약을 체결 • 고객불편에 착안하여 신시장 개척
23	피드백 (Feedback)	36위	• 피드백 도입 • 피드백이 이미 존재하면 이를 꺼꾸로 작동	• 우물의 수압은 토출압력을 감지하고 너무 낮은 경우에는 펌프를 돌림으로써 유지됨 • 소음제거장치는 소음신호의 샘플을 받아 이의 위상을 변화시켜 소음원천의 효과를 상쇄하기 위하여 다시 보냄 • 자동차 후진 경고음

				• 모니터링과 VOC • 댓글마케팅/구전효과
24	중개매개물 (Mediator)	18위	• 작용을 전달하거나 수행하기 위하여 중간 매개체를 사용 • 중간 매개체를 임시로 도입 • 대상을 임의로 제거하기 쉬운 다른 대상에 연결	• 단열재 • 펀드를 통한 간접 투자 • 심부름 센터 • 여행사 및 이벤트 대행사 • 컨설팅
25	Self-service	28위	• 시스템이 스스로 기능을 완성하도록 한다 • 낭비되는 재료와 에너지 활용 • 유휴자원 활용	• 사진기의 오토포커싱 • 재활용 가구 전문점 • 위키피디아 사전DB • 리멤버 명함관리 서비스, 스스로 명함 등록을 통하여 DB구성 • 식당에서 셀프 반찬
26	복사, 대체품 (Copying)	11위	• 대체수단을 사용하여 본래의 효과를 얻는다 • 복잡하고 비싸고 깨지기 쉽고 작동하기 불편한 대상 대신에 간단하고 저가의 복제품 사용 • 대상이나 대상 시스템을 이들의 광학적 복사품이나 이미지로 대체 • 볼 수 있는 광학적 복사품이 사용되는 경우에는 이를 자외선이나 적외선 복사품으로 대체	• 높은 대상의 높이는 이들의 그림자를 측정함으로써 결정 가능 • 희귀 고문서 스캔하여 보관 • 벤치마킹, 경영자 조찬모임 • 음식모형 • 오프라인 강의 대신 온라인 강의 • 가상현실
27	일회용품(An inexpensive short-life object instead of an expensive durable one)	13위	• 일회용으로 바꾼다 • 값싼 방법으로 바꾼다 • 고가의 대상을 다른 성질의 타협점을 찾아 여러 개의 저가의 대상으로 교체	• 일회용 기저귀 • 플라스틱 튜브와 미끼로 되어 있는 일회용 쥐덫. • 렌터카 서비스, 정수기 렌탈 서비스 • 항공사 전자티켓 • 프로젝트별 프리랜스 고용
28	기계적 시스템의 교체 (Replacement of a mechanical system)	4위	• 기계시스템을 광, 음향 또는 방향 시스템으로 교체 • 대상과의 상호작용을 위해 전기, 자기 또는 전자기장 사용 • 장의 교체: • 정적인 장(stationary fields)를 동적인 장(moving fields)로 • 고정된 것을 시간에 따라 바뀌는 것으로 • 무작위(random)에서 조직화(structured)된 것으로 • 강자성 입자(ferromagnetic particles)와 관련된 장(field)사용	• 가열가소성(thermoplastic)재료에 금속도료(metal coating0의 접착력을 증가시키기 위해 이 공정은 금속에 힘을 가할 수 있도록 전자기장(electromagnetic field)내에서 행해짐
29	유동적으로 변경 (Use a pneumatic or hydraulic construction)	14위	• 단단한 것을 유동적인 것으로 대체 • 소프트웨어 기능을 부가 • 대상의 고체부분을 기체나 액체로 교체-이 부분들은 팽창(inflation)하기 위해 공기나 물을 사용할 있고 또는 공기나 유체정역학(hydrostatic)쿠션(cushions)을 사용할 수 있음	• 충격완충용 포장용 공기비닐 • 다품종 소량생산
30	유연성 있는 필름이나 얇은 피막으로 선택 (Flexible film or thin membranes)	25위	• 통상적인 구조를 유연성 있는 피막(flexible membranes)과 얇은 필름으로 교체 • 얇은 필름이나 피막으로 유해한 외부 환경으로부터 고립시킴	• 식물의 잎으로 부터의 증발에 의한 수분 손실을 방지하기 위해서 폴리에틸렌(polyethylene)을 뿌림(spary) • 식당의 이동 칸막이 • 스마트폰 액정보호필름 • 수술용 장갑

				• 마스크
31	다공성 재료 사용 (Use of porous material)	30위	• 가볍고 단단하게 단순화시킨다 • 대상을 유공성(porous)으로 만들거나 또는 유공성 요소사용(inserts cover등) • 대상이 이미 유공성이면 구멍을 미리 어떤 물질로 채움	• 탄소섬유 골프채로 가볍게 강화 • 구멍을 활용한 소음흡수용 벽 • 기계에 냉각수를 계속 공급하는 것을 피하기 위해 기계의 어떤 부품들은 냉각수에 젖은 유공성 재료(porous material)로 채워져서 기계가동시에 냉각수가 증발 함으로써 단기간 균일한 냉각 가능
32	색깔 변경 (Changing the color)	9위	• 대상이나 그 주위의 색을 변경 • 대상이나 주위의 반투명도 변경 • 대상이나 보기 힘든 과정을 관찰하기 위해 색깔 첨가제 사용 • 이미 그러한 첨가제가 사용 되었으면 발광 추적이나 추적요소 활용	• 투명한 붕대는 이를 제거하지 않고도 상처를 검사할 수 있게 함 • 구글의 키워드 광고 • 자동차 실내 백미러 코팅처리로 전조등 불빛 약화시킴
33	동질성 (Homogeneity)	38위	• 본래의 성질 유지 • 대상이 같은 재료나 비슷한 성질을 가진 재료로 된 물체들과 상호작용을 하도록 함	• 마모성이 강한 곡물(abrasive grain), 공급장치(feeder)의 표면은 공급장치를 통과하는 곡물로 되어 있어 마모되지 않고 계속적으로 표면이 복원되도록 함 • 아날로그 카메라 형태를 유지한 DSLR카메라 • 동일 브랜드 사용
34	부품의 제거와 복원 (Rejecting and regenerating parts)	15위	• 낭비요소 제거 • 기능을 다했거나 필요 없어진 뒤에는 대상의 요소를 제거하거나 변형함(즉 버리거나, 녹이거나, 증발시킴) • 대상의 사용이 끝난 부품을 곧바로 복원시킴	• 총을 쏜 후에 탄피 배출 • 로켓부스터(rocket booster)는 기능을 다 한 후에 떨어져 나감. • 가축분뇨 메탄가스 연료 사용 • 재활용품 가게 • 푸드뱅크
35	대상의 물리적, 화학적 상의 변환 이용 (Transformation of physical and chemical states of an object)	1위	• 대상의 집합체의 상(aggregate state), 비중, 유연성의 정도, 온도 변경 • 디지털 시스템으로 변화 • 유연성의 정도 변화	• 온라인 쇼핑몰 • 온라인 뱅킹 • 스마트폰의 앱설치고 용도 변경
36	상 변화 (Phase transition)	27위	• 물질의 상 변화 중에 발단된 효과 활용	• 물이 얼어 팽창하는 성질을 이용한 바위 깨기
37	열 팽창 (Thermal expansion)	26위	• 열에 의한 재료의 팽창, 수축 활용 • 열 팽창 계수가 다른 여러 가지 재료 사용	• 바이메탈판(bimetal에 의한 온도자동제어
38	활성화 촉진 강력 산화제 사용 (Use strong oxidizers)	31위	• 보통의 공기를 산화제 첨가한 공기로 교체 • 산화제 첨가한 공기를 산소로 교체 • 이완화 시키는 복사열이 있는 공기나 산소의 분위기에서 처리 • 이온화 된 산소 사용 • 재미있게 한다 • 환경을 활성화 한다.	• 토치(torch)에서 더 많은 열을 내기 위해 공기대신에 산소공급 • 사내 벤처제도로 조직내 새로운 피 수형 • 사우스웨스트 항공의 펀경영
39	비활성화 (Inert environment)	23위	• 통상적인 환경을 불활성한 것으로 교체 • 첨가물을 이용한 안정된 분위기 조성 • 공정을 진공에서 진행	• 창고에서 솜에 불이 붙지 않게 하기 위하여 창고로 옮기는 동안 불활성 가스 처리를 함 • 과자의 산화를 방지하기 위한 진공포장 • 어려운 협상시 중간 휴식

				• 표준화 매뉴얼 • 과열된 주식시장의 서킷브레이크
40	합성 재료 (Composite material)	17위	• 재료를 합성하여 새로운 구조 • 균일한 재료를 합성재료로 교체	• 군용비행기 날개는 고강도와 경량화를 위해 프라스틱과 탄소섬유의 합성재료로 만듬 • 화장품 냉장고/김치 냉장고 • 인터넷TV

SCAMPER 기법

아이디어를 도출하기 위한 7가지 관점을 제공한다.

SCAMPER 7가지 규치

© 2020 박남규 copyright

	평가내용
Substitute	기존의 것을 다른 것으로 대체해 보라
Combine	A와 B를 합쳐 보라
Adapt	다른 데 적용해 보라
Modify, Minify, Magnify	변경, 축소, 확대해 보라
Put to other uses	다른 용도로 써 보라
Eliminate	제거해 보라
Reverse, Rearrange	거꾸로 또는 재배치해 보라

더하기, 빼기, 곱하기, 나누기 방법

평가항목	평가내용
더하기	A와 B를 합쳐 보라
빼기	A에서 B를 제거해 보라
곱하기	A를 B의 비율로 키워 보라
나누기	A를 B의 비율로 축소 시켜보라

수렴단계에서 접근 방법

수렴단계에서는 크게 두 가지 접근방법이 있다. 확산시킨 아이디어에 대한 평가를 통해 최선의 솔루션을 선정하는 방법과 아이디어를 구조화시키는 방법이다.

평가를 통한 최선의 선택방법

평가를 통한 최선의 선택방법은 크게 3가지가 있다. 보완적 평가, 비보완적 평가, 휴리스틱 평가이다.

1. 보완적 평가 방식

어떤 평가 기준에서 낮은 점수를 받았다고 하더라고 다른 기준에서 높은 점수를 얻어 보상될 수 있다. 각 기준별 평가치를 중요도에 따라 가중평균하여 구한 점수로 결정된다. 대표적인 평가모델로 **피쉬바인**(Fishbein)**의 다속성모델**(Multi-Attribute Model)이 있다. 아래와 같이 아이디어별 접수합계를 통해서 가장 점수가 높은 아이디어를 선택한다. 아이디어 평가기준은 차원이 된다.

보완적 평가 방식

아이디어 평가기준 (차원)	가중치	평가정도 (등간척도, 비율척도)					점수
		5	4	3	2	1	
성능	3						
디자인	2						
가격	5						
						합계	

2. 비보완적 방식

특정 평가기준의 낮은 점수는 다른 기준의 높은 점수로 보완되지 못한다.

- 결합방식 : 평가기준별로 각각 최소치를 정하고 모든 평가 기준에서 최저 기준을 넘는 대안을 선택한다. 대안의 수가 많아 모든 평가 기준에서 큰 약점이 없는 대안만을 추출하고자 할 때 유용하다.
- 분리방식 : 평가기준별로 각각 최소치를 정하고 한가지 평가 기준에서라도 최저 기준을 넘는 대안을 선택한다. 모든 대안이 만족할 만한 수준에 있거나 몇가지 평가 기준에 있어서 약점이 있어도 무방할 때 활용한다.
- 사전편찬방식 : 가장 중요한 평가기준에서 가장 높은 값을 가진 대안을 선택한다. 가장 높은 값을 가진 대안이 다수 일 때는 두번째 평가기준에서 가장 높은 값을 가진 대안을 선택한다.
- 연속제거방식 : 각 평가기준에서 최소치를 두고, 가장 중요도가 높은 평가기준에서 최저 수준을 넘는 대안을 선택한다. 대안이 다수일 때는 다음으로 중요도가 높은 평가기준에서 최저 수준을 넘는 대안을 선택한다.

비보완적 평가 방식

아이디어 평가기준 (차원)	가중치	평가기준 최소치	도출된 아이디어			결합방식	분리방식	사전편찬 방식	연속제거 방식
			A	B	C				
성능	3	30	20	10	50	A,B탈락	C선택	C선택	A,B탈락
디자인	2	40	60	30	60	B탈락	A,C선택		
가격	5	15	10	50	50	A탈락	B,C선택	BC선택	A탈락
합계	10					최종 C선택	최종 C선택	C선택	C선택

비보완적 평가 요약: 각 평가기준의 최소 기준치 보다 낮으면 바로 탈락시키는 방식
• 결합방식(접속규칙) : 최소수용 기준 이하 탈락
• 분리방식 (비접속규칙) : 최소수용 기준 이상 선택
• 사전편찬 방식 : 가장 중요도가 높은 속성에서 가장 점수가 높은 것 선택
• 연속제거 방식 : 가장 중요도가 높은 속성에서 결합방식 적용

3. 휴리스틱 방식

소비자가 경험과 직관에 의한 단순한 규칙을 사용하여 대한 평가 방법으로 여러 요일을 체계적으로 고려하지 않고 **경험적 직관에 의해 평가하는 방식**이다. 이성적 또는 합리적 의사결정과정과는 거리가 있으며 주관적 판단기준에 의하여 평가한다. 대부분은 휴리스틱 방식에 의하여 결정한다.

휴리스틱 평가기준

© 2020 박남규 copyright

구분	효과	내용
Product	브래드 연상 효과	제품정보로 판단 중국산 제품이니 품질이 낮을 것이다.
Price	가격품질 연상효과	비싸니가 품질이 좋을 것이다. 세일을 하니가 품질이 안좋을 것이다.
Place	플래그십 효과	명동에 있으니 좋은 회사일 것이다. 예) 스타벅스
Promotion	광고 효과	광고가 많으니 좋은 제품일 것이다.
Physical Evidence	전시 효과	인테리어가 화려하니 좋은 회사일 것이다.

내용을 구조화시키는 MECE기법

MECE(Mutually Exclusive Collectively Exhaustive)의 약자로 **겹치지 않으면서 빠짐없이 나눈 것**으로 완전한 구조체를 완성한다는 의미이다.

아이디어 확산단계에서는 브레인스토밍, 발명기법 TRIZ, SCAMPER기법, 더하기, 빼기, 곱하기, 나누기 방법을 동원하여 다양한 경우의 수를 만들었다. **이렇게 도출된 내용이 지향하는 전체 카테고리를 정하고 상위 제목을 정하는 것이 MECE기법이다.**

MECE기법

먼저 아이디어를 컨셉을 같은 종류끼지 묶는다. 이 과정을 솔팅(Sorting)이라 한다. 솔팅된 내부에서 상위개념과 하위개념으로 구분한다. 이 과정을 레이어링(Layering)이라 한다. 상위개념은 하위개념을 설명하는 프레임(Frame)이 된다. 그리고 상위개념을 통해 하위개념에서 빈자리를 채워 넣는다. 이 과정에서 1차 완전한 구조체가 완성된다. 그리고 솔팅된 집단 간 전체를 아우르는 상위 주제가 도출된다. 상위주제는 집단 간에 누락된 집단의 유추할 수 있게 된다. 그리고 여기서 다시 누락된 집단과 집단을 이루는 새로운 아이디어를 유추할 수 있다. 이 과정에서 2차 완전한 구조체가 도출된다. 이러한 **피라미드 구조**의 최상위 주제가 책 주제가 된다.

MECE 생각정리 4단계

© 2020 박남규 copyright

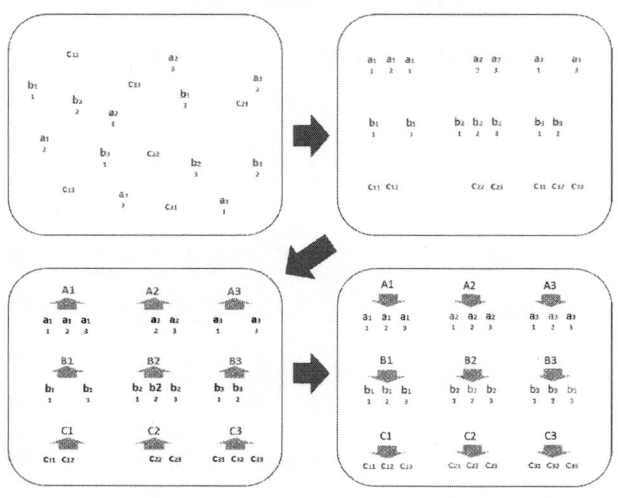

MECE기법의 배경

MECE기법을 잘 설명하고 있는 **바바라민토**의 **논리의 기술**이라는 책을 추천한다. 바바라민토는 본인이 **보스턴컨설팅그룹**에서 직원 교육을 담당하면서, 컨설팅에 필요한 생각을 정리하는 방법론에 대해서 강의를 하였으며, 본인의 경험적인 직관을 가지고 생각 정리 방법론에 대하여 기술하였다.

피라미드 형태의 논리 전개는 독자의 머릿속에서 일어나는 사고 메커니즘의 기본 구조를 반영하고 있다. 아이디어를 만드는 단계에서는 이 피라미드에 있어서 하부 단계에 해당되며, 정리해서 최종 주제까지 가는 것이 상부의 피라미드 머리에 해당이 된다.

독자나 청중은 여러 개의 문장을 읽더라도 한 번에 하나의 개념

밖에 받아들이지 못한다. 여러 개의 생각을 한꺼번에 제시하면 논리적으로 같은 부류에 속하는 것으로만 받아들인다.

아이디에이션에서 나온 각각의 개념들은 솔팅(Sorting)된 내용의 상위 컨셉이 청중이나 독자에게 전달할 소주제가 된다. 소주제 간에 관련성을 말하는 중간주제를 설명한다. 그리고 최종적으로 최상위 주제인 제목을 도출한다.

사업계획서, 보고서, 기획서이든 콘텐츠를 만들어내는 과정에서 브레인스토밍을 통해서 많은 하부의 아이디어를 도출하고, 그것을 분류(Sorting)하고 서열(Layering) 과정을 통해 주제를 하나로 단일화시킬 때 전달력은 높아진다.

콘텐츠를 창작하기 위한 요령

처음에 글을 쓴다거나 보고서를 쓸 때 막막하다. 뭔가를 이야기는 하고 싶은데 무엇을 할지를 알 수가 없다. 처음부터 주제를 만들고 글 쓰는 것이 아닌, 내면에 있는 것을 끄집어내는 단계가 필요하다. 블로그를 할 때도 마찬가지다. 시간 순서대로 생각나는 대로 기록하는 것이 중요하다. **처음에는 주제 없이 내면의 생각을 기록해 나가다. 타임테이블(time table)에 채워나간다.** 이게 아이디어 도출단계에 해당한다.

다음 단계는 주제별로 분류(Sorting)를 한다. 처음 기록한 파일 옆에 새로 제목을 달아 문서를 하나 더 화면상에 만든다. 그리고 기존 문서 내용을 종류별로 Copy&Paste로 붙여넣는다. 이렇게 비슷한 내용의 아이디어를 그룹화시키는 것을 구조화라한다.

웹로그, 블로그가 다 구조화된 사이트를 의미한다. 타임테이블로 웹상에 기록해 놓은 내용을 주제별 카테고리로 모아 링크를 시켜 놓은 것이 블로그이다. 타임테이블에 있는 것을 웹로그에 주제별로 여행, 사진, 자기취미, 학습 이런 식으로 분류(Sorting)해 놓으면 시인성이 좋게 된다.

다음으로 소주제를 아우르는 상위주제를 구성하는데 이것을 위계(Layering)라 한다. 이렇게 내용을 채워나가다 보면 지향하는 목소리가 명확해지며 콘텐츠의 제목도 도출된다.

위계(Layering)를 통해서 상위 주제가 도출되며, 관점(프레임)이 만들어지고 주제가 명확해지니 하위에 빠진 내용이 보이며 채워 넣는 단계가 최종 완성 단계이다.

처음에 무엇을 하든 막연할 때는 타임테이블에 떠오르는 생각을 기록한다. 분류(Sorting)와 위계(Layering)를 통해서 상위의 주제를 도출했을 때 주제가 된다. 보고서를 쓰거나 문화콘텐츠 마케팅에서 여러분들이 콘텐츠를 만들 때 강력한 생각의 도구(tool)를 가지고 있다면 뭐든지 해낼 수가 있게 된다.

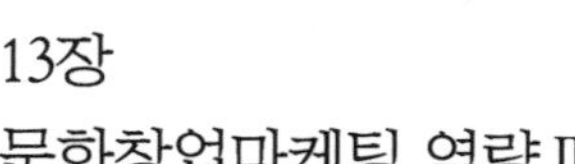

13장
문화창업마케팅 역량Ⅱ

표현 기술의 필요성

사업계획서, 보고서, 리포트에서 그림으로 전달이 되었을 때 가장 설득력이 있다. 그림의 연결이 동영상이다. 동영상은 썸네일[40]을 통해 어필한다. 책도 마찬가지다. 베스트셀러 책이 갖추어야 할 다섯 가지 조건 중에서 책표지와 제목이 가장 중요하다. 나머지 조건은 책의 내용과 구조, 저자의 명성, 출판사 명성이다.

퍼스널브랜드 창업의 시작, 명함

명함도 표현의 기술이 적용된다. 명함에 모든 게 압축 표현되어 있다. 회사 비전, 정체성, 사업내용, 회사의 인프라까지 추정할 수 있다. 전화, 팩스 번호를 통해 지역 추정이 가능하고, 회사의 신뢰

40) 낚시, 영어로는 'Clickbait'라고 불리며, 말 그대로 '클릭을 유도하는 미끼'라는 의미이다. 동영상 전체를 표현하는 책의 표지역할을 한다.

및 업적 추정이 가능하다. 이메일로도 회사의 신뢰성을 표시한다. 회사의 추가 정보도 명함 하나에 넣을 수가 있다.

명함에서 가장 중요한 것은 회사의 로고이다. 로고는 그림이나 글자로 표현할 수가 있다. 글자로 표현하는 방식이 타이포그래피이다. 의미를 담아서 표현할 때는 캐릭터보다는 **타이포그래피**을 추천한다. 회사의 비전이나 미션, 사업 아이템들을 표현하는 키워드를 가지고 도식화하는 것이 중요하다. 글자 하나하나가 이 회사의 깊이 있는 어떤 사업내용을 대표한다.

주소도 많은 정보를 전달한다. 어디에 회사가 있으며, 어느 건물 안에 들어가 있는지, 이런 부분이 굉장히 간접적으로 시사하는 바가 크다. 그래서 사무실 인프라 추정을 주소를 통해서 할 수 있다.

전화와 팩스 번호가 중요하다. 02, 031과 같은 지역 번호가 있으면 수신자 입장에서는 추정할 수가 있는데 070으로 전화가 오면 스팸으로 받지 않는다. 출처가 없기 때문이다. 인터넷 전화번호는 신뢰성에는 굉장히 안 좋은 영향을 미칠 수 있다. 그러므로 인터넷 팩스를 사용하더라도 팩스 전화번호 설정할 때는 반드시 지역 번호 아니면 02로 시작하는 것을 조언한다.

회사의 이메일은 여러분들은 어떻게 처리를 하는가? 일반 메일, 네이버 메일을 쓰는가? 아니면 회사 메일을 사용하는가? 만약에 비즈니스적으로 명함에 메일을 사용한다면 반드시 회사의 도메인 주소가 포함된 메일을 사용한다. **회사 메일로 사용했을 때 그 회사를 대표해서 본인의 역할이 강조된다.** 메일 주소에 자신의 직급이 표현되는 것도 좋다. 신뢰성이 생긴다.

다양한 정보들을 넣을 수 있다. 특히 회사의 인정, 수상 내용을 간단하게 표시했을 때 움직이는 카탈로그나 템플릿으로서 여러분의 신뢰도를 높여줄 것이다.

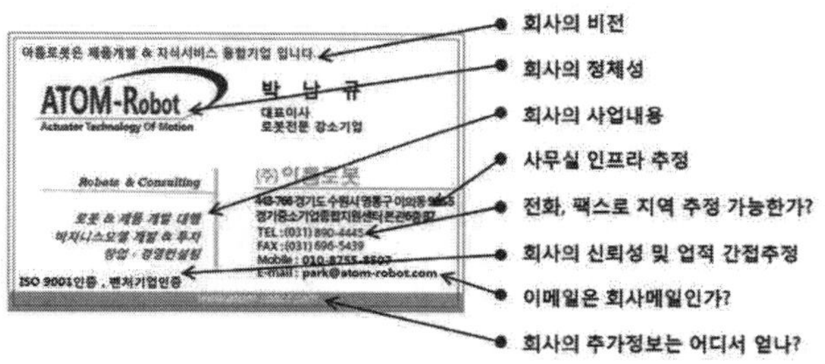

명함에 들어가는 사무환경 구축법

한계비용 제로 사회 시대에 최소의 비용으로 사무환경을 구축하는 것이 중요하다. 회사의 주소는 공동사무실 개념으로 장소를 대여해 주는 곳이 많다. 비용이 10만 원에서 30만 원이면 서울의 가장 인지도 높은 어떤 장소에 주소를 두고 사업을 진행할 수 있다.

전화번호나 팩스는 엔팩스를 추천한다. 인터넷 팩스이지만 외부에서는 인터넷 팩스인지 모른다. 팩스로 받으면 온라인으로 먼저 확인을 하고 스팸은 삭제하고 필요한 팩스만 출력도 할 수가 있다. 메일로 전송할 수 있으며, 저장할 수도 있다. 엔팩스를 사용하면 한 달에 몇천 원에 인프라를 구축할 수가 있다.

도메인을 제공하는 서버업체들이 많다. 1년 동안의 평균 한 2만 2천 원 정도 내면 홈페이지 주소 서비스를 이용할 수가 있으며,

이 **도메인 신청할 때 이메일은 무료로 제공이 된다.** 회사 도메인 주소가 포함된 메일을 사용할 수 있게 된다. **도메인 메일은 매번 확인하기가 쉽지 않다. 그러므로 포워딩 서비스를 신청한다.** 무료이다. 네이버 메일이라든지 구글 메일, 핫메일로 포워딩을 시켜놓으면 **회사 메일이 개인 메일로 전달되어 언제 어디서나 확인이 가능하다.**

명함 하나로도 오프라인 같은 온라인 환경을 구축해서 비용을 절감하고, 상대방에게는 많은 것을 보여주고 신뢰성을 쌓을 수가 있다.

타이포그래피

명함에 타이포그래피 형태의 어떤 로고를 제작했을 때 고객들에게 신뢰도 줄 수 있고 많은 정보를 전달해 줄 수가 있다. 타이포그래피는 타입(typo)과 그림(graphy)의 합성어이다. 문자 또는 활판 기호를 도식화시켜 정보전달력을 높이는 방법이다. 정보전달 이상의 개념을 뛰어넘어 감성적인 부분까지 전달이 가능하다. 글자체 하나로도 지식뿐만이 아니고 감성을 자극한다. 지식을 통한 브랜드만 전달하기보다는 브랜드의 스토리까지 그림 한 장으로 가능하다.

타이포그래피 기법

텍스트 타이포그래피

전체는 그림인데 그림을 이루는 요소는 글자로 되어있다. 글자를 표현하는 그림 일부로 사용한다. 장점은 처음에는 그림으로 접근하지만 관심을 끌고 글자로 인간의 상위욕구인 호기심을 자극하는 기법이다.

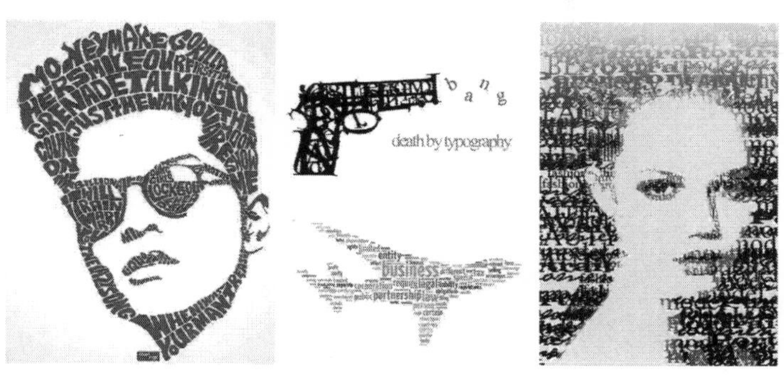

디스플레이 타이포그래피

기능적인 요소보다는 디자인적인 요소로 활자를 사용한다. 디자인적으로 문양을 만들고 거기에 글자들을 활용하는 것이다. 이렇게 했을 때는 시각적 긴장감을 주어서 주목도를 끌어낼 수 있다는 장점이 있다.

컨셉 타이포그래피

글자가 의미하는 내용을 그림화 시킨다. 예로서 스마일은 글자가 의미하는 것을 그림화 시켰다. 크로커다일은 악어가 글자가 그림화 시킨 것이다. 스파이더라의 의미를 메달린 거미로 잘 표현하였다. 굉장히 친숙함을 느낄 수 있으며 감성이 들어가 있다.

글 속 그림 타이포그래피

글 속에다가 그림을 집어넣었다. 텍스트 타이포그래피와 반대로 글에 그림이 들어간 형태이다. 다른 느낌이다. 글자 안에 그림을 넣으므로 해서 뭔가 시각적 효과가 극대화되는 효과를 얻을 수가 있다.

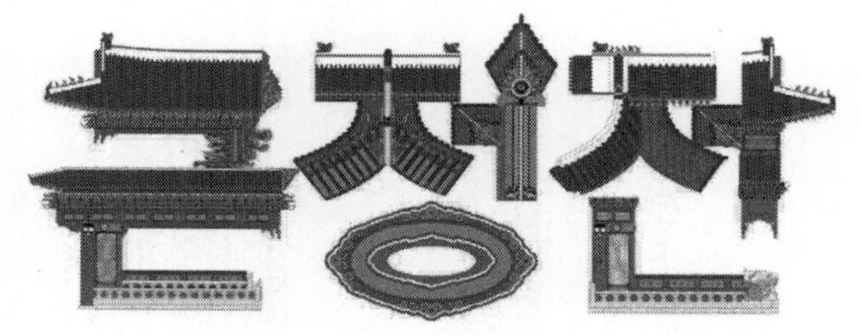

신체를 이용한 타이포그래피

신체 그림으로 글을 표현하는 방법이다. 수화인데 직관적으로 글씨체를 표현했을 때 수화의 전달력을 이용하였다.

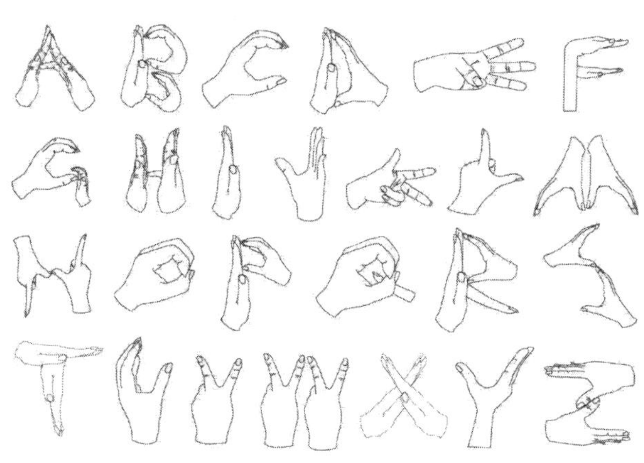

서체 타이포그래피

서체로서 의미를 전달하는 방법입니다. 명조체는 전통적인 느낌을 줄 수가 있다. 고딕체는 현대적이며 사무적이고 개성이 넘치는 느낌을 줄 수가 있다. 명조체는 고전적이고 서사적인 곳 많이 사용된다. 고딕체는 표지판과 같이 정보전달을 목적으로 사용된다.

서체의 굵기

강조할 부분을 굵게 하는 것이 인지도를 높이고 신뢰도를 주는 부분이 있다. 사업계획서에서 굵게 하는 것만으로도 관심을 집중시킬 수 있다.

서체의 너비

서체를 넓게 한다든지 좁게 함으로 신뢰성과 설득력, 내용전달력을 높일 수 있다. 빨리 지나야 할 부분은 폭을 좁게 하고 강조할 부분은 확장시킴으로써 다른 느낌을 전달할 수 있다.

인포그래픽스

인포메이션(Infomation) + 그래픽(Graphics)의 합성어로서 정보 데이터 지식을 시각적으로 표현한 것이다. 정보를 그림으로 표현하여 전달력을 높이는 기법이다. 사람은 이해과정을 통해 최종 이미지로 기억을 하게 된다. 인포그래픽스는 이해과정을 생략하고 이미지로 제시하므로 보는 이는 쉽게 이해가 된다. 표지판, 지도, 기술문서 등 주로 컴퓨터 과학, 통계학 등의 개념적, 과학적 정보를 쉽게 시각화시키는 도구로 사용하고 있다.

기본적인 인포그래픽스의 요소로는 비주얼(visual), 내용(content), 지식(knowledge), 이 세 가지로 구성된다.

일기예보의 지도, 기호, 통계, 도표를 표현하는데 인포그래픽스를 주로 사용한다. 텍스트만 나열하였을 때 보다 전달력이 높아지고 과학 분야나 교통지도, 도로표지판 등에서도 인포그래픽스가 중요한 역할을 한다. 복잡한 지하철 지도는 효율적으로 노선을 개념적으로 잘 표현해 놓았다. 인포그래픽스의 대표적인 사례라고 볼 수가 있다.

인포그래픽스 중요성

인포그래픽스는 사업계획서나 마케팅 기획서 작성 시에 아이디어와 양식을 제공한다. 어떻게 표현할까에 대한 도움을 받을 수 있는 참고자료로 적극 활용한다.

활용방법은 구글 검색창에서 관심 있는 분야의 키워드를 입력하고 추가 검색어로 인포그래픽스를 입력한다. 검색 키워드에 대한 정보와 정보를 효과적으로 표현하는 방식에 대해서 아이디어를 얻을 수가 있다. 분야에 대해 모르더라도 인포그래픽스라는 키워드 하나 검색을 추가함으로써 해당 분야의 전문가 수준의 표현력을 기를 수가 있다.

인포그래픽스를 활용한 아이디어 발상법 효과

인포그래픽스를 활용해서 아이디어를 발상하는 법에 대하여 알아본다. 인포그래픽스 활용하여 생각하는 방법으로 **비주얼씽킹**이 있다. 그림으로 생각을 표현하면서 확장시키는 방법이다. 이러한 방법의 장점은 우뇌를 자극하여 공감각적이며 컨셉을 활성화시켜 상상력이 극대화된다. 글자가 내포하는 이미지 만드는 과정을 생략함으로써 뇌의 부담을 덜어준다. 그림이라는 시각적 자극에 의해서 생각이 활성화된다. 아이디어 발상이 굉장히 쉬워진다는 것을 알 수가 있다.

① 한눈에 모든 것을 파악할 수 있도록 한다.

그림으로 표현한 정보는 글자와 같은 컨셉 해석과정이 생략되므로, 한눈에 모든 것을 파악할 수 있다. 이미지로 구조화된 시스템적 사고가 가능하게 된다.

② Top-down방식으로 생각을 확장시킬 수 있다.

생각 정리의 기술과 차이점은 생각 정리의 기술은 어떻게 보면 귀납적이라면, 비주얼씽킹 방법은 연역적이다. 생각 정리의 기술은 아이디에이션(ideation)하고 도출된 키워드를 분류(sorting)하고 위계(layering)해서 상위개념을 도출하면서 올라가다 보니까 생각이 구조화되고 빠짐없이 체크가 가능하다. 반면에 인포그래픽스를 이용한 비주얼씽킹은 주제를 가지고 Top-down 방식으로 中주제와 小주제를 분야별로 만들면서 확장해 나간다

.

③ 사업계획서 표현에 아이디어 제공

인포그래픽스를 가지고 활용하는 부분을 강조하고 싶다. 사업계획서를 작성하는데 레퍼런스로 활용하시길 권한다. 그림 자극을 통해서 아이디어를 많이 도출할 수 있으며, 전체 레이아웃을 파악하기 편하며, 주제를 중심으로 연역적으로 하위로 전개하는 Top-down 방식으로 바로 정리가 된다.

협업의 시작, 비즈니스커뮤니케이션

오픈이노베이션은 성공적인 창업을 위해서는 필요한 지혜이다. 모든 것을 혼자서 해결할 수 없는 시대가 되었다. 비즈니스 커뮤니케이션 역량을 발휘하여 오픈이노베이션(협업)을 할 때만이 좋은 결과가 있을 것이다.

오픈이노베이션의 필요성

ICT와 결합해서 시간, 장소에 상관없이 언제, 어디서나 외부자원을 활용하여 일할 수 있는 개방형 혁신으로 환경이 변화되었다. 연구개발(R&D)에 따른 리스크를 최소화할 수 있으며. 최소 비용으로 인프라 구축할 수 있으며, 마케팅 비용을 절감할 수 있다.

오픈이노베이션은 마케팅 비용을 절감

수익을 최대화시키고 비용을 최소화시켜, 이익이 극대화가 가능하다. SNS를 통해 생각이 같은 페친(페북 친구)으로 연결된다. **페친으로 연결되어 포도송이 같이 모여있다고 하여 클러스트(cluster)라고 하며, 세포마켓이라 한다.** 세포와 같이 고객들은 모여있고, 빅데이터 기반의 AI를 활용해서 고객에게 원하는 욕구에 맞는 제품이나 서비스를 제공하여 수익 극대화가 가능하다, 비용 최소화 부분에 있어서 오프라인에서는 불특정 다수의 고객을 대상으로 마케팅 비용이 지출되어야만 했지만, **타겟고객이 모여있으니 고객발굴을 위한 마케팅 비용이 절약된다. 고객들에 대해서 맞춤형**

마케팅이 가능하다.

오픈이노베이션은 리스크를 최소화

이전에는 기업의 경쟁력은 처음부터 끝까지 수직 생산 체계를 갖추는 것이었다. 즉 통합된 **일관생산체계**를 통해 **가치공급사슬**을 지배하는 것이 중요하였으며, 경쟁력을 갖추기 위하여 비용이 투입되었다. 제품이나 서비스 개발 리스크와 인프라 구축 리스크, 마케팅 리스크가 상대적으로 높았다.

모바일 플랫폼은 가치공급사슬을 오프라인에서 온라인화시켰으며, 하드웨어 종속에서 콘텐츠 종속적인 비즈니스모델로 변화시켰다. 예전에는 기능을 구현하기 위해서는 하드웨어를 개발해야만 했다. PCB와 구동 소프트웨어, 기술설계를 통한 케이스제작 및 금형투자가 이루어져야만 했다. 이제는 스마트폰이 센서 및 다양한 기능을 가진 플랫폼 역할을 한다. 개발자는 소프트웨적으로 어플리케이션(어플, 앱, App) 개발만으로 하드웨어의 모든 기능을 구현할 수 있는 환경이 도래하였다. 어플리케이션도 기존의 모듈을 재활용할 수 있으며, **웹에디터**와 같이 자신의 생각을 쉽게 코딩으로 번역해주는 도구들이 제공되고 있다.

재능을 거래하는 O2O플랫폼 사이트를 통하여 콘텐츠 용역의뢰가 가능하게 되었다. 이제는 아이디어만 있다면 누구나 최소 비용으로 제품 또는 서비스를 만들 수 있는 환경이 되었다. 협업이 가능한 오픈이노베이션 플랫폼 환경에서 비용을 최소화시키는 한계비용제로 사회가 되었다. 하드웨어 인프라는 중요하지 않다. 아이디어 콘텐츠만 있으면 인프라는 어디서든 빌려와서 사용할 수 있는 한계비용제로 사회로 진입했다.

오픈이노베이션 개념은 1980년대에 미국에서 시작되었다. 성과가 인식되면서 확산하고 있다. 1980년대에 대기업 중심으로 일관생산 체계에서 그 일부분을 외주용역 또는 외주조달을 통해서 시작되었다. 세계적인 혁신기업들은 오픈이노베이션을 통하여 외부자원을 조달함으로 혁신을 추진해왔다. 경영자들은 변화와 혁신을 조직의 생존과 성장에 필수요건으로 여기면서 오픈이노베이션을 위한 비즈니스 커뮤니케이션이 중요한 역량으로 인식되기에 이르렀다.

포춘에 500대 기업이나 진입한 신생기업은 무한경쟁에서 살아남기 위해서는 상대기업의 장점을 활용하는 것이 혁신의 관점이 되었다. 무에서 유를 만들어내는 것이 아니고 유에서 새로운 유를 만들어내는데 내가 가지고 있지 못한 상대방의 장점과 내가 가지고 있는 장점을 서로 결합했을 때 오픈이노베이션이라 한다.

오픈이노베이션 유형은 다양한다. 조인트벤처, 프랜차이즈가 대표적이다. 프랜차이즈는 개인이 보통 상점을 열 때 대기업의 인프라를 이용해서 본인의 자본으로 한다고 생각하는데, 이것도 자세히 보면 오픈이노베이션이다. 자본력은 있고 그 외에 사람 인프라 조직과 기술 조직과 마케팅 역량을 조인트벤처하는 형태이다. 이것도 하나의 오픈이노베이션의 또 다른 형태라고 볼 수가 있다.

오픈이노베이션은 개방형 혁신의 대표적 형태이다. 버클리대 **헨리 체스브로**는 그의 저서에서 오픈이노베이션이란 개념을 처음 제시하였다. **기업이 필요로 하는 기술과 아이디어를 외부 대학, 연구기관 등 외부 전문가와 협업을 통해서 조달하는 형태로 내부자원을 외부와 공유하면서 새로운 제품과 서비스를 만들어내는 것**이라고 정의하였다.

핵심기술 분야도 개방형 혁신을 통해 연구·개발하며, 결과물을 공동특허 등을 통해서 활용하는 추세이다. **미래기술 투자에 대한 불확실성을 효과적으로 줄이는 하나의 기술 확보 방식이다**

다양한 형태의 오픈이노베이션

이전 오픈이노베이션은 자본적 조달에서만 한정되었다. 주식이란 형태로 각자 제품이나 서비스의 리스크를 분할해서 투자함으로서 조인트벤처 방식의 자본적 오픈이노베이션이다. 자본적 조달에서의 오픈이노베이션 뿐만이 아니라 인적, 기술, 마케팅 분야에서도 조인트벤처가 이루어진다. 협업은 분야를 가리지 않고, 조직을 가리지 않고 이루어지고 있다.

오픈이노베이션이 반드시 필요한 이유는 몇 개월 단위의 시장트렌드에 변화에 대처하기 위해서는 수개월 내에 새로운 기술을 적용해야 하며, 이를 위해서는 준비된 자의 기술을 사용해야만 한다.

제품이나 서비스를 론칭하면 최소 3년에서 5년은 트렌드가 유지가 되었다. 그러나 지금은 불과 6개월이다. 6개월 안에 트렌드를 따라잡지 못하면 판매기회를 놓치게 된다. 짧은 기간에 제품 개발과 자금조달과 마케팅 루트를 모두 구현하기란 초기 창업자의 경우는 불가능하다. 기존 플랫폼을 적극적으로 활용하여 나의 장점과 결합했을 때 그 트렌드를 추종할 수 있는 민첩성이 생기는 것이다.

IBM은 **과거 폐쇄형 혁신을 추구했다.** 즉 2000년대 초반부터 **이노베이션 잼**(Innovation Jam)이라는 프로그램을 통해서 내·외부 집단지성을 활용해서 문제를 해결하거나 새로운 아이디어를 창출해 왔다. 이러한 폐쇄형 혁신은 정보를 내부적으로 관리할 수가 있었다.

도요타와 BMW**가 차세대 친환경 연구개발에 손을 잡는 방식도 하나의 폐쇄형 이노베이션이라고 볼 수 있다.** 경쟁하는 사이지만 차세대 연료전지 자동차 연구개발에서 2020년까지 차량 경량화 기술 및 친환경 개발에 협력한다. 새로운 분야에서 개발할 때 개발 리스크가 상당하다. 경쟁업체이지만 기술적 개발에 있어서 폐쇄형 혁신을 통해서 리스크를 최소화시키고 개발효율을 높인다.

오픈마인드에 새로운 니즈의 이노베이션이 오픈이노베이션이다. 마음을 열고 상대방과 신뢰 관계가 구축되었을 때 오픈이노베이션은 파워풀한 솔루션으로서 다가간다.

오픈이노베이션 유형은 SWOT 분석에서는 다음과 같이 설명한다. SWOT 분석에서 내가 가지고 있는 장점과 시장의 opportunity, 기회를 살리는 전략이 예전의 고전적인 전략이었다. OS 전략이라고 하는데, 내가 가지고 있는 모든 것을 당장 활용해서 시장이 원하는 걸 만드는 게 과거의 비즈니스 모델이었다면 이제는 장점과 약점이 있지만 현재 시장이 있다면 상대방과 협업을 통해서 기회를 살린다. 이러한 관점이 OW 전략이다. OW 전략이 오픈이노베이션이다.

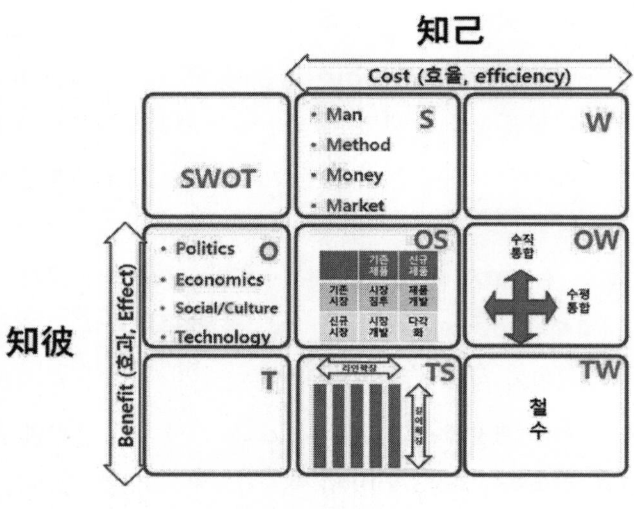

SWOT분석 설명도

© 2020 박남규 copyright

SWOT 분석에서 OW 전략은 출시 시기(Time to Market, 시장 출시 일정)을 충족시킨다. 시장은 발견은 했는데 당장 우리는 거기에 대해서 수단이 없다. 그런데 시간은 기다려주지 않으며, 6개월 후에 시장에 출시해야만 시장에서 매출을 올릴 수 있다면 상대방이 경쟁자가 되더라도 협업을 통해서 시장 출시 일정을 맞추어야만 한다.

앞서 9장에서 비즈니스모델 수립에서 OW전략으로서 오픈이노베이션에 대하여 간단히 설명하였다. K뷰티 산업의 경우 오픈이노베이션의 대표적인 사례이다.

OW 전략의 종류

OW 전략의 종류는 **아웃소싱, 프랜차이즈, 협동조합, 조인트벤처, 기업 인수 합병, 인력 영입, 엔젤투자유치, 클라우드펀딩, 벤처투자유치, 정책자금유치**가 있다. 각각은 사람, 기술, 자본, 판매 관점에서 부족한 부분을 보완하는 오픈이노베이션의 방법을 취하고 있다.

OW전략, 오픈이노베이션의 종류

© 2020 박남규 copyright

협업수단	조달대상항목			
	사람 (Man)	기술 (Method)	자본 (Money)	판매 (Marketing)
외주 생산(OEM)	O	O	-	-
외주 설계(ODM)	O	O	-	-
프랜차이즈	O	O	-	O
협동조합	O	O	O	O
조인트벤처	O	O	O	O
기업 인수 합병	O	O	-	O
인력 영입	O	O	-	O
엔젤 투자 유치	O	O	O	O
클라우드 펀딩 유치	O	-	O	O
벤처 투자 유치	O	-	O	O
정책 자금 유치	-	-	O	O

기술창업기업의 오픈이노베이션 로드맵

예비창업자는 부족한 자원을 가지고 창업을 한다. 자신의 유일한 자원은 경험과 열정이다. 이러한 경우 오픈 이노베이션으로 창업에 도전해 보길 바란다. 창업스토리는 다음과 같다.

<u>A씨의 무에서 유를 창조하는 창업스토리</u>

시장의 기회가 포착이 되었고 돈이 될 것이라는 확신이 드는 사업아이템에 대해 기술적으로 실현가능성을 확인하기 위하여 개인적으로 연구개발을 진행하였다.

실현가능성에 대한 확신이 들고, 연구과정에서 생각했던 아이템이 어떤 애로사항으로 경쟁자들이 시장에 진입하지 못했는지도 알게 되었다.

연구개발을 통해 애로기술을 해결할 수 있는 아이디어와 해결책도 확보하였다.

사업타당성 분석을 통하여 예상되는 매출액과 비용계산을 통하여 수익성도 산출하였으며, 순현재가치(NPV)를 통해 사업가치도 산출하였다.

사전 조사를 통하여 실행할 수 있는 실행사업계획서 작성을 통하여 창업진흥원 창업지원사업에서 **예비창업패키지 지원사업**에 지원하여 시제품 제작에 필요한 5,000만원 지원사업에 선정되며, 지원에 대한 성공판정 조건은 시제품을 개발 완료하고 직원을 1명 이상 고용하며, 매출이 일어나는 것이다. 이 중 2가지 이상 충족하면 성공판정을 받는다. 시제품 App개발을 위한 기술자를 한 명의 인건비를 10개월 동안 월급 200만 원씩 총 2,000만 원을 사용하였다. 나라로부터 실질적인 자본적 투자를 받았지만 지분 희석이 없는 가장 유리한 정부지원 엔젤자금이다.

시제품을 만들어서 시장에 반응을 확인해 보니 보완해야 할 사항이 많이 발견되었다. 그래서 시제품을 통해 발견된 문제점을 보완하기 위하여 창업진흥원 **초기창업패키지 지원사업**에 지원하여 선정되었다. 총 지원금은 1억 원으로 1년 동안 보완된 시제품 개발을 진행하였다. 시장에서 2~3번의 시제품 테스트를 통하여 고객의 눈높이를 맞출 수 있는 시제품이 완성되었다.

이제는 시장에 서비스를 론칭시키기 위해서는 개발자를 영입하고 마케팅전략을 수립하기 위해 마케팅 전문가가 필요하며, 서버를 구축하기 위해서 시제품 제작비의 5배 이상의 자금이 소요되는 단계로 진입하였다.

일단 개발자를 영입하여 서버구축에 필요한 연구개발이 필요하다. 이를 위해서 R&D 개발을 지원하는 **창업성장기술개발사업에 지원하여 2억의 자금을 지원받았다**. 이를 통하여 시제품을 제품화하는데 필요한 개발자금을 정부로부터 매칭펀드 형태로 지원받게 된다.

기존 매칭펀드와 다른 점은 정부에 주식을 지급할 필요가 없다. 그리고 마테팅을 위한 전문가를 영입할 정도의 매출이 일어나지 않은 상태에서 월급을 지금할 정도의 사업규모가 아니므로 엔젤투자자로부터 투자를 통하여 엔젤투자자의 마케팅 역량을 활용한다. 단순 투자 유치가 아닌 엔젤투자자의 지분 참여를 통하여 기업가치가 상승하는 것이 엔젤투자자에게는 보상이 되는 윈윈 전략이다.

서비스를 위한 인프라가 구축이 되면 다음으로 본격적인 사업전개를 위해서는 운영자금이 필요하다. 이 단계에서는 연매출의 25%에 해당하는 운영자금이 필요하다. 서비스에 필요한 운영자금을 크라우드 펀딩으로 조달한다. 이를 위하여 영상을 촬영하고 서비스에 대한 소개자료를 만든다. 불특정 다수를 상대로 미리 자금을 확보할 수 있어서 좋으며, 시장의 반응을 미리 확인할 수 있게 되어 안정적인 사업 진행에 도움이 된다.

운영자금 확보를 위해 은행으로부터 대출을 받는다. 그러나 은행보다는 금리를 정부로 지원받는 기술보증기금이나 중소기업진흥공단으로부터 금리지원형 정책자금을 대출받는다.

기술보증기금은 은행에 대출금에 대하여 보증형식으로 지원을 한다. 은행이 초기 기업에 대출하는 금액의 80% 이상 보증하게 되면 **벤처기업인증**을 받는 조건이 된다.

중소기업진흥공단은 직접 채권을 발행하여 재원을 마련하고 직접 금융기관으로서 융자자금 지원을 한다. 그리고 이 시기에 매출이 일어나기 시작 전에는 벤처캐피털(VC)은 시중 금융기관으로부터 자금을 확보하여 투자를 한다.

그러나 이보다는 **민간 위탁 VC 매칭 모태펀드인 Tips 프로그램**이 있다. **민간 VC가 자금을 투자하면 정부의 모태펀드로부터 일정 비율로 같이 투자를 하는 프로그램이다.** 매출이 일어나기 시작하면 이때부터는 마케팅을 위하여 외부 동원 가능한 자원을 모두 활용하게 된다. 그리고 기업이 한 단계 더 성장하기 위하여 준비된 경영자를 영입하게 된다. 이를 위하여 스톡옵션(Stock Option)을 지급하여 동기부여를 한다. 그리고 기업성장을 위하여 시너지가 있는 기업과 주식교환을 하거나, 공동으로 투자한 조인트벤처기업을 세우거나, 기업의 주식을 인수하는 M&A를 통하여 외부기업을 자사화 시킨다.

A씨의 창업스토레에서 수많은 오픈이노베이션이 일어났다. 자신의 한정된 자원을 정부로부터 지원받는 것과 외주용역을 통한 기술개발 및 스톡옵션을 통한 인재 영입 등 기업은 오픈이노베이션을 통하여 성장하며, 오픈이노베이션을 진행할 수 있는 소통과 커뮤니케이션 역량이 중요하다.

일반 창업자의 오픈이노베이션 로드맵

일반 창업자는 먼저 일을 배우는 단계부터 시작한다. 회사의 시스템과 기술, 인적운영 노하우, 마케팅 노하우를 배우면서 생계를 유지할 수 있는 방법으로 **프렌차이즈 창업**이 있다.

그러나 일반적인 프렌차이즈 창업은 이러한 취지와는 다르게 단지 자신의 자금과 노력을 투자하고 대기업이 모든 것을 진행하며 전산화되어 있어서 창업생태계를 자신의 역량으로 만들기 어려운 한계가 있다.

그러므로 **프렌차이즈로 오픈이노베이션이 되는 본사를 찾는 것이 중요하다.** 초기 프렌차이즈 업체 중에 같이 성장할 기업을 찾는 기업을 발굴하는 것이 가장 중요하다. **사회적 사명을 가진 프렌차이즈 기업을 만나 시스템과 기술전수, 인적노하우, 마케팅 노하우를 전수받는다**면 생계를 유지하면서 창업을 할 수 있는 기반이 된다.

14장
문화창업마케팅 역량Ⅲ

디지털미디어 플랫폼 성공 방정식

퍼스널브랜드와 자신만의 차별화된 킬러콘텐츠를 통해서 팬덤을 확보하는 것이 변혁의 시대를 준비하는 최선의 로드맵임을 강조한다. **스스로가 오피니언 리더로서 인플루언스가 되어 전문성을 마케팅하는 시대가 도래하였다.** 디지털미디어 플랫폼의 생태계를 이해하고 활용할 수 있는 안목을 키우는 것이 중용하다.

누구나 인플루언스가 되는 세상

가장 큰 변화는 미디어 권력의 이동이다. 누구나 문화콘텐츠 공급자가 되는 유튜버가 4차산업혁명의 주인이 된다. 마케팅에서 소비자는 왕이라고 했지만, 이제는 소비자가 진정한 권력의 핵심이 되었다. 디지털 플랫폼과 킬러콘텐츠가 팬덤을 만들며, 팬덤을 누가 많이 확보하느냐가 기업가치가 되는 시대이다.

스마트폰 하나로 창업하는 세상

대기업들이 심혈을 기울여서 광고 영상을 만들어도 보는 사람은 10만 명이 채 안 된다. 많은 돈을 들여도 고객이 보지 않으면 고객이 원하는 정보가 아니라는 것이다. 반면 고객이 원하는 마음을 읽고, 거기에 맞는 킬러콘텐츠를 만들어내는 인플루언서가 만든 UCC는 무려 3천만 명이 동시에 시청한다.

중국에서는 **왕홍**이라고 한다. 인플루언서가 만든 팬덤이 고객이 된다. 이제는 스타마케팅이 대세가 되었다. 기업이 도저히 쫓아갈 수가 없다. 그런데 왕홍이 콘텐츠를 만드는 비용은 얼마나 들까? 왕홍은 UCC를 제작하는데 3일 동안 인건비를 생각해보면 그렇게 많이 들지 않는다. **단순히 스마트폰 하나만 있으면 된다. 이게 미래의 마케팅 방향이다.**

나는 SNS로 출근한다.

SNS미디어 활용기술에 대해서 알아보도록 한다. 미래는 스마트폰을 중심으로 사업 기회가 펼쳐질 것이다. 정확한 표현은 **나는 스마트폰으로 출근한다**일 것이다. 스마트미디어가 세상의 출퇴근 통로가 되고 있다.

포노사피엔스의 등장

1990년 이후 태어난 스마트폰 없이 생활하는 것을 힘들어하는 세대를 포노사피엔스라고 정의한다. 영국의 경제주간지 이코노미스트가 **지혜 있는 인간**이라는 의미의 호모사피엔스에 빗대 포노사피엔스, 즉 **스마트폰에 의지하는 인간**에서 시작되었다. 2010년대에 처음 스마트폰이 나왔을 때 스마트폰에 의지하는 포노사피엔스가 20억 정도였다. 2020년 현재, 3배가 늘어난 60억 세계 인구가 스마트폰에 중독이 되어있다고 봐도 과언이 아니다. Planet of the phone, **스마트폰의 지구**라는 뜻으로 **디지털 신인류가 등장**했다고 봐도 과언이 아니다. 포노사피엔스 시대의 도래를 통한 문화적 격동기를 혁명이라 할 수 있다.

포노사피엔스 문화의 확산으로 은행 기능의 90% 이상, 쇼핑의 50%, 그리고 미디어 기능의 50% 이상을 스마트폰으로 처리하는 시대가 되었다.

스마트폰 금융혁명

스마트폰 뱅킹, 핀테크가 금융혁명을 주도하고 있다. 모바일 쇼핑이 유통혁명을 주도하고 있으며, 유튜브 1인 미디어가 미디어 혁명을 주도하는 세상이 되고 있다.

금융혁명을 살펴본다. 은행 업무의 90% 이상은 온라인으로 처리한다. **카카오뱅크, K-뱅크, 토스 등** UI(User Interface), UX(User eXperience)**가 강화된 인터넷 은행이 출현했다**. 기존 은행은 인증과정이 굉장히 번거롭고 과정이 많다. 인증을 한 번 획득하기 위해서 오프라인에서 많은 과정을 거치며 수고해야 한다. 이제는 **온라인으로 보안이 강화된 인증수단을 이용해서 간단하게 입출금 및 이체가 가능하게 되었다. 연령별로 인터넷 뱅킹 이용률은 20대, 30대의 대부분이 인터넷 뱅킹으로 활용을 하고 있으며,**

이체수단도 거의 절반 이상이 온라인상에서 인터넷 뱅킹을 하고 있다. CD나 ATM 이용은 온라인 뱅킹 다음이다.

사람이 할 수 있는 일을 기계나 인터넷을 통해서 이루어지고 있다는 것을 알 수가 있다. 이러한 금융혁명은 카카오뱅크, K-뱅크, 토스, 미디어가 은행 업무 외에도 인프라로서의 투자 정보생태계까지도 확장이 되고 있다.

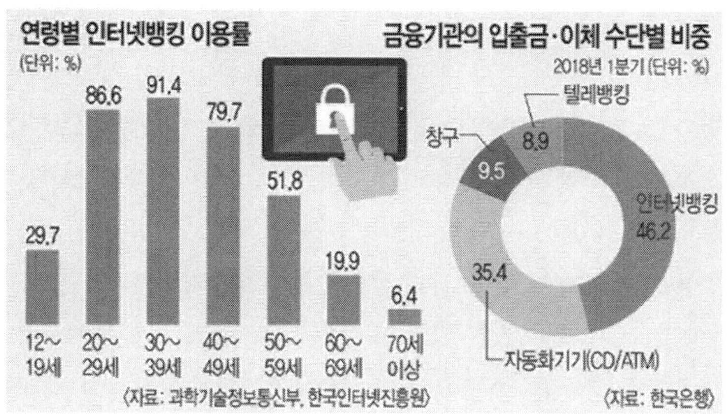

금융혁명으로 은행 거래량이 많은 30, 40대 사용자 수가 올해는 249만 명으로 증가하였다. 이제는 이러한 금융혁명이 단순히 은행에만 국한되지 않고 디지털화폐로 전이가 되고 있다.

디지털화폐는 온라인상에서 거래되는 화폐이다. 가장 앞서가는 곳은 중국이라고 볼 수도 있다. 중국의 거지는 구걸하는 통에 QR 코드가 붙어있다. 온라인에서 이루어지는 디지털화폐뿐만 아니고 오프라인에서도 재래시장에서 QR코드를 통해서 모든 결제가 가능함을 알 수 있다. 중국인들은 현금을 지불하지 않는다. 오히려 QR코드로 본인이 가지고 있는 디지털화폐를 지불하는게 일상화되어 있다.

스마트폰 유통혁명

온라인 유통 생태계가 지금은 오프라인 생태계를 압도하고 있음을 알 수 있다. 최근에 미국에서 가장 유명한 고전 백화점인 **시어스가 매장이 폐점하였다. 아마존은 처음에 서점으로 시작했지만 디지털 기업으로서 사업영역을 확장시키고 있다.** 현재는 오프라인 매장으로서 백화점이 시어스, 메이시스 등 유명한 백화점들을 곤혹스럽게 만들고 있다.

다양한 형태로 온라인 생태계가 오프라인을 압도하고 있다. 백화점 체인인 시어스 같은 경우에는 가장 아마존의 유통파괴 충격이 큰 피해자로서 부각되었다. 워싱턴포스트와 USA투데이에 따르면 미국 내 매장 20곳을 추가로 폐점한다고 했다. 그리고 앞으로 계속 K마트를 포함해서 동네 생활 마트까지도 폐점이 진행되고 있다.

아마존의 쇼핑몰은 돈을 지불하지 않고도 15개의 의류를 한꺼번에 집에 주문하고 입어보고 적합한 옷을 고르도록 하는 **프라임워드로브(Prime Wardrobe)** 프로그램을 공개했다. 온라인상에서의 가장 약점인 직접 입어보고 선택하는 체험 부분을 극복했다는 평가이다.

스마트폰 미디어혁명

15년 사이에 지상파 광고수익이 절반으로 줄었다. KBS 광고매출이 2002년에는 7,352억 원이었는데, 2019년에는 3,666억 원으로 추락했다. MBC의 경우 2002년에는 6,584억 원이었는데, 마찬가지로 2,926억 원으로 반 토막이 되었다. 매체별 광고시장 점유율 추이를 보면, 2006년 지상파는 전체 방송 광고시장의 75.8%를 차지했는데, 이제는 44.6%까지 떨어졌다. 반면 유튜브를 통한 디지털미디어 시청률은 현재 50% 이상을 상회하고 있다. 제로섬 게임을 하고 있다. 시청자는 한정되어 있으며, 공중파는 시청자 수가 감소하고 있는 반면에 온라인 미디어는 계속 성장함을 알 수가 있다.

주요 방송사 광고매출 추이

출처:방송사업자재산상황 공표집, 방송산업실태조사 보고서

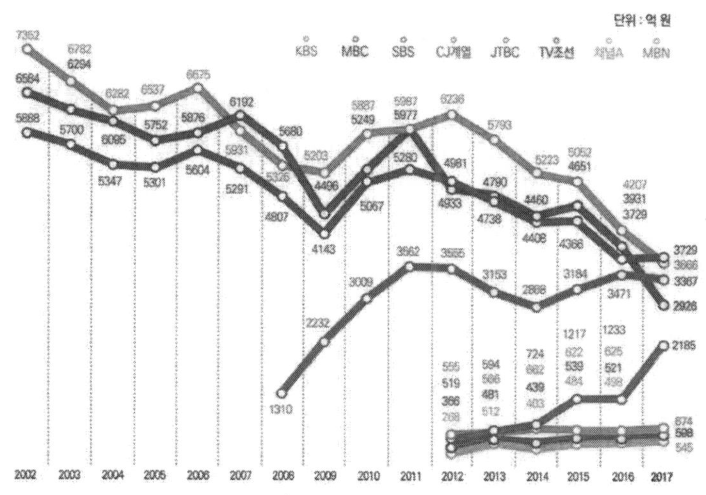

이제는 포노사피엔스로 인한 세계 시장에서의 기업 순위가 바뀌고 있다. **세계 10위까지의 기업 순위는 10위 삼성전자를 빼고는 모두가 앱 기반의 소프트웨어 기업이다. 스마트폰이 있기에 가능한 기업이다.** 애플, 아마존, 구글, 마이크로소프트, 페이스북 모두가 일상생활에서 우리가 매일 매 순간 SNS로 출근하는 회사이다. 그러면 삼성전자는 어떨까? 삼성전자는 소프트웨어 회사는 아니지만 애플, 아마존, 구글, 마이크로소프트, 페이스북이 성장함에 따라 스마트폰의 수요라든지 스마트폰의 성능 업그레이드에 대한 수요가 만들어내는 빅데이터를 저장할 서버 수요로서 메모리 증설에 따른 수요의 혜택을 직접 보고 있음을 알게 된다. 삼성전자는 제조업체이면서 스마트폰을 만들기에 10위 안에 들 수 있음을 알 수가 있다.

시가총액 세계 1위 - 10위 기업 순위

순위	기업	국가	시가총액(원)
1	애플	미국	1,014조
2	아마존	미국	840조
3	구글	미국	810조
4	마이크로소프트	미국	802조
5	페이스북	미국	564조
6	알리바바	중국	534조
7	버크셔 헤서웨이	미국	529조
8	텐센트	중국	516조
9	JP모건 페이스	미국	408조
10	삼성전자	한국	368조

2018.05.10. google기준

포노사피엔스 시장의 성장

검색, 동영상 기반 구글과 유튜브가 데이터 점유율에서 1위와 2위를 차지한다. 유튜브나 구글은 동영상이 메인이기 때문에 트래픽이 가장 높음을 알 수 있다. SNS 네트워크에서는 페이스북, 중국 시장에서는 바이두가 동영상이 아닌 접속률로 보면 1위임을 알 수 있다. SNS 네트워크로서 검색시장에서는 구글 다음으로 페이스북과 바이두가 더 뛰어남을 알 수 있는데, 앞으로는 유튜브가 구글과 같은 포털사이트가 동영상 검색 사이트의 포털이 될 것이며, 성장 가능성이 있다고 전문가들은 보고 있다.

데이터 점유율

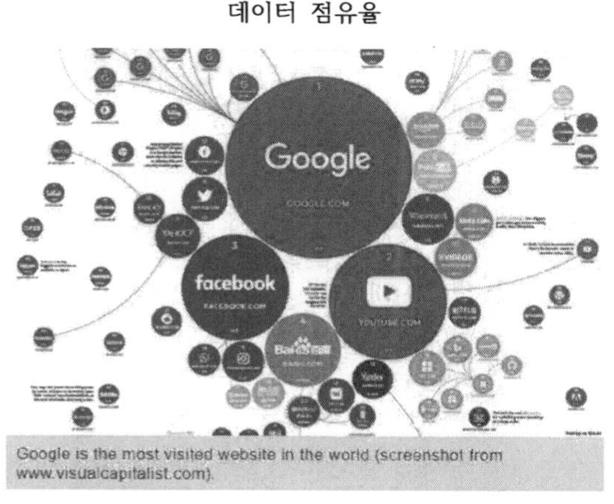

Google is the most visited website in the world (screenshot from www.visualcapitalist.com).

뉴욕대학교 스턴경영대학원의 **스캇캘러웨이**(Scott Galloway) 교수가 쓴 the four는 다음과 같이 전망을 하였다. **페이스북, 구글, 아마존, 애플을 합해서** Four**로 명명하였다.** 이들이 성공할 수 있는 가장 중요한 요인으로 인간의 본성을 건드린 점을 꼽고 있다. 책에서는 **기업과 신체**에서 각 기업의 속성을 인간의 뇌, 심장, 생식기에 비유했다. 그들이 어떻게 우리의 본능에 호소하고, 감정을 움직여서 각각의 플랫폼을 거부할 수 없게 만들었는지를 설명하고 있다[41). 신제품은 고객 경험에 새로운 것을 추가하는 것이라기보다는 고객이 느끼는 고통을 제거해주는 것이 성공 요소라고 하였다. UI/UX 상에서 불편한 점을 제거해주는 게 성공 요인이라고 보는 것이죠.

진로를 결정할 때 다른 사람의 의견을 물어보라. 내가 나의 당사자로서 나를 평가하기보다는 다른 사람이 나를 평가하는 게 가장 빠르다고 주장한다. SNS상에서도 마찬가지로, 나 자신이 어떤 비**즈니스를 할 때 내가 모르는 부분을 상대방이 더 잘 알 수 있으므로 SNS상에서 의견을 물어볼 때 발전 가능성이 높다는 주장이다.** 이런 것들이 결국은 Four에서 강조하는 하나의 핵심 내용이다.

41) 스콧 갤러웨이(2018). 플랫폼 제국의 미래. 비즈니스북스.

디지털 혁명은 현재 진행 중이다. 1차 디지털 혁명은 2010년도부터 시작되었다. 스마트폰이 등장해서 미디어 선택권이 매스미디어에서 스마트폰을 사용자에게로 이양되었다. 이전에는 **콘텐츠를 매스미디어가 골라서 제공했다면 이제는 콘텐츠를 소비자가 직접 선택하는 권한이 강화되었다.**

2차 디지털 혁명은 2015년 기점으로 유튜브 비즈니스모델 등장으로 시작된다. **유튜버 광고 모델을 통해서 수익이 발생하는 히어로가 등장하게 된다.** 아프리카TV에서 갈고 닦은 대도서관, 양띵 등 많은 유튜버가 UCC(User Created Contents)를 통해서 유튜브 스타가 되었으며 사회에 영향을 미치는 인플루언서가 되었다. 팬덤이 형성되고 BJ(Broadcasting Jockey)가 등장하면서 다양한 장르의 동영상 콘텐츠 시장이 만들어졌다.

시장이 생기고 체계적인 유튜버의 콘텐츠를 관리하는 회사인 MCN 등장은 방송콘텐츠 생태계를 공중파에서 VoD 기반의 수요자 기반 콘텐츠 생태계로 변화를 촉진시켰다. 이러한 트렌드는 현재 진행 중이며 방향성에 대하여 전문가들도 쉽사리 예측하지 못하지만 급격한 변화가 일어나는 변곡점의 시대, 즉 싱귤레러티(Singularity) 시대를 맞이하고 있다.

1차 산업혁명, 2차 산업혁명, 3차 산업혁명 당시에도 혼돈과 혼란이 있었다. **갑작스런 트렌드의 변화로 인한 패러다임이 변혁은 혼란을 야기하였지만 역사적으로는 이러한 변화의 시대가 발전의 시대였다.** 지금이 그러한 변혁의 시대이다. 스마트폰을 중심으로 빅데이터와 AI가 활성화됨으로 인해서 일자리를 잃는 사람도 생기고 혜택을 보는 사람도 생긴다. 이 시대에 우리가 필요한 것은 이런 **디지털 신문명에 대한 정확한 이해와 전문지식이 필요하다는 것이 핵심이다.**

퍼스널 브랜드와 킬러콘텐츠 사례

사례1. 보람튜브 UCC채널

보람이는 월 소득만 40억이 된다고 한다. 평균 조회수가 2,900만이다. 대한민국의 인구를 감안하면 2,900만이라는 건 세계의 어린이들이 전부 다 보고 있다고 해도 과언이 아니다. 누가 광고를 해서 가능할까? 이제는 보람이와 같은 나이대의 유치원 학생, 어린이들이 **너 이거 봤니?** 했는데, 친구들은 다 봤는데 혼자서 안 봤다면 당연히 사회성을 기르기 위해서라도 보람튜브 채널을 보게 된다. 이게 팬덤의 속성이다. 세계 어린이들이 보람이를 모르면 왕따를 당하는 수준까지 되었다.

보람튜브

(구독자 2600만 명, 2003년생)

사례2. 중국의 왕홍, 장다이

나스닥에 **루한홀딩스**라는 회사로 상장까지 하였다. 개인 사업자인 왕홍이 매출을 많이 일으킨다는 이유만으로 나스닥에 상장이 되는 게 현실이다. 팬덤 마케팅이 얼마나 중요한지 보여주는 사례이다.

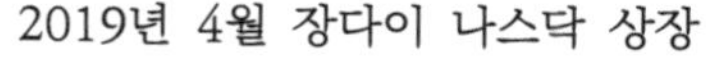

2019년 4월 장다이 나스닥 상장

디지털미디어 플랫폼 성공 방정식은 퍼스널브랜드 포지셔닝과 킬러콘텐츠를 통해서 팬덤을 만드는 것이다.

퍼스널브랜드 포지셔닝은 개인의 전문성이다. 분야에서 전문성을 가졌을 때 퍼스널브랜드 포지셔닝이 생긴다. 킬러콘텐츠는 문화의 이질성에 의한 혁신과 소통·공감에 의한 감정 선호이다. 두 가지 요소를 충족시켰을 때 킬러콘텐츠가 될 가능성이 높다.

전문성 & 문화 관점 & 감성 공감

개인의 전문성에 의한 퍼스널브랜드 창직의 수단으로서 문화적 관점에서 새로운 문화를 제시하는 혁신과 인문학적 소통·공감에 의한 감성적 접근 방법론이 문화창업마케팅이다.

문화창업마케팅의 결과 추종하는 팬덤이 생기고, 그로 인해서 매출이 일어나며, 본인의 생업을 유지할 수 있는 환경이 된다. 미래의 디지털 미디어 플랫폼 성공 방정식의 핵심이라고 할 수 있다.

신제품 개발 프로세스 (NPDP, New Product Development Process)

퍼스널브랜드 창업을 통하여 팬덤마케팅을 하게 되면서 고객의 수요를 확인하고 기존 제품·서비스가 대응하지 못하는 부문을 인지하면서, 신규제품·서비스를 개발할 필요성을 느낀다. 지금까지는 자신의 브랜드로 사업이 진행되어왔다면 사업의 확장성을 가지기 위하여 브랜드 파생 제품이나 서비스를 개발하면서 회사의 형태로 성장한다.

그러므로 **새로운 제품이나 서비스를 개발하는 과정에서 성공적인 사업화 안목을 가지는 것이 필요하다.** NPD 프로세스는 제품·서비스 개발과정에서 시행착오를 최소화하고 체계적인 개발 로드맵을 제시한다.

New Product Development Process**의 전체적인 흐름.**

NPD프로세스는 기술사업화 단계별 프로세스와 일치하며 기술성숙도 9단계로 설명할 수 있다. 앞서 4장 마케팅에서 기술사업화 단계별 프로세스와 7장 창업로드맵에서 기술성숙도 9단계를 가지고 아래와 같이 정리하였다.

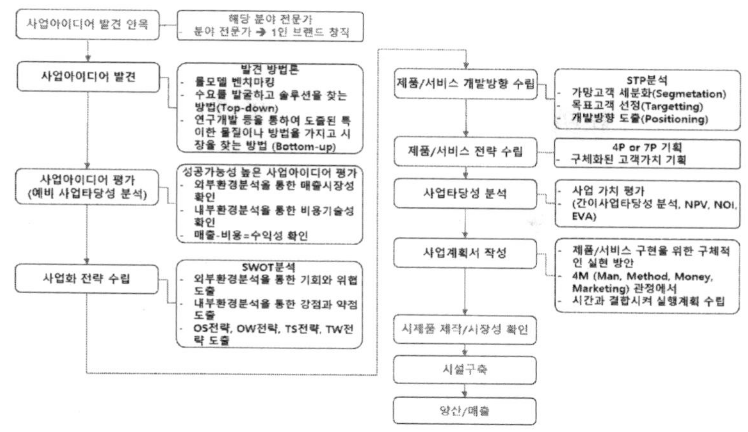

기술사업화 프로세스

© 2020 박남규 copyright

단계	개념	내용
1단계	아이디어/이론 수립	아이디어의 실현 가능성 확인 및 이론 정립 단계, 원천기술개발 R&D 개발에 해당
2단계	특허출원	실현가능한 아이디어의 차별성 검증 및 특허권리자산 확보
3단계	시작품 컨셉 구현	실험 또는 시뮬레이션을 통한 기술의 가능성 검증, 설계도면 확보
4단계	소재/부품/시스템 기능검증	시작품에 대한 테스트, 시뮬레이션을 통한 최적화
5단계	시제품 제작 (WorkingMock-up)	실제 생산할 제품과 동일한 디자인, 기능이 구현된 Sample제작을 통한 시장 반응 확인
6단계	시제품에 대한 테스트	시제품을 대상으로 현장 테스트 및안전 및 성능 인증 테스트
7단계	생산시설 및 시스템구축	양산 라인개발 및 서비스 시스템 서버 구축 등 실제 양산 시설 투자 및 설치
8단계	생산 및 시스템 안전 인증	생산시설 및 서버 시스템에 대한 위생 및 안전 인증
9단계	사업화	판매및 매출 발생 단계

기술사업화 단계별 기술성숙도 9단계

© 2020 박남규 copyright

1단계 아이디어/이론 수립 단계

아이디어 발견하기 위한 전문성을 가지는 것에서 제품/서비스 전략 수립과정까지이다. 아이디어의 실현 가능성을 확인하기 위하여 이론을 정립하고 실험을 하는 단계이다. **아이디어/이론 수립 단계는 마케팅의 STP, 4P·7P를 통한 제품·서비스 개발목표(KPI, Key Performance Index)를 도출하는 단계에 해당한다.** 마케팅 부서에서 연구개발 담당자에게 제시하는 마케팅 기획서에 포함되는 내용이다. 시장조사결과 타겟고객의 수요를 정량화시켜 구체화 시키는 과정에 해당하며, 마케팅 기획서에 아이디어/이론의 결과물을 기술한다.

3단계 시작품 컨셉 구현 단계

실험 또는 시뮬레이션을 통해서 기술의 가능성을 검증하고 3D설계를 통해 가상의 공간에서 간섭확인, 체적도출, 재질 선정을 통한 무게 계산, 모션 동작을 통한 동작범위 검토, 강성 및 비파괴검사 시뮬레이션 등 모의실험을 통해 실제 시제품 제작 및 제조 및 판매 이후 **발생할 문제점에 대하여 미리 검토하는 단계이다.** 시작품은 프로토타입 또는 컨셉 디자인이라 하며, 건축의 조감도에 해당한다. 아이디어를 실제 구현 가능한 기술이 적용되어 시각화시킨 단계이다. 대학원 연구실에서 단지 이론으로 존재하는 아이디어를 실험을 통하여 구현하는 단계에 해당한다. **기술적으로 실현 가능성을 확인하기 위하여 기능구현에 중점을 둔다.**

시작품 컨셉 단계에서는 다양한 디자인이 가능하다. 다양한 컨셉

을 반영한 디자인을 통하여 최선의 디자인을 도출하는 과정이다. 디자이너의 디자인 결과물인 여러 개의 시작품을 대상으로 평가를 하는 것을 품평회라 하며, 디자인리뷰(DR, Design Review)라 한다. **품평회는 여러 번에 걸쳐 진행된다. 회수에 따라** DR1, DR2, DR3.... **로 진행된다. 품평회 횟수가 많을수록 설계품질이 올라간다. 마케팅부터 연구개발, 엔지니어링, 생산검수, 판매까지 다양한 의견이 반영되어 일어난 문제점을 미리 반영한 설계가 이루어진다.**

품평회에서는 디자이너들이 마케팅에서 제시한 KPI와 실제 설계 진행하면서 기술적으로 가능한 부분과 불가능한 부분, 시뮬레이션을 통해 나온 결과물 등을 발표하고 회의를 진행하는 과정을 거친다.

5단계 시제품 제작을 통한 테스트 단계

실제 생산할 제품·서비스와 동일한 디자인, 기능이 구현된 샘플 제작을 통하여 시장반응 확인 및 제품 관련 인증을 진행할 수 있도록 하는 단계이다. 시장에 판매할 수 있는 제품이나 서비스와 동일한 사양의 기능과 디자인이 적용된다.

다만 성능은 검증이 안 된 상태이며 6단계 인증단계에서 테스트를 진행하게 된다. 시제품은 워킹목업(Working Mock-up) 또는 샘플(Sample)이라고 표현하며, 건축에서는 모델하우스에 해당한다.

최신 기술트렌드는 시작품 단계에서 최소요건제품(MVP, Minimum Viable Product/Propose)을 가지고 실제 판매까지 진행하는 린스타트업(Lean Startup)이 대세이다. **최소한의 개발목**

표(KPI)를 만족시켜서 제품화하므로 투자비를 최소화시키고 개발 기간을 단축시켜서 시간 투자 리스크를 최소화 시키는 방법이다.

7단계 생산시설 및 시스템 구축

양산 라인개발 및 서비스 시스템 서버구축 등 실제 양산시설 투자 및 설치를 하는 단계이다. 시설투자를 위한 대규모 투자가 단행되는 단계로 **창업자의 입장에서는 결단의 단계이다.** 투자금액이 시제품은 샘플 수준의 제품이나 서비스를 구현하는 정도였다면, 시설구축은 시제품을 양산하기 위한 생산 라인 및 서버를 구축하므로 시제품 제작비의 5배에서 10배 이상의 자금이 투자된다. 시설 구축을 엔지니어링 또는 인프라구축이라고 표현하며, **생산시설 확보, 서비스를 위한 서버 확보, 인력 채용, 사무공간 확보, 금형 개발 투자, 양산라인 구축, ODM/OEM 발주, 부품구매발주, 외주설계가공발주** 등이 있다. 건축에서는 **토지구입, 자재발주**에 해당한다.

9단계 사업화

판매 및 매출 발생 단계이다. 판매한 제품의 문제점에 대하여 즉시 대응하는 단계이며, 이 단계에서 고객의 클레임을 즉시 처리하고, 제품의 품질을 업그레이드하기 한다. 고객 대응의 핵심은 신속한 처리이며, 기술사업화 9단계 전반에 걸쳐 진행된다.

신제품 개발 프로세스 3단계

신제품 개발 프로세스는 크게 3단계로 설명할 수 있다. 고객 Needs 파악 및 개발목표설정 단계, 개발Methods 확보 및 최적화 설계 단계, 성능테스트 및 수정보완 단계이다.

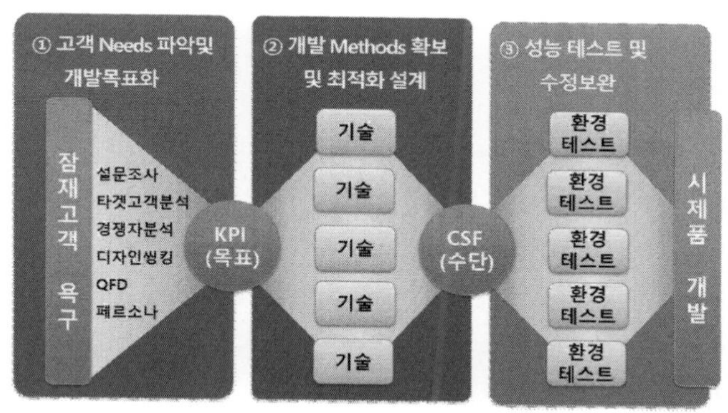

신제품 개발 프로세스(NPD) 3단계

© 2020 박남규 copyright

첫째는 고객니즈를 파악하면서 개발 목표를 명확화하는 KPI를 도출하는 단계이다.

목표를 구체화하기 위해서 다양한 방법이 동원된다. 가장 대표적인 방법이 무의식적 접근방법으로 고객을 관찰하는 디자인씽킹이 있으며, 의식적 접근방법으로 시나리오를 통해 미처 발견하지 못한 경우를 발견하는 페르소나 기법이다.

페르소나의 의미는 고객의 가면을 쓰고 고객의 입장에서 생각하는 방법론이다. QFD(Quality Function Deployment)은 고객의 정성적인 요구사항을 정량적인 수치화를 시키는 기법이다. 설문 조사를 통한 통계적 수치 도출을 통하여 시사점을 도출한다. 타겟 고객을 선정해서 거기서 이러한 기법들을 이용해서 고객의 욕구를 구체화시킨다.

QFD 기법

QFD는 Quality Function Deployment의 약자이다. 고객은 요구사항을 형용사적으로 표현하다. 아름답고 튼튼하고 연료가 적게 들며, 오래 타는 것으로 요구 사항을 표현한다. 개발자는 구체적인 수치로 정량화를 시켜서 KPI를 만든다. 물리적 화학적인 단위가 들어간 구체적인 개발 목표로 나오는 것이다. 고객의 **기능요구사항을** Function Requirement라 한다. 즉 FR이라 줄여서 표현한다. 고객의 요구사항은 두루뭉술해서 이를 세분화시키는 단계가 필요하다. 이 세분화시키는 단계에서 고객의 형용사적인 표현이 수치적인 표현으로 구체화된다. 모듈화되고 세분화시키는 단계가 고객의 니즈 파악 첫 번째 단계이다.

둘째는 이렇게 개발 사양에 맞게 개발할 수 있는 수단을 확보하고 최적화하는 설계단계이다.

정량화된 개발목표로서 요구기능(FR, Function Requirement)을 나열한다. **효율과 효과 측면에서 비용효과분석(Payoff Matrix)를 적용하여 요구기능(FR, Function Requirement)의 우선 순서**

를 정한다. 효율과 효과를 종합적으로 고려하여 우선순위를 선정된다.

정해진 요구기능(FR, Function Requirement)을 만족하기 위해서는 최적의 수단을 도출하는 것이 다음 단계이다. **다양한 해결 솔루션을 도출하기 위하여 브레인스토밍, 트리즈, 스캠퍼, 휴리스틱과 같은 프레임을 적용한다.** 이러한 솔루션을 개발척도(DP, Developing Parameter)라 한다.

도출된 개발척도(DP, Developing Parameter) 중에 **최적의 솔루션을 비용효과분석(Payoff Matrix) 기준에 따라 최종 선정한다.** 효율과 효과적인 측면에서 비용효과분석(Payoff Matrix)상에 최우측 상단에 있는 솔루션을 선택하는 것이 최종 솔루션이 된다.

셋째는 이렇게 수단이 최적화가 됐는데 실제로 시제품으로 구현되는 단계이다.

선정된 솔루션이 실제 시제품에 적용되기 위해서는 다양한 성능테스트를 통하여 수정 보완이 된다. 그리고 이렇게 보완된 결과물이 시제품이다.

외주용역(오픈이노베이션 개발)

예비창업자는 시장전문가이지만 솔루션 전문가는 아니다. 시장의 수요는 잘 알고 있지만 이를 구현할 방법에 대해서는 준비가 필요하다. 그러나 모든 것을 준비하고 시작한다면 시장은 기다려주지 않는다. 이를 극복하기 위하여 외부로부터 솔루션을 빌려와 사용하게 된다. 대표적인 외주생산 방식으로 ODM과 OEM이 있다.

생산자 개발방식 (ODM)

컨셉 수준의 제품이나 서비스를 판매 가능한 완성도를 갖추기 위해서는 시제품개발부터 시설개발·투자 및 조립·검수까지 수많은 준비가 필요하다. 이러한 일련의 과정을 외부에 의뢰하는 것이 **생산자 개발방식**(ODM, Original Development Manufacturing)이다. 한국의 K-뷰티 산업도 코스맥TM(주)라는 생소한 업체에서 개발·생산하고 있다. 코스맥스가 ODM으로 화장품을 개발 공급하는 곳은 국내뿐만이 아니다. 로레알, 존슨앤존슨, 포에버21, 유니레버, 샐리 등 해외 유명 화장품 회사도 상당수가 코스맥스에서 제품을 받아 자사 브랜드로 판매하고 있다. 구글의 안드로이드폰 넥서스원은 대만의 스마트폰 전문업체인 에이치티시(HTC)에서 모든 것을 생산한다.

외주개발 프로세스 16단계

© 2020 박남규 copyright

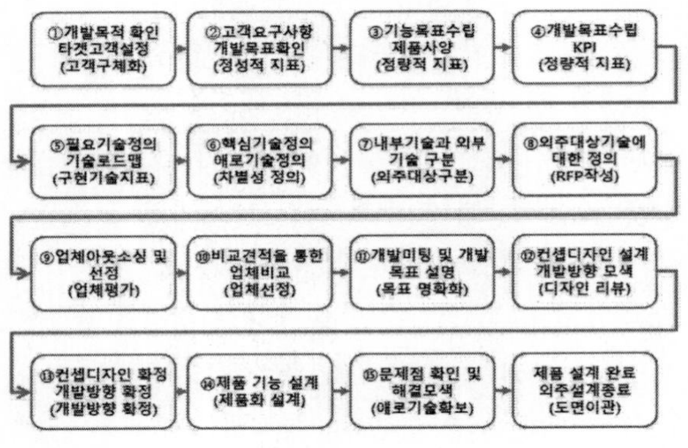

주문자 상표 부착방식 (OEM)

시제품 개발까지 연구개발 모두를 진행하고, 시설개발·투자 및 조립·검수 단계를 외주로 처리하는 **주문자 상표 부착방식** (OEM, Original Equipment Manufacturing)이 있다. 애플의 아이폰과 나이키 제품은 설계와 판매를 맡지만, 외주업체에서 제조·검수가 실시된다. 반도체의 파운드리 산업이 OEM방식이다. 비메모리 분야에서 시스코·구글에서 설계한 반도체 칩를 삼성은 생산하고 납품한다.

미래의 창직-창업 전문 학위과정, 창업대학원

40대 직장인의 창업환경은 열악하다. 40대 가구당 평균 대출이 1억 9천만 원이다. 자신이 하는 업무는 퇴사하고 나면 잔기술에 불과하다. 기업에서 맺은 인맥은 창업에 별 도움이 안된다. 마인드의 차이인 듯하다. **소기업에서는 다양한 일을 많이 해본 경험을 가진 창업자는 오히려 창업역량이 높다.**

이러한 상황에서 50대를 넘어서 60대, 70대까지 일을 할 수 있을까? 주위를 돌아봐도 40대 후반이면 대부분이 조기 퇴직을 하거나 자기 사업을 해야만 하는 현실이다. 그러므로 연령대별 창직, 창업 로드맵에서 일단 40대에서 60대까지의 창업 로드맵에 대해서 한번 알아보도록 하자.

40·50대가 가진 창업자원

대학에서의 전공과 20대 후반부터 40대까지 직장 경력이다. 열심히 살아온 직장인이라면 경력이 3개 이상은 될 것이다. 본인의 전공, 학위, 자격증, 직장에서의 다양한 직무 경험이 자신의 창업 자산이다. 이러한 **다양한 경험적 자산이 남들과 차별화된 창업의 밑바탕이 된다.**

창업을 위해서 어떻게 될까? 내가 어느 방향에서의 전문가가 될 건가? 방향을 먼저 정해야 한다. 세상이 원하는 수요를 파악해내고, 사회에 도움이 될 가치를 찾아내는 것이 첫 시작이다. 이 과정에서 **자신이 축적해온 경험적 자산을 바탕으로 자신만의 브랜드 포지셔닝을 개발하는 과정이 퍼스널브랜드 창업이다.**

남들이 하지 않는 영역을 찾기보다는 내가 경험했던 몇 가지 분야를 결합했을 때, 다양한 얼굴만큼이나 다양한 경우의 수를 창조해 낼 수 있다. A **경험과** B **경험을 동시에 경험한 사람은 많다. 그러나 여기에** C **경험까지 한 사람은 많지 않으며,** D **경험까지 더하면 자신만의 영역이 포지셔닝이 된다.**

퍼스널브랜드 창업은 차원을 개발하는 과정

지금까지 경력을 전부 합쳐도 남들과 차별화가 안된다면 미래의 포지셔닝이 될 수 있는 분야를 개발하는데 3년만 투자해 보라. 화룡점정이 될 만한 경력이 무엇인지 찾고 준비할 필요가 있다. 어떤 경험을 자신의 전공으로 만들었을 때 완전히 차별화될 것인가를 찾는 과정이 퍼스널브랜드 창업 과정이다.

전공은 학위, 자격증, 직장, 창업 등이 있다. 가장 효율적이고 확실한 효과가 있는 것은 학위과정이다. 학위는 자격증과정이며 해당 분야 전문가 네트워크가 생긴다. 다양한 정보를 얻을 수 있는 통로이다. 특히 경력의 다양성을 가진 사람이 모이는 학위과정을 택하라. 경력이 비슷한 사람끼리 모이면 경쟁자가 된다. 이유는 브랜드 포지셔닝이 겹치기 때문이다. 학위 과정 이전에 다양한 경력을 가진 사람이 학위를 통해 각자 브랜드가 생기고 서로 협업할 수 있는 환경이 조성되기 때문이다. 이러한 관점에서 창업대학원이 유리한 위치에 있다.

비슷한 전공에 비슷한 경력을 가진다면 남들과 차별화하기가 힘들다. **연결고리가 없을 법한 전혀 다른 전공을 가진다면 그 사이에 다양한 차별성이 생긴다.** 비유하면, 연근해 어선은 작은 그물을 드리우니 작은 물고기를 잡는다. 반면 원양 어선은 큰 그물을 만들어 큰 물고기를 잡는다. 여러분의 인생 그물의 크기는 어떤가? 연관성이 없는 분야의 전문성이 큰 그물을 만드는 원리를 이해할 필요가 있다. **세상의 관점에서는 연관성을 찾기 힘들지만 스토리텔링을 통해 미션과 비전을 만들고 새로운 비즈니스 영역을 만들어 새로운 문화를 제시하는 것이 혁신이며, 개인의 역량이다.** 관점을 디자인해야만 혁신이 된다. 누구나 같은 관점을 가진 상태에서는 평범한 직장인으로 인생을 마감할 수 밖에 없다.

인생의 큰 그물을 만들기 위해서 보완 경력을 의도적으로 준비해야 한다. 보완 경력을 쌓기에는 40대 가장의 현실은 냉혹하다. 1가구의 부채가 평균 1억 9천만 원이라는 통계가 있다. 대출의

80%가 주택담보대출이다. 이자 부담이 만만치 않은 현실이다. 관리비와 차량유지비, 보험료 등 기본적인 생활을 유지하는데 생활비가 평균 200만 원은 지출된다. 여기에 식비와 외식비, 교육비를 합치면 400만 원이 훌쩍 넘는다. 숨만 쉬어도 매달 400만 원이 지출된다.

창업은 매출로 즉시 연결되지 않는다. 최소한 6개월에서 몇 년은 매출이 없는 상태가 지속된다. 한 달에 400~500만 원 지출이 일어난다면, 1~2 년 후에는 몇 억의 빚을 지는 상황이 연출된다.

창업을 결심했다면 2배로 열심히 노력한다.

직장에 있는 것만으로도 현상 유지는 된다. 직장 경력을 그대로 유지하면서 창업을 하는 게 가장 요령이다. 직장 경력을 살려서 퍼스널브랜드 창업을 하는 로드맵은 있는가? 조금 더 부지런해지라는 것을 강조하고 싶다.

쉬는 저녁과 주말에 미래를 위한 투자를 해야만 한다. 부지런히 노력하지 않고서는 남들과 차별화된 삶은 불가능하다. 기존보다 2배로 열심히 하겠다는 각오가 선행되어야 한다. 노력 없이 성공을 바라는 것은 우연한 행운을 바라는 것이다. 성공하더라고 지속하지 못한다. 성공을 유지할 수 있는 능력을 갖추는 것이 기업가정신이며 창업역량이다.

주중에 시간을 낼 수가 없다면 언제 시간을 내느냐? 주중에는 6시 반 퇴근 이후의 시간과 토요일, 일요일 시간이 본인에게 하나의 경력개발 과정이 되며, 창업의 기초를 준비하는 시간이다.

야간, 주말을 이용한 창업MBA, 창업대학원

직장인, 예비창업자가 체계적으로 창업을 준비할 수 있도록 체계적인 로드맵을 제시하고, 지속적인 성공 창업을 유지할 수 있는 기업가정신 교육에 최적화된 경력개발 과정을 제공해주는 곳이 창업대학원이다.

창업대학원은 국가지원으로 설립된 하는 국책대학원이다. **창업전문가 및 창업가를 양성하기 위하여 창직·창업에 전문화된 학사제도를 가지고 있다.** 일반 기업에 최적화된 경력개발 과정인 경영학석사(MBA) 과정과는 달리 **창업에 특화된 창업학석사 과정**이다.

창업대학원은 창업가로서 성공할 수 있는 기업가정신을 개발하기 위한 창업역량 강화에 특화된 교육프로그램과 창업가를 돕는 컨설턴트를 양성하는 교육프로그램으로 이원화되어 있다. 4학기에서 5학기 과정으로 구성되며, **학비는 국책대학원의 특성상 경영학석사(MBA)과정의 절반 수준이다.**

나의 창업대학원 경험

2010년 중소기업 로봇회사에 다니면서 비전이 보이지 않는 회사생활과 월요병에 시달리던 시절이었다. 나만의 주도적인 삶을 살겠다는 결심으로 창업에 도전하였다. 마침 성남시에서 예비창업자를 위한 창업교육 프로그램이 있어서, 매주 3일씩, 저녁 6시부터 10시까지 특강 형식으로 진행하는 총 80시간의 성남시에서 진행하는 성남창업아카데미 프로그램 수업에 참여하게 되었다. 이를 계기로 다양한 창업 관련 정보를 얻게 되면서 창업을 할 결심을 하게 되었다.

운전 연수가 필요하든 창업에도 충분한 학습이 필요

운전면허증을 취득한 후, 운전 연수 부족으로 큰 사고가 난다면 오히려 인생에 큰 재앙이 되듯, **창업도 충분한 연습이 필요하다는 생각을 가졌다.** 지금 당장 창업하여 매출을 일으키는 행운을 가지고, 일시적인 성공은 가능하겠지만 지속적인 성공을 위해서는 창업가로서 안목이 필요하다는 확고한 나만의 철학을 가지고 있었다.

2010년 6월 1일 퇴사하고 경기도, 서울시, 각 대학에서 진행하는 80시간 창업교육을 10개를 수강하였다. 2시간 정도 특강 형식으로 진행되는 다양한 주제의 강의를 들으면서, 창업에 대하여 좀 더 깊이있는 공부를 해야겠다는 판단이 생겼다.

여러 기관에서 주관하는 창업 강의에 참여하면서, 동일 강사를 다른 프로그램에서 마주하게 되는 경우가 많았다. 안면이 있게 된 강사님이 **창업은 안하고 강의만 듣고 다니는가**하고 질문을 받은 적도 있다. **창업 강의는 한 번의 수업으로 체화가 절대 불가능하며 운전면허 실습하듯 반복해서 듣고 실제 해봐야 한다**고 대답한 기억이 있다. 그때 만난 강사님이 현재 박사과정 후배로서 졸업하였다. 학문적으로 박사가 되고 나서 더 활발하게 활동하시고 계신다.

창업대학원 입학하게 된 계기

2010년 10월, 80시간 과정의 창업프로그램 10개 과정을 들은 후 결론은 창업은 2시간 특강으로는 성공할 수 없다는 결론이다. 그럼 어떻게 해야 하나? 고민할 시점에 대학원 학위과정을 통해 창업성공 역량을 배양할 수 있는 대학원 과정을 알아보게 되었다. 그 당시에 MBA과정이 유행이었다. MBA과정을 알아보았다. 주로 대기업 임원이나 직장인이 회사의 지원을 받아 경영학 역량을 업그레이드하는 프로그램이었다. 창업에 필요한 역량이 필요했지만 MBA는 경력을 세탁하는 정도로 다가왔다. 창업하는 사람이 학문적으로 풀타임으로 2년을 투자하는 것과 기회비용을 합하면 1억원에 가까운 학비는 창업과는 거리가 있는 딴 나라 프로그램이었다.

이즈음 코엑스에서 받아놓은 전국 국책창업대학원 소개 카탈로그를 우연히 발견하게 되었다. 생소하였지만 인터넷으로 검색해 보니 총 5개의 국책창업대학원이 있었다. **서울에서 가장 접근성이 좋은 곳이 호서대학교 글로벌창업대학원이었다. 위치가 서초동 예술의전당 근처라서 집에서 20분이면 부담없이 통학할 수 있는 거리였다. 야간이나 주말에 수업이 진행되어 수업 부담이 전혀 없었다.**

그러나 처음에는 고민이 되었다. 과연 창업대학원이 일반 대학원 대학교와 같은 학위장사를 하는 곳인지 의심도 하였다. 그 당시 한 학기 학비가 200만 원 정도였으므로 전문 학원을 다녀도 이 정도 비용이 지불되었다. 속는 셈 치고 한 번 다녀보자 결정하였다.

2011년 10월 원서를 접수하고 12월 면접을 보았다. 그리고 3월

개학과 함께 첫 수업을 들었다. 입학생이 30명으로 20대부터 70대까지 다양한 연령대에 다양한 배경을 가진 학생들이 모였다. 이렇게 다양한 학생이 모여서 형 동생 하면서 이야기가 통하는 집단을 찾기가 쉽지 않을 것이다.

사업계획서의 신세계를 접하다.

2002년부터 정부 과제 사업계획서를 작성하고 발표하는 일을 해왔던 터라 항상 사업계획서의 원리에 대하여 궁금하였다.

사업성, 시장성, 기술성, 수익성, 실현가능성, 사업타당성 이런 용어를 10년간 사용하면서 접했지만, 항상 고민이었다. 개념에 맞는 설명을 사업계획서에 기술해야 하는데 컨셉 잡기가 쉽지 않았다. 누구도 알려주지 않았으며, 완성도 있는 기존 사업계획서를 참조하여 힌트를 얻을 뿐이었다.

호서대학교 글로벌창업대학원에 입학해서 첫 수업에서 사업계획서의 사업성, 시장성, 기술성, 수익성, 실현가능성, 사업타당성에 대하여 설명하니 이는 내가 찾던 바로 그 프로그램이었다.

창업선도대학 예비맞춤형지원사업에 선정되다.

2011년부터 창업진흥원에서 전국 13개 창업선도대학을 지정하여 1인당 창업지원자금 5000만 원을 지원하여 선정되었다. 창업선도대학 중 주관기관으로 호서대학교를 선정하였다.

창업대학원생으로서 창업 지원사업을 병행하면서 이론과 실습을 동시에 할 수 있는 환경이 되었다. 이렇게 2011년을 보내고 2012

년 졸업하게 되었다. 이미 대학원에서 공학석사 졸업을 하였기에 호서대학교 창업대학원은 편입으로 입학하여 1년 만에 졸업하게 되었다. 2011년 3월에 입학하여 12월에 졸업하게 되었으니 창업을 체화하기에는 짧은 시간이었다. 그래서 같은 건물에 있는 호서대학교 벤처대학원 벤처정보경영학과 박사과정에 입학하였다. 박사과정 3년 동안 창업대학원 수업을 청강하면서 창업공부를 계속하였다.

경기도 광교밸리에 위치한 창업보육센터에 입주하여 로봇회사를 창업하면서, 저녁에는 서초동 호서대 서울캠퍼스가 있는 대학원에 매일 수업을 들었다. 졸업학점을 따기 위한 공부가 아닌, 필요한 과목 및 청강을 하면서 2015년까지 보냈다. 박사 졸업 후에도 매일 변함없이 저녁에는 학교에서 수업을 청강하였다.

창업대학원은 나에게는 힐링 장소가 되었으며, 다양한 아이디어를 얻는 지식 공급처가 되었다.

매일 접근이 가능한 서초동 입지는 일반 학위 중심의 대학과는 차별화가 되어있다. 지금도 재학생은 물론 졸업생도 참새가 방앗간을 그냥 지나치지 않듯 항상 편하게 방문한다.

퍼스널브랜드 창업을 지원하는 창업대학원

창업대학원은 졸업한 대학생, 직장인, 예비은퇴자, 제2의 인생을 준비하는 예비창업자를 대상으로 체계적인 인생 로드맵을 제공한다. 같은 관심사를 가진 교수와 학생이 모이니 관련 정보가 유통된다. 창업을 주제로 집단지성이 발휘되는 곳이다.

예비창업자 및 기창업자의 성공과 창업컨설턴트가 되려는 분들을 대상으로 체계적인 커리큘럼을 제공한다.

목적이 이끄는 삶을 찾는 창업대학원

필자는 처음 창업대학원에 들어갈 당시에는 로봇회사를 창업하였다. 창업 아이템이 창업자가 생각하는 아이템을 직접 제조할 수 있는 다용도 가공 및 조립 장비였다. 그러나 항상 1%로 부족함이 마음 한구석에 있었다. 장비를 개발해서 창업자에 판매 시 도움이 얼마나 될까? 그리고 내가 진정으로 하고 싶은 것이 장비를 개발하고 판매하는 것인가? 아니면 창업자를 돕는 일을 하고 싶은 것인가? 이러한 고민을 2013년 1학기까지 2년 반을 하였다.

결론은 내가 내 사업을 하고 싶은 것이 아닌, 창업자를 도와서 다양한 창업경험을 같이하고, 창업에 대한 안목을 넓히는 것이었다. 창업로드맵을 제시하고, 창업자의 위험을 사전에 겪지 않도록 안내하는 **인생창업네비게이터**가 되는 것이 목적이었다. 나의 미션을 명확히 할 수 있었다. **이전에는 로봇의 의사였다면, 이제는 인생의 의사가 되는 것**이다. 그리고 이러한 비전은 2012년부터 멘티가 되었던 에듀큐레이터 박정옥씨와 같은 퍼스널브랜드 창업으로 시작하여, 새로운 영역에서 전문성을 키우고, 창직을 통한 창업을 하는 **성공창업자이자 박사학위를 가진 분을 100명 양성하는 것이 비전**이 되었다.

미션과 비전이 신체 리듬을 바꾸다.

미션과 비전이 명확해지자 놀라운 변화를 경험하게 되었다. 일단은 미래에 대한 두려움이 없어졌다. 2013년부터 지금까지 미래에 대한 불안감은 전혀 없다. 한가지 변화는 새벽형 인간이 되었다. 이전에는 아침 9시에 일어났었다. 그런데 새벽 6시가 되면 일어나게 되었다. 이전에 해보지 못한 경험이었다. **생각이 바뀌니 내가 계획한 일을 하고 싶은 아침을 맞이하게 된 것이다. 생각의 차이가 인생을 바꾸는 체험을 하게 되었다. 여러분도 자신이 만족스러운 미션과 비전을 찾길 바란다.**

창업대학원은 여러분의 미션과 비전을 찾도록 돕는다.

필자가 있는 서초IC 근처에 위치한 호서대학교 글로벌창업대학원에서는 학생들과 끊임없이 고민하는 것이 있다. **세상이 원하는 것이 무엇인지? 그리고 세상이 원하면서 내가 원하고 좋아하는 것이 무엇인지? 그중에 내가 가진 자원을 가지고 실천할 수 있는 것과, 창업대학원에서 2년 동안 준비해야만 하는 것이 무엇인지?** 에 대한 답을 찾는 과정이다. 필자의 경험상 2년이 필요하다. 불교에서 화두에 대한 답을 찾는 과정과 비슷하다. **생각의 지구력을 가지고 생각할 때 해답의 실마리가 보이는 경험을 하게 된다.**

퍼스널브랜드 창업을 위한 준비

창업대학원에서 창업 준비를 위해 가장 좋은 방법은 자신을 알릴 수 있는 책, 논문, 사업계획서를 준비하는 것이다.

책은 자신을 알릴 뿐만 아니라 책을 쓰면서 자신의 생각을 정리하는 시간을 가진다. 논문은 해당 분야의 전문성을 갖도록 돕는다. 기존 논문에서 이론을 정리하면서 깊이가 완성된다. **사업계획서는 다용도이다. 사업계획서를 작성하면서 사업아이템을 발견하게 된다. 사업계획서 작성에 필요한 컨설팅 프레임을 적용하면서 컨설턴트로서 또는 강사로서 콘텐츠가 확보된다. 그리고 실제로 사업계획서를 통해 정책자금이나 엔젤자금을 유치할 수 있으며, 사업을 전개하는 기초로드맵이 된다. 또한 창업대학원의 이론을 실제 실습할 수 있는 셀프인턴 과정으로서의 기회를 갖게 된다.**

창업대학원에 입학하면서 책쓰기, 논문 쓰기, 사업계획서 준비를 통하여 제2의 인생을 준비하길 바란다.

작가의 말

2010년 책을 공동출판한 이후 단독저서 출간을 여러 번 시도한 끝에 이번에 초판을 출간하게 되었다.

100세 시대를 맞아 50세까지는 배우는 인생이었다면, 나머지 50세 이후의 삶은 나의 관점을 세상에 말하는 삶이 될 것으로 막연하게나마 생각했었다. 지금 돌이켜보니 나이 52세에 단독저서를 내게 된 것은 10년 전의 소망이 이루어진 것이다. 하나님께 영광을 돌린다.

2010년 창업을 하겠다고 결심한 6월 1일은 아직도 기억에 생생하다. 2020년 8월 28일, 지난 10년을 돌아보고, 앞으로 10년을 준비하는 시간을 가진다.

로봇을 고치는 의사에서 인생 창업 의사가 나의 미션이 되었다. 창업자의 리스크를 최소화하고, 각자 얼굴만큼이나 다양한 퍼스널 브랜드 창업을 통한 진취성과 혁신성, 전문성을 가지고 지속 가능한 창업을 할 수 있도록 창업로드맵을 제시하는 것이 나의 소명이 되었다.

창업대학원을 통해 학문적으로도 창업에 성공한 100명의 박사를 양성하여 나의 10년 전 가설이 맞음을 증명하는 새로운 창업생태계를 제시하는 것이 비전이다.

창업은 다른 학문과 달리 이론과 현장이 수레바퀴와 같이 서로 보조를 맞춰가는 분야이다. 창업 관련 일을 직접 한 경험이 최신 정보가 되는 곳이 창업 분야이다.

'문화로 창업하다. 문화로 혁신 방법론을 제시하는 문화창업마케팅'은 10년간 창업을 준비하고 창업하면서 느낀 점과 창업학 석·박사학위를 병행하면서 정리한 결과물이다.

2019년 2학기 문화창업마케팅 학부 강의를 진행하면서 만들어진 강의 자료를 기반으로 K-MOOC를 촬영하면서 작성한 강의 자료를 기반으로 수정 보완하여 제목을 '문화로 창업하다. 문화로 혁신 방법론을 제시하는 문화창업마케팅'을 출간하기에 이르렀다.

그동안 옆에서 일만 하는 남편을 묵묵히 옆에서 지켜봐 준 아내 권오주 권사에게 출간을 빌어 감사의 마음을 전하며, 아버지의 건강하심과 병상에 계신 장모님의 쾌유를 빈다.